日本語で
理解する
英文法

川村健治

明日香出版社

はじめに

本書は、既存の**どの英文法書とも全く違う点が2つ**あります。

1つは、英語の文法書であるにも関わらず、各課とも**日本語の例文から始まる**点です。日本語なら、聞けば、正しい文と間違った文を、**耳で判断**することができますよね。しかし外国語となると、耳で聞いただけでは、正しいか間違っているか判断できません。

とは言え、英語でも日本語でも、同じ言語現象が起こります。例えば、「I like watch TV.」という英文が間違いなのは、日本語で、「私はテレビを見るが好きだ」と言うのと同じ事だからです。正しくは、「見るのが好き」や「見ることが好き」ですよね。それと同じ働きをするのが、英語の不定詞や動名詞です。この様に、日本語の例文から入ることで、その課で学ぶ文法事項を、まず耳で体感し、**感覚的に理解**することができるのです。

本書が他のどの英文法書とも違う2つ目は、**既存の英文法の枠組みに囚われない全く新しいアプローチ**を紹介している点です。本書は、「ひと通り英語を勉強してみたものの、やはり、よく分からない」「いま、英語を勉強しているけれど、何が分からないのかも分からない」という方のための本です。

他の文法書と同じ内容を、同じように解説したのでは、学習者にとっては、「分からない事の繰り返し」にしか成りませんよね。違う角度からアプローチすることで、今まで見えなかった事が見えてくるかも知れません。本書を読んで、「あっ！あれは、そういう事だったのか！」と思って頂ければ幸いです。

更に、「日本語と英語の文法は実によく似ていて、もしかしたら、日本語と英語は共通の文法で機能しているのかも知れない」と、言語学に興味を持って頂ければ、この上ない喜びです。

川村健治

Quisiera expresarle mi agradecimiento a mi esposa Valeria por su apoyo y cuidado durante estos años juntos, ya que sin ella no hubiera podido escribir este libro. *Te amo mucho. Tu eres mi sol, mi cielo y mi todo. Gracias por estar conmigo.*

本書の特長

・**英文法を耳で体感できる**

　各課とも、まず日本語の例文から始まります。これから学ぶ英文法を、一度、日本語のフィルターを通すことで、何が学ぶべきポイントなのかを耳で体感し、感覚的に理解できます。(日本語文法の説明もしていますが、日本語文法を理解・学習する必要はありません)。

・**最初から順に読み進められる**

　一般的に文法書は、項目ごとにまとめて書かれているので、「調べ物」をするのには便利です。しかし、最初から読んでいくと、まだ習っていない(=読んでいない)文法事項でも平気で出てきます。本書では、まだ習っていない文法事項は一切出てきません。そのため、小説のように最初から順に読み進めることができます。(逆に、最初から順に読んでください)。

・**文法用語を基本から説明**

　多くの文法書では、文法用語を当たり前に使っています。しかし、例えば、補語と目的語の違いとは何でしょうか?　その説明がないまま、文型の解説をされては、分かるものも分からなくなります。本書では、文法事項の解説に必要な文法用語も、丁寧に説明しています。

・**英文法への全く新しいアプローチ**

　名詞・形容詞・副詞・動詞の4つの品詞の働きを学べば、英文法は半分理解できたも同然です。不定詞・関係代名詞・分詞構文など、既存の英文法で扱う多くの項目は、単に、ある品詞を別の品詞に変換する作業にすぎないのです。そして、英文法の残るもう半分は時制です。これも日本語をフィルターにすれば直観的に理解することができます。

本書の使い方

本書は、次の5つの章からできています。

第1章：　基本品詞と文の要素
第2章：　動詞と時制
第3章：　品詞の変換
第4章：　複雑な構造の文
第5章：　複雑な時制の文

最も**重要なのは第1章と第2章**です。第3章に進む前に、この2つの章を読み返すことをお勧めします。特に第1章は、英文法の基礎になるもので、本書の取扱説明書みたいなものです。**第1章の応用編が第3章**なので、第1章の内容が把握できていないと、第3章を理解するのが難しくなります。**第4章と第5章は中上級者向けの内容を多く含む**ので、読んでいて、もし難しく感じる読者の方は、次の課へと飛んでください。

各課とも、まず日本語の例文で始まりますが、**日本語文法の説明はサッと読み流す**感じで構いません。日本語文法を理解・学習することが目的ではないからです。（日本語の例文は、その課で学ぶ英文法がネイティブの耳にはどう聞こえるのかを「疑似体験」するための物です）。また、**「補足」や「発展」も興味が無ければ読み飛ばす**ことができます。

注意点

1) 本書で用いる日本語の文法は、日本語を母国語とする人が学ぶ「国文法」ではなく、外国人が外国語として日本語を学ぶ時に使う「日本語文法」を使っています。

2) 日本語文法の説明には、英文法の考え方や文法用語を当てはめています。例えば、動詞を修飾するのは副詞という英文法の考え方から、日本語の「静かに」は形容詞の連用形ではなく、副詞として扱う、などです。

3) 日本語の例文は、英文法の「理屈」を理解する為のものです。（日本語であれば、正しい文と間違った文を、耳で判断することができるからです）。決して、日本語をそのまま英語に直せば、正しい英訳になると言っているのではありません。

4) 本書で比較する日本語と英語の例文は、必ずしも同じ文法現象が起こっていない事もあります。しかし、英語の「音」を体感する手助けになる場合には対比させています。

Contents

第２章　　動詞と時制

第3章　品詞の変換

第5章　　複雑な時制の文

カバーデザイン　大場君人

第 **1** 章

基本品詞と文の要素

1 日本語 と 英語

Santa Claus is coming to town.

STEP 1 ⇒ まずは「日本語」の文で考えてみよう

 次の2つの文で、自宅から出たことを表しているのは、どっち?

　　　僕が**家**を出たのは、昼過ぎだった
　　　僕が**その家**を出たのは、昼過ぎだった

ただ単に「家を出た」と言えば、普通、「自宅」から出たという意味ですよね。でも、「その家」と言えば、誰か「別の人の家」のことになります。普段、あまり気にすることのない「その」という言葉ですが、あるのとないのとでは大違いです。

同じような事が、英語にもあります。home や town という言葉が、「自分が住んでいる」という意味を含むと、定冠詞 (☞ p.34) の the を使いません。この事は、知らず知らずのうちに、私たちの日本語の会話にも取り込まれています。

例えば、日本語でも「アット・ホームな雰囲気」とは言いますが、「アット・ザ・ホームな雰囲気」とは言いません。この場合の「ホーム」とは自宅のことだからです。「(自宅にいるような) 寛げる雰囲気」という意味なので、the を使いません。

town でも同じです。有名なクリスマス・ソングに、「サンタが町にやってくる」という曲があります。この英語の原題は Santa Claus is coming to **town**. です。この town にも、やはり the が付いていませんよね。と言うのも、サンタが「自分の住む町」にやって来るからです。

このように、普段、私たちはあまりにも当たり前に日本語を使っているので気が付きませんが、英語と日本語の文法は、実はとてもよく似ています。日本語なら、理屈など知らなくても、正しい文と間違った文を聞き分けることができますよね。しかし英語となると、いくら文法を説明されても、なかなか理解できないものです。それならば、日本語の「音」をフィルターにして、英文法の世界を体験してみませんか? 間違った日本語を聞いた時の違和感が、英語でも起こっているのです。きっと、英文法を「再発見」できるはずです。

＊文を構成する７つの基本要素＊

日本語でも英語でも、文を構成する要素は同じです。文の構成要素とは、それぞれの語句が文の中でどんな働きをしているかを分類したもの、と言えます。次の文を見てみましょう。

（○）昨夜、子供たちがテストのために家で数学を一生懸命に勉強した

この文は、次の７つの基本要素に分解することができます。

いつ	昨夜
どこで	家で
誰が	子供たちが
何を	数学を
なぜ	テストのために
どのように	一生懸命に
どうした	勉強した

日本語でも英語でも、この７つの要素を元に「文」はできているのです。

補足

ただし、この「いつ・どこで・誰が…」というのは、これらの言葉に代表される要素ということです。例えば、「いつ」というのも、具体的な一時点だけとは限りません。「２か月の間」とか、「先週から」など、「時」に関する語句全てを含みます。そこで、これらの要素は次のように一般化することができます。（これから詳しく見ていくので、今はこれらの用語を気にしなくても大丈夫です。）

いつ	＝	時・頻度	(☞ p.51)
どこで	＝	場所	(☞ p.51)
誰が	＝	主語	(☞ p.26)
何を	＝	目的語	(☞ p.26)
なぜ	＝	理由・目的	(☞ p.40)
どのように	＝	様態・程度	(☞ p.51～p.52)
どうした	＝	動詞／述語動詞	(☞ p.22/p.104)

自動詞 と 他動詞

(×) Tom sat a chair.

STEP 1 ⇒ まずは「日本語」の文で考えてみよう

 次の２つの文で、１番目の文が間違っている理由は？

(×) 雪が屋根を**降った**
(○) 雪が屋根を**覆った**

「降った」も「覆った」も、文を構成する７つの基本要素 (☞ p.21) のうち、「どうした」の部分です。この「どうした」の部分を動詞といいます (☞ p.104)。しかし動詞には、「〜を」という言葉と一緒に使うと、おかしく聞こえるものがあります。「**屋根を覆う**」とは言えても、「**屋根を降る**」とは言いませんよね。「降る」の場合、「〜を」の部分を消して、単に「雪が降った」にすれば正しくなります。

Check! それでは、次の各文を正しい文にするには、（　　）内から、どちらの動詞を選びますか？　日本語なら考えなくても、音を聞いただけで判断できますよね。

1　トムがベッドを（　寝た　／　買った　）
2　トムが子供を　（　走った　／　ほめた　）
3　トムがロウソクの火を（　消えた　／　つけた　）
4　トムが椅子を　（　座った　／　動かした）

答え　1　買った　　2　ほめた　　3　つけた　　4　動かした

「降る」や「寝る」のように、「〜を」という言葉を取れない動詞を「自動詞」といいます。一方、「覆う」や「買う」のように、「〜を」という言葉を取れる動詞を「他動詞」といいます。「雪が屋根を降った」と言えないのは、「降る」が自動詞だからです。

英語にも、自動詞と他動詞があります。動詞によっては、日本語の「～を」にあたる言葉を取ると、間違いになります。ただし英語となると、音を聞いただけでは、どれが自動詞で、どれが他動詞かはわかりません。

そこで、**辞書を使って自動詞か他動詞かを調べる必要が出てきます**。辞書とは、言葉の意味を調べるためだけに使う物ではないのですね（辞書にもよりますが、自動詞は、⾃や Vi や I と表記されています。他動詞は、他や Vt や T と表記されています）。

（注：Vi や I は、英語で自動詞を意味する Intransitive Verb の頭文字。
Vt や T は、英語で他動詞を意味する Transitive Verb の頭文字）

Check! それでは次の4つの動詞のうち、日本語の「～を」にあたる言葉を取れないのはどれでしょうか。実際に辞書を使って、次の動詞が自動詞か他動詞か調べてみましょう。

1 resemble
2 belong
3 involve
4 depend

答え 1 他動詞 2 自動詞 3 他動詞 4 自動詞

つまり、日本語の「～を」にあたる言葉を取れないのは、自動詞の belong と depend です。

発展 動詞の過去形

辞書に載っている動詞の形を**原形**といいます。過去の内容を表すには、動詞を**過去形**にします。過去形の作り方には、主に次のような規則があります。（ただし、下に挙げた主な規則以外にも細かい規則がたくさんあるので、辞書で確認することが大切です）。

1) 多くの動詞：語尾に -ed を付ける

＜原形＞	＜過去形＞
call	called
talk	talked

2) 語尾が -e で終わる動詞：語尾に -d を付ける

＜原形＞	＜過去形＞
like	liked
move	moved

3) 語尾が「子音字＋y」で終わる動詞：y を i に変えて -ed を付ける

＜原形＞	＜過去形＞
study	studied
try	tried

注）「母音字＋y」で終わる動詞は、そのまま -ed を付ける

＜原形＞	＜過去形＞
enjoy	enjoyed
play	played

4) 語尾が「1 母音字＋1 子音字」で終わる動詞：子音字を重ねて -ed

＜原形＞	＜過去形＞
stop	stopped
compel	compelled

注）「2 母音字＋1 子音字」で終わる動詞は、そのまま -ed を付ける

＜原形＞	＜過去形＞
look	looked
pour	poured

5) 不規則な変化をする動詞

＜原形＞	＜過去形＞
buy	bought
keep	kept
come	came
put	put

など

be は、主語 (☞ p.26) の人称 (☞ p.96) によっても形が変わります。

＜原形＞	＜過去形＞
be	was（主語が単数の「話し手」か「第三者」の場合） were（それ以外）

> 次の２つの文の動詞は、それぞれ自動詞と他動詞のどっち？
>
> 子供が笛を**吹いた**
> 風が**吹いた**

例文の１番目の「吹く」は、「笛を」という目的語を取っているので他動詞です。一方、同じ「吹く」でも、２番目の文では「〜を」という言葉を取っていないので自動詞です。つまり、「吹く」という動詞は、自動詞にも他動詞にもなります。

このように、動詞とは、自動詞か他動詞のどちらか一方に必ず分類されるわけではないのです。そのため、より正確には、次の３つに分類できます。

1) **自動詞の用法**しか持たない動詞
2) **他動詞の用法**しか持たない動詞
3) 自動詞と他動詞の**両方の用法**を持つ動詞

日本語では、自動詞と他動詞の両方の用法を持つ動詞は珍しく、大半はどちらか一方の用法しかありません。

逆に**英語では、大半の動詞が両方の用法**を持っています。

`Check!` それでは実際に辞書を使って、次の動詞の自動詞用法と他動詞用法の日本語訳を調べてみましょう。

1 break
2 succeed
3 give
4 run

`答え` 1 ⾃壊れる　他〜を壊す
2 ⾃成功する　他〜（のあと）を継ぐ
3 ⾃たわむ　他〜を与える
4 ⾃走る　他〜を走らせる／〜を経営する

25

3 主語 と 目的語
Tom called Anna.

まずは「日本語」の文で考えてみよう

 次の 2 つの文で、それぞれ「呼んだ」のは、誰がした行為？

トム**が**、アンナを呼んだ
アンナ**を**、トムが呼んだ

どちらの文でも、語順に関係なく、「呼んだ」のは「トム」ですよね。日本語では基本的に、動作を<u>する</u>側に「が」という言葉を付けます (☞ p.58)。この、何かの動作をしたり、ある状態に置かれている人や物のことを、主語といいます。

一方、その動作を<u>受ける</u>側に「を」という言葉を付けます (☞ p.58)。「呼ぶ」という動作の受け手、つまり、呼ばれる人が「アンナ」です。この何かの動作を受ける相手や対象を目的語といいます。

つまり、「トムがアンナを呼んだ」という文では、「トム」が主語（＝呼ぶ人）で、「アンナ」が目的語（＝呼ばれる人）です。

本書の 21 ページ目で見たように、一般的に「文」とは、「いつ・どこで・誰が・何を・なぜ・どのように・どうした」という 7 つの要素の組み合わせでできています。このうちの「誰が・何を・どうした」の部分を、主語・目的語・動詞といいます（もちろん、「物」が主語であれば「何が」になり、「人」が目的語であれば「誰を」になります）。

STEP 2 ⇒ 「英語」の場合を見てみよう

＊英語の「主語」と「目的語」の表し方＊

英語には、日本語の「が」や「を」にあたる言葉がありません (☞ p.251)。そのため英語では、「**主語**」は動詞の前に置き、「**目的語**」は動詞の後ろに置くという基本ルールがあります（ただし、動詞は動詞でも、目的語を取る動詞は、他動詞 (☞ p.22) でしたよね）。

つまり、文の左から右に、「主語 → 他動詞 → 目的語」の語順で、言葉が並びます。次の文を見てみましょう。

＜主語＞ → ＜他動詞＞ → ＜目的語＞
Tom　　　　**called**　　　　**Anna.**
トム　　　　　呼んだ　　　　　アンナ

上の英文を日本語にそのまま置き換えると、「トム・呼んだ・アンナ」という3つの単語の羅列にしかなりません。

そこで**英文和訳**をする時には、「が」や「を」を補う必要があります。この時、主語（＝動詞の前にある言葉）には「が」を付けて、目的語（＝他動詞の後ろにある言葉）には「を」を付けるのが基本です (☞ p.58)。あとは、適切な日本語になるように語順を直します。

Tom　　called　　Anna.
トム(が)　呼んだ　アンナ(を)　　→　　「トムがアンナを呼んだ」

このように、英語では**語順**によって、日本語の「〜が」や「〜を」にあたる言葉を決めているので、語順を変えると文全体の意味が変わってしまいます。これは、日本語とは大きく違う点です。

Tom　called　**Anna**.
トム(が)　呼んだ　アンナ(を)

Anna　called　**Tom**.
アンナ(が)　呼んだ　トム(を)

補足

主語を表す日本語の「が」は、多くの場合、「は」で置き換えることができます (☞ p.344)。
（○）トム**が**アンナを呼んだ
（○）トム**は**アンナを呼んだ

---

4 名詞 と 形容詞
"peace" or "peaceful"?

STEP 1 ⇒ まずは「日本語」の文で考えてみよう

次の文で、各組の1番目の文が間違っている理由は？

- (×) **平和な**が広まった
- (○) **平和**が広まった

- (×) 人々が**平和な**を求めた
- (○) 人々が**平和**を求めた

日本語では、「**平和な**が」や「**平和な**を」とは言いませんよね。でも、「**平和**が」や「**平和**を」なら問題ありません。つまり、「〜が」や「〜を」の「〜」の部分には、使える言葉と使えない言葉があるのです。

STEP 2 ⇒ 「英語」の場合を見てみよう

＊名詞の働き＊

人や物や事柄などの**名を表す言葉**を「名詞」といいます。「トム」「車」「平和」などの言葉は名詞です。上の例文にあるように、「〜が」や「〜を」と一緒に使える言葉は、名詞です。

つまり、**主語や目的語**には「名詞」がなります。（これには、代名詞 (☞ p.97) も含みます）。一方、主語や目的語に名詞以外の言葉（上の例では形容詞 (☞ p.29) を使うと間違いになります。この事は英語でも同じです。

- (×) **Peaceful** prevailed.　　（peaceful ＝ 形容詞）
  平和なが広まった
- (○) **Peace** prevailed.　　（peace ＝ 名詞）
  平和が広まった

- (×) People sought **peaceful**.　　（peaceful ＝ 形容詞）
  人々が平和なを求めた
- (○) People sought **peace**.　　（peace ＝ 名詞）
  人々が平和を求めた

> **補足**
>
> 自動詞・他動詞 (☞ p.22)・名詞・形容詞などの、単語の分類を品詞といいます。また、これまで見てきた日本語の「〜が」「〜は」「〜を」などの言葉は、名詞の後ろに置かれる詞なので、本書ではまとめて後置詞と呼ぶことにします。

＊形容詞の働き＊

> 次の2つの文で、1番目の文が間違っている理由は？
>   （×）人々が**平和**解決策を求めた
>   （○）人々が**平和な**解決策を求めた

名詞がどのような状態にあるかや、どのような性質を持っているかなど、**名詞を説明する言葉**を「形容詞」といいます。日本語の形容詞は、「甘い」や「平和な」のように、語尾が「い」か「な」で終わります。

上の例文の1番目のように、名詞が、他の名詞の前に置かれると、基本的に間違いになります (☞ p.123)。一方、2番目の例文の「**平和な解決策**」のように、形容詞は**名詞の前**に置くことができます。

この「形容詞＋名詞」の組み合わせが正しいのは、英語でも同じです。

　　（×）People sought **peace** solutions.　　（peace ＝ 名詞）
　　（○）People sought **peaceful** solutions.　　（peaceful ＝ 形容詞）

また、1つの名詞に、複数の形容詞が付くこともあります。

　　（○）Anna bought **small white** flowers.
　　　　　アンナが小さな白い花を買った

> 名詞　（＝人や物や事柄の名を表す言葉）
> 　　日本語では、「〜が」や「〜を」と一緒に使い、主語や目的語になる
>
> 形容詞　（＝名詞に説明を加える言葉）
> 　　**名詞の前**に置かれる。主語や目的語にならない

英語の形容詞は、基本的に名詞の前に置かれます。しかし、some-, any-, every-, no- で始まる名詞の場合には、その名詞の後ろに置かれます（☞ p.81）。

(×) **wonderful** something
(○) something **wonderful**（→ 「名詞＋形容詞」の語順）
　　　　　素敵な何か

発展

形容詞の語尾

日本語とは違い、英語の形容詞は rich, large, good, cheap など、決まった語尾はありません。ただし、名詞や動詞などに特定の語尾（＝接尾辞）を付け足して形容詞に変形させることができます。そのため、これらの語尾を知っていると、形容詞だと判断する助けになります。

-able:	fashion	→	fashionable	（粋な、流行の）
	drink	→	drinkable	（飲料に適した、飲める）
-al:	accident	→	accidental	（偶然の、予期しない）
	＊動詞には付かない			
{ -ary:	revolution	→	revolutionary	（画期的な、革命の）
{ -ory:	contradict	→	contradictory	（矛盾した）
-ed:	talent	→	talented	（有能な、才能のある）
	excite	→	excited	（興奮した）

| -en: | gold | → | golden | （金色の、貴重な） |
| | forbid | → | forbidden | （禁じられた） |

| -ful: | beauty | → | beautiful | （美しい） |
| | forget | → | forgetful | （忘れっぽい） |

| -ish: | style | → | stylish | （上品な、流行の） |
| | ＊動詞には付かない | | | |

| -ive: | defect | → | defective | （欠陥のある） |
| | create | → | creative | （独創的な） |

| -ly: | friend | → | friendly | （友好的な） |
| | seem | → | seemly | （場にふさわしい） |

| -ous: | danger | → | dangerous | （危険な） |
| | continue | → | continuous | （継続的な） |

| -y: | rain | → | rainy | （雨の多い） |
| | ＊動詞には付かない | | | |

同じ単語を基にしていても、異なる語尾が用いられることで、違う意味になる形容詞もあります。

{ considerable （相当な）
{ considerate （思いやりのある）

{ continual （頻繁な）
{ continuous （連続した）

{ economic （経済の）
{ economical （節約の）

{ historic （歴史上重要な）
{ historical （歴史に関する）

{ imaginary （実在しない）
{ imaginative （想像力に富んだ）

{ industrial （産業の）
{ industrious （勤勉な）

{ memorable （記憶すべき）
{ memorial （記念の）

など

31

可算名詞 と 不可算名詞

"salmon" or "a salmon"?

STEP 1 ⇒	まずは「日本語」の文で考えてみよう

 次の2つの文では、意味にどんな違いがある？

（〇）昨日は夕飯に **鮭**(さけ)を食べた
（×）昨日は夕飯に **一匹の鮭** を食べた

「鮭を食べた」と言えば、焼き鮭なのか、刺身なのか、鍋物なのかはわかりませんが、食材としての「鮭の身」を食べたという意味です。これは、ごく普通の文ですよね。しかし、「一匹の鮭を食べた」は、どうでしょうか。これでは、生きて泳いでいる鮭を鷲掴(わしづか)みにして、丸ごとガブっと、かぶりついた感じがしませんか？

日本語で「一匹、二匹…」というのは、「生きた動物」に対して使う言葉です。魚屋で売っているような「食材」としての鮭には、一尾・二尾という数え方が使われます。しかしそれ以上に、「1」という数字を使うと、「鮭の身」ではなく、生き物としての鮭を丸ごとイメージさせます。これは、どうしてでしょうか。

＊「数える」とは、どういう事か＊

名詞を、数字と一緒に使うということは、私たちは無意識のうちに、その名詞を数えているということです。ある物が数えられるのは、具体的な姿かたちが想像できるからです。逆に言えば、その物体の輪郭(りんかく)が定まっているから、数えることができるのです。生き物の鮭を一匹・二匹と数えられるのも、魚としての外形が決まっているからです。

これに対して、ただ単に「鮭を食べた」と言った場合、仮にそれが焼き鮭だとしても、丸焼きなのか、切り身なのか、身をほぐしたものか、聞き手にはわかりませんよね。鮭の具体的な姿がわからないので、数えることもできません。わかるのは、食材としての「鮭の身」を、何らかの方法で食べたということだけです。

普段の生活の中では全く気付きませんが、実は私たちは、名詞が「数えられる物」なのか、「数えられない物」なのか、無意識のうちに区別しています。そして場合によっては、同じ名詞でも、その意味に違いがあることを自動的に理解しています。なんとも驚くばかりです。そこで、名詞は次のように分類します。

可算名詞

　　数えられる名詞。もしくは通常、数える名詞。「人」「本」「車」など、具体的な輪郭を持つもの。例えば、生き物としての「鮭」。「鮭」と聞けば、話し手と聞き手の間で（詳細まではわからなくても）同じ形が認識される。

不可算名詞

　　数えられない名詞。もしくは通常、数えない名詞。「空気」「労働」「水」など、具体的な輪郭を持たないもの。例えば、食材としての「鮭」。「鮭」と聞いただけでは、薄い切り身なのか、ぶつ切りの塊なのか、ミンチ状なのか、話し手と聞き手の間で同じ形が認識されるとは限らない。

辞書を調べる時には、辞書にもよりますが、可算名詞としての使い方は©という部分に載っています。一方、不可算名詞は⑪という部分に載っています。
（注：C は、英語で可算を意味する Countable の頭文字。
U は、英語で不可算を意味する Uncountable の頭文字）。

STEP 2 ⇒ 「英語」の場合を見てみよう

＊可算名詞の「単数形」＊

英語にも、「可算名詞」と「不可算名詞」があります。しかし、その区別は日本語よりもずっと大切です。なぜなら英語には、日本語にない冠詞（＝「a」「an」「the」）という言葉があるからです。

「a」と「an」を不定冠詞といいます。名詞に限定を与えず、「とある」や「1つの」という意味を表します。一方、「the」を定冠詞といいます。名詞を限定して、「その」という意味を表す時に使います （☞ p.42）。

また、可算名詞には、単数と複数の区別があります。可算名詞が単数の時には、「a」「an」「the」などが付きます （☞ p.43）。

(○) **a** book
(○) **an** apple
(○) **the** car

補足

名詞が母音（＝ア・イ・ウ・エ・オの音）で始まる場合に「an」を使い、子音（＝母音以外の音）で始まる場合には「a」を使います。

ただしこれは、名詞の最初の音で区別されるもので、最初の文字ではありません。

(×) an university
(○) a university
　　→　university のスペルは「u」で始まっていても、発音は「ユニバーシティ」であって「ウニバーシティ」ではない

(×) a hour
(○) an hour
　　→　hour のスペルは「h」で始まるが、発音は「アワー」であり「ハワー」ではない

＊可算名詞の「複数形」＊

2つ以上の数を持つ名詞の場合には、「-s」もしくは「-es」を名詞の末尾に付けます。下の例で many は「多くの」という意味なので、続く名詞は複数です。そのため、その名詞には語尾に「-s」を付け足して、**複数形**にします。

(×) many student　　　（student 　＝ **単数形**）
(○) many student**s**　　（students ＝ **複数形**）

発展   ## 複数形の作り方

複数形を作る場合、基本的には名詞の語尾に「-s」を付けます。「-es」を付けるのは、名詞の語尾が次のような文字で終わる場合です。

<語尾>	<単数形>	<複数形>	
s	bus	bus**es**	
x	box	box**es**	
sh	dish	dish**es**	
ch	church	church**es**	
子音字 + o	potato	potato**es**	
f	leaf	lea**ves**	(→ f や fe を v に変える)
fe	wife	wi**ves**	
子音字 + y	lady	lad**ies**	(→ y を i に変える)
母音字 + y	boy	boy**s**	(→ そのまま s を付ける)

ただし、epochs（時代）、pianos（ピアノ）、roofs（屋根）など、例外も多くあるので、辞書で確認する必要があります。また、不規則な変化をするものや、単数と複数で形の変わらないものもあります。

<単数>	<複数>
man	men
foot	feet
child	children
sheep	sheep

＊不可算名詞＊

不可算名詞には、「a」や「an」が付かず、複数形にもなりません。そのままの形か、もしくは the などの限定詞 (☞ p.43) を付けます。

    （×）**an** air
    （×）air**s**

（○）air
（○）the air

ただし、注意しなければならない事があります。名詞は、可算名詞か不可算名詞のどちらか一方に必ず分類されるわけではないという事です。これは、1つの名詞には複数の意味があるのが普通だからです。意味の違いによって、可算名詞の働きをしたり、不可算名詞の働きをしたりするのです。

名詞の work を例に取ってみましょう。work と聞くと、「仕事」という意味がまず思い浮かびます。しかし、その他にも、「作品」という意味もあります。これら意味の違いによって、work という名詞は、冠詞の使い方が変わってきます。

work
（名詞）

「作品」「出版物」という意味では、可算名詞の働き
　　（＝ 不定冠詞が付いたり、複数形になる）
　　　（○）**a** work
　　　（○）work**s**

「仕事」「労働」という意味では、不可算名詞の働き
　　（＝ 不定冠詞が付いたり、複数形になったりしない）
　　　（×）**a** work
　　　（×）work**s**

また、32ページ目で見た「鮭（の身）を食べた」という場合の鮭を英語で言えば、不可算名詞（＝「a」の付かない）用法の salmon です。これに対して、「一匹の鮭」という場合の鮭を英語で言えば、可算名詞（＝「a」が付く）用法の a salmon です。

（○）　　salmon を食べた ＝ 食材としての「鮭の身」を食べた
（×）**a** salmon を食べた ＝ 生き物としての「鮭を丸ごと1匹」食べた

Check! ここで実際に辞書を使って、次の名詞の可算名詞の用法と、不可算名詞の用法の意味を調べてみましょう。

1　glass
2　paper
3　room
4　school

答え　1　Ⓤ（材質としての）ガラス　Ⓒ コップ
　　　2　Ⓤ（材質としての）紙　　　　Ⓒ 新聞
　　　3　Ⓤ 空間、余地　　　　　　　　Ⓒ 部屋
　　　4　Ⓤ 学校教育（制度）　　　　　Ⓒ（建物としての）学校、校舎

可算名詞と不可算名詞の違いが、イメージできましたか？　不可算名詞の使い方では、どの名詞も抽象的で特定の外形を想像できませんよね。それに対して、可算名詞の意味では、具体的な姿かたちを持っています。

例えば、「紙」と言った時には、それが和紙なのか、厚紙なのか、壁紙なのか、漠然としていて断定できません。わかるのは、ただ材質が紙だ、ということだけです。しかし「新聞」と言えば、材質が紙だということに加えて、数十ページが束になっていて、ニュースを伝える文字や写真が印刷されているなど、そのイメージがハッキリと想像できます。

それでは最後に、次の２つの文に、どんな意味の違いがあるか、考えてみましょう。

　　　トムはコーヒーを買った
　　　（○）Tom bought **coffee**.
　　　（○）Tom bought **a coffee**.

不可算名詞の coffee は、食材としてのコーヒーです。「コーヒー」とだけ言ったのでは、コーヒー豆なのか、挽いてあるコーヒーなのか、お湯を入れれば溶けてしまうインスタント・コーヒーなのか特定できません。一方、a coffee は飲み物としての「１杯のコーヒー」です。カップに入ったコーヒーがイメージできます。もしくは、聞き手は何らかの容器に入った飲み物のコーヒーを想像しなくてはいけません。

6 前置詞

The children studied <u>in</u> the classroom.

STEP 1 ⇒ まずは「日本語」の文で考えてみよう

次の3つの文で、1番目の文が間違っている理由は？

(×) 子供たちは教室を勉強した

(○) 子供たちは教室で勉強した

(○) 子供たちは歴史を勉強した

これまでに、「～は」「～が」「～を」という3つの後置詞 (☞ p.29) を見ました。日本語にはそれ以外にも、「～で」「～と」「～から」など、たくさんの後置詞があります。

上の例文からわかるように、「歴史を勉強する」とは言えますが、「教室を勉強する」とは言えません。これは後置詞の「を」が、動作の対象（＝目的語）を表すからです。勉強の対象、つまり勉強する内容が歴史であると言うことは可能ですが、子供たちが教室そのものを勉強するという状況は、通常考えられませんよね。

一方、勉強する対象ではなく、勉強する場所が教室だと言うことはできます。この時には場所を表す後置詞の「で」を使います。

つまり、文を構成する「いつ・どこで・誰が・何を・なぜ・どのように・どうした」という7つの基本要素のうち、「どこで」と「何を」を取り違えてしまっているので、上の1番目の例文は間違いなのです。

STEP 2 ⇒ 「英語」の場合を見てみよう

＊日本語の後置詞、英語の前置詞＊

英語には、日本語の「が」や「を」に当たる言葉はなく、主語と目的語を語順で表しています (☞ p.26)。しかし、主語や目的語以外の働きを表す言葉（＝日本語の「で」や「から」などに相当する言葉）は、英語にもあります。その1つが、動作が行われる場所（＝「どこで」）を表す in です。次の文を見てみましょう。

(○) The children studied **in** the classroom.

　　　　子供たちは教室で勉強した

上の英文で in は、名詞の (the) classroom の前に置かれています。この in のように、英語で名詞の前に置かれる詞を、前置詞といいます。前置詞は「名詞」とセットになるのが基本です (☞ p.65)。このセットを前置詞句といいます。(より正確には、前置詞は名詞句 (☞ p.44) とセットになります)。

(×) Many animals breed in **mountainous**.

　　　　　　　　　　　　　　　　(mountainous ＝ 形容詞)

(○) Many animals breed in **mountains**.

　　　　多くの動物が山で繁殖する

補足

英語の前置詞は、必ずしも日本語の「に」や「で」などの1文字で表されるとは限りません。例えば、across は「〜を横切って」という日本語訳になります。また、訳す時に少し工夫が必要になる場合もあります。

　　(○) The boy swam **across** the river. （swam ＝ swim の過去形）

　　　　少年は川を横切って泳いだ　→　少年は川を泳いで渡った

また、2語以上の言葉が集まって1つの前置詞として働くものもあります。

　　(○) in　　front　 of 〜

　　　（で）　（前）　（の）　＝「〜の前で」

＊前置詞の働き＊

文を構成する「いつ・どこで・誰が・何を・なぜ・どのように・どうした」という7つの基本要素のうち、「誰が・何を・どうした」の3つを表すのが主語・目的語・動詞です (☞ p.26)。残りの「いつ・どこで・なぜ・どのように」の4つを表すのが英語の前置詞の基本的な働きの1つです (☞ p.40)。

ただし、例えば「いつ」と言った場合、これは「時に関する言葉」という広い意味です。必ずしも「8時」とか「月曜日に」など、特定の時だけを指すわけではありません。他にも「2か月の間」とか「先週から」などの言葉も含みます。そこで、これら4つの要素を次のように言い換えることができます。

いつ ＝「時・頻度」

　　The children studied **after** class.
　　　　子供たちは授業の後で勉強した

どこで ＝「場所」

　　The children studied **in** the classroom.
　　　　子供たちは教室で勉強した

なぜ ＝「理由・目的」

　　The children studied **for** the test.
　　　　子供たちはテストのために勉強した

どのように ＝「様態・程度」

　　The children studied **without** a break.
　　　　子供たちは休みなしに勉強した

これらの要素は、１つの文で複数使うことができます。上の４つを全て使って次のようにすることも可能です。

　　（○）The children studied **after** class **for** the test **in** the classroom **without** a break.
　　　　子供たちは授業の後でテストのために教室で休みなしに勉強した

＊ 「自動詞＋前置詞」 ＊

次の３つの文を見てみましょう。動詞は全て left（＝ leave の過去形）です。

　　（○）Tom　　left　　London.
　　　　トム　　出発した　ロンドン（を）

　　（○）Tom　　left　　**for** London.
　　　　トム　　出発した　　ロンドンへ

(○) Tom　　left　　**from** London.
　　 トム　　出発した　　ロンドンから

1番目の文では、動詞の後ろに、前置詞の付かない名詞が続いています。つまり、この leave は他動詞の用法で、London は目的語です。日本語に訳す場合、London の後ろに「を」を補って、「トムがロンドンを出発した」とします。

一方、2番目と3番目の文では、**動詞の後ろに前置詞句**が続いています。つまり、この場合の leave は**自動詞**の用法です。通常、辞書で動詞を調べると、一緒に使われる前置詞と、その日本語訳が載っています。

このように、他動詞の後ろには「名詞」が続き、自動詞の後ろには「前置詞句」が続くのが基本です。ただし、自動詞の中には、「自動詞＋前置詞」で他動詞と同じ働きをするものがいくつかあるので、注意が必要です。

(○) Tom looked **at** Anna.
　　 トムはアンナを見た

ask for 　（〜を求める）	call for 　（〜を要求する）
deal with 　（〜を扱う）	listen to 　（〜を聞く）
rely on 　（〜を頼る）	wait for 　（〜を待つ）　　 など

また、一緒に使う前置詞によって、意味が変わる自動詞もあります。

(○) Anna looked **after** the children.
　　 アンナが子供たちの面倒を見た

(○) Tom looked **into** the problem.
　　 トムはその問題の調査をした

(○) The children looked **for** the present.
　　 子供たちはプレゼントを探した

7 限定詞
"a man" or "the man" ?

STEP 1 ⇒　まずは「日本語」の文で考えてみよう

 次の2つの文では、意味にどんな違いがある？

　　（○）**男**は勝手だ
　　（○）**その男**は勝手だ

単に「男は勝手だ」と言った場合、一般論として「男というものは勝手な生き物だ」という意味ですよね。これは、特定の男の話をしている訳ではありません。しかし「その男」と言うと、それまでに何らかの会話があって、その中で特定の男が話題になっていたことが想像できます。そして、「（話題に挙がっていた）その男は勝手だ」というコメントにつながります。

このように、ある名詞に関して、話し手と聞き手の間で「誰」もしくは「何」が**特定**されているかどうかや、**共通の認識**があるかどうかによって、文の意味が変わってきます。

STEP 2 ⇒　「英語」の場合を見てみよう

これと同じ働きをするのが、英語の不定冠詞（a, an）と定冠詞（the）です。

　　（○）**A man** is selfish.　　（a man ＝ 不特定の男）
　　　　　男は勝手だ
　　（○）**The man** is selfish.　　（the man ＝ 特定の男）
　　　　　その男は勝手だ

補足

日本語の「その」と英語の the は、全く同じ物ではありません。（より正確には、日本語には英語の冠詞に当たる言葉がありません）。そのため、和文英訳をする時には、単純に「その」という言葉の有無だけで、英語の定冠詞と不定冠詞を判断することはできません。あくまでも、特定か不特定かを考える必要があります。しかし、その見分けは決して難しくありません。

例えば、会社の上司に「新入社員はどうしてる？」と聞かれた場合、これは「新入社員というものは…」という一般論でしょうか。それとも、話し手と聞き手の頭の中に、特定の新入社員が思い描かれているのでしょうか。普通は、同じ会社で働いている新入社員の話ですよね。このように、英語の冠詞に当たる言葉がなくても、私たち日本人は無意識のうちに特定か不特定かを判断しているのです。

＊英語の限定詞＊

英語の名詞は、その名詞１語だけで使われることは稀<ruby>稀<rt>まれ</rt></ruby>です。多くの場合、冠詞や形容詞など、他の付属品を伴います。その中でも次のような言葉は、まとめて限定詞と呼ばれます。

1） 所有格：「誰々の〜」や「何々の〜」など、「所有」や「関連」を表す

    my, your, his, her, its, our, their, Tom's, the dog's...

    （→ 上の例で、「's」を使っていない言葉は代名詞（☞ p.97）と呼ばれます）

2） 指示語：「この」や「あの」など、何かを指し示す

    this, that, these, those

3） 冠詞：（日本語には訳さない事が多い）

    the, a, an

限定詞は、１つの名詞に１つしか使うことができません。

    （×）my the pen
    （×）Tom's this dog

１つの名詞が、限定詞と形容詞の両方を取ることがあります。その場合には、「限定詞＋形容詞＋名詞」の語順になります。また、日本語に訳す時には、そのままの語順で訳します。

    （×）blue **this** shirt
      → 形容詞の後ろに限定詞が置かれているから×
    （○）**this** blue shirt
      この 青い シャツ

    （×）white dog **Tom's**
      → 名詞の後ろに限定詞が置かれているから×
    （○）**Tom's** white dog
      トムの 白い 犬

限定詞や形容詞が、名詞と1つのま̇と̇ま̇りを作ることがあります。この場合、これらの限定詞や形容詞は、「名詞を**修飾している**」と言います。

名詞に付属品が付いたこの1つのまとまりを**名詞句**といいます。句とは、2語以上の単語が1つのまとまりを作っていることを意味します。文中ではそのまとまり全体が、名詞と同じ働きをするので、主語や目的語になります。（本書では、特に区別する必要がなければ、名詞も名詞句も、まとめて「名詞」とだけ表現します）。

単数形の可算名詞 (☞ p.33) では、通常、何らかの限定詞が必ず必要になります。

(×) Tom found pen.
(○) Tom found **a** pen. / Tom found **the** pen.
 / Tom found **my** pen. / Tom found **this** pen.　など

「たくさんの」や「少しの」という数量を表す言葉では、可算名詞と不可算名詞 (☞ p33) で使う言葉が違うので、注意が必要です。

可算名詞	不可算名詞
many books たくさんの本　（＝多数の本）	**much** water たくさんの水　（＝大量の水）
a few books いくらかの本　（＝少数の本）	**a little** water いくらかの水　（＝少量の水）
few books わずかしかない本 （＝本がほとんどない）	**little** water わずかしかない水 （＝水がほとんどない）

→　ただし話し言葉では、肯定文で much は使われず a lot of などを使う

また、次の言葉にも注意が必要です。

　「それぞれの」　＝ **each** ＋ 単数形の可算名詞
　「あらゆる」　　＝ **every** ＋ 単数形の可算名詞
　「すべての」　　＝ **all** ＋ 複数形の可算名詞／不可算名詞

＊「所有」や「関連」を表す２つの形＊

「所有」や「関連」を表すには、所有格を使う場合と、前置詞を使う場合の２つがあります。基本的に、人など生き物に対しては所有格を使い、物に対しては前置詞を使います。

(○) **Tom's** leg
トムの脚

(○) the leg **of the table**
テーブルの脚

ただし、場所・施設・数量表現・擬人化された無生物などでは、所有格を取ることもあります。

(○) one hour**'s** drive
1時間の運転

(○) this university**'s** history
この大学の歴史

(注：この this は、history を修飾しているのではなく、university を修飾している)

所有格と前置詞を組み合わせることで、２つの限定詞の意味を表せます。

(×) **Tom's** this friend

(○) this friend **of Tom's**
トムのこの友人

次のような場合には、意味に違いがあるので注意が必要です。

(○) the picture of my brother
私の兄が写った写真

(○) the picture of my brother**'s**
私の兄が所有する写真

8　副詞

The dog ran <u>very</u> fast.

 次の２つの文で、１番目の文が間違っている理由は？

（×）トムが本を**静かな**閉じた
（○）トムが本を**静かに**閉じた

「静かな」は形容詞（☞ p.29）です。形容詞は、「静かな**部屋**」のように、名詞を修飾する言葉でしたよね。そのため、形容詞が動詞など名詞以外の品詞を修飾すると、間違いになります。「静かな閉じた」がおかしく聞こえるのは、「閉じた」が動詞だからです。

一方、２番目の例文では、「静かに」という言葉が「閉じた」という動詞の前に置かれています。この場合、何も問題はありません。トムがどんなふうに本を閉じたのか、その**トムの動作の様子**を述べています。

このように、動詞や形容詞など、名詞以外の品詞を修飾する言葉を副詞といいます。例えば、副詞の「かなり」は、名詞以外の品詞であれば一緒に使えます。

（○）**かなり**上昇した　　（「上昇した」　＝ 動詞）
（○）**かなり**速く　　　　（「速く」　　　＝ 副詞）
（○）**かなり**重要な　　　（「重要な」　　＝ 形容詞）
（×）**かなり**人々　　　　（「人々」　　　＝ 名詞）

STEP 2　⇒　「英語」の場合を見てみよう

＊副詞の働き＊

文を構成する７つの基本要素（☞ p.21）のうち、前置詞句と同じように、**副詞**も「いつ・どこで・なぜ・どのように」の４つを表すのが基本です。

46

いつ ＝「時・頻度」

　　Tom watched the movie **yesterday**.
　　　トムは昨日その映画を観た

どこで ＝「場所」

　　Anna bought a magazine **here**.
　　　アンナはここで雑誌を買った

なぜ ＝「理由・目的」

　　The man always told the truth. **Consequently** everyone
　　trusted the man.
　　　その男性はいつも真実を話した。従って皆がその男性を信頼した

どのように ＝「様態・程度」

　　The dog ran **very** fast.
　　　その犬はとても速く走った

形容詞は名詞を修飾する言葉で、副詞は名詞以外を修飾する言葉です。どちらも他の言葉の「付属品」なので、単体で主語 (☞ p.26) や目的語 (☞ p.26) にはなれません。

　　(×) 子供たちが**速い**を競った　（「速い」 ＝ 形容詞）
　　(×) 子供たちが**速く**を競った　（「速く」 ＝ 副詞）
　　(○) 子供たちが**速さ**を競った　（「速さ」 ＝ 名詞）

英語でも副詞の働きは同じで、名詞以外の言葉を修飾します。

　　(○) **considerably** important　（important ＝ 形容詞）
　　　かなり重要な
　　(○) **considerably** fast　（fast ＝ 副詞）
　　　かなり速く
　　(○) **considerably** in advance　（in advance ＝ 前置詞句）
　　　かなり進んで
　　(○) rise **considerably**　（rise ＝ 動詞）
　　　かなり上昇する
　　(×) **considerably** people　（people ＝ 名詞）
　　　かなり人々

また英語でも、副詞は**主語**や**目的語**になれません。

（×）The man found **happily**.　　（happily ＝ 副詞）
　　　　その男は幸せにを見つけた

（○）The man found **happiness**.　（happiness ＝ 名詞）
　　　　その男は幸せを見つけた

＊その他の副詞＊

これまで見てきた4つの主要な副詞の他にも、次のようなものがあります。

> 順序を表す副詞：
> 　　first（第一に）、second（第二に）、lastly（最後に）　など
>
> 論理関係を表す副詞：
> 　　therefore（したがって）、however（しかしながら）、besides（そ
> 　　のうえ）、otherwise（さもなければ）　など
>
> 語句を強調する副詞：
> 　　only（だけ）、even（でさえ）、such（とても）、all（全く）　など

語句を強調する副詞は、主語や目的語など**文の構成要素**に焦点を当てます。
（下の例で an even child の語順になっていないのは、名詞ではなく主語全体
を修飾しているからです）。結果的に、副詞が名詞を修飾しているように見
える事があります。

（○）**Even** a child knew the answer.
　　　　子供でさえ答えを知っていた

（○）The boys **only** saw the actor.
　　　　少年たちはその俳優を見ただけだった
　　　　（→　声をかけたり、握手をしたりはしなかった）

語句を強調する言葉は、「副詞」として使われるか、「形容詞」として使われるかで、意味や置かれる場所が変わることがあるので、注意が必要です。

(○) The police arrested **only** the son.　（only ＝ 強調の副詞）
　　警察はその息子だけを逮捕した
(○) The police arrested the **only** son.　（only ＝ 形容詞）
　　警察はその一人息子を逮捕した

発展　　　　　　　　　　**注意が必要な副詞**

名詞に -ly を付けると形容詞になります (☞ p.29)。一方、形容詞に -ly を付けると、副詞になります。

　　名詞 ＋ -ly ＝ 形容詞
　　　　friend + -ly　→　friendly　（友好的な、人なつっこい）
　　　　man + -ly　→　manly　（男らしい）

　　形容詞 ＋ -ly ＝ 副詞
　　　　slow + -ly　→　slowly　（遅く、ゆっくり）
　　　　general + -ly　→　generally　（一般的に、大体）

形容詞と副詞で同じ形をしている単語もあります。（形 は形容詞、副 は副詞の意味です）。

early
　形 早い、初期の
　副 早く、初期に

far
　形 遠い、遠くの
　副 遠くへ、はるかに

daily
　形 毎日の、日々の
　副 毎日、日ごとに

enough
　形 十分な
　副 十分に

fast
　形 速い、性急な
　副 速く、性急に

など

また、-ly の有無によって、異なる意味を持つ副詞もあります。

hard　　一生懸命に
hardly　ほとんど～ない

late　　遅れて
lately　最近

just　　ちょうど
justly　正当に

near　　近くに
nearly　ほとんど　　　など

9 副詞の位置

(×) The train here arrived.

STEP 1　⇒　まずは「日本語」の文で考えてみよう

 次の３つの文で、意味に違いはある？

(○) **単に**市長は問題を説明しただけだ
(○) 市長は**単に**問題を説明しただけだ
(○) 市長は問題を**単に**説明しただけだ

上の３つの文では、(どの部分を強調するかというニュアンスの違いはあり
ますが)、副詞をどこに置いても意味に違いはありませんよね。ただし日本
語では、「動詞は文末に置かれる」ので、文末だと不自然になります。

(×) 市長は問題を説明しただけだ**単に**

STEP 2　⇒　「英語」の場合を見てみよう

これに対して英語では、副詞を置く場所について基本のルールが決まってい
ます。そのため、日本語とは違い、置く場所が限られています。

(×) **Merely** the mayor explained the problem.
(○) The mayor **merely** explained the problem.
(×) The mayor explained **merely** the problem.
(×) The mayor explained the problem **merely**.

＊「動詞」を修飾する副詞の位置＊

次に挙げる副詞の位置はすべて基本であって、例えば、目的語が非常に長い時
や、どの言葉を強調したいかなどによって、置く場所が変わることもあります。

1） 場所・時・（定期的な）頻度（ひんど）を表す副詞 ＝ 文末

頻度を表す副詞とは、annually（毎年）や daily（毎日）など定期的な頻度を表すものです。また、once a week（1週間に1回）や time after time（何度も何度も）など、副詞の働きをしている前置詞句も、この場所です。

その電車はここに到着した
（×）The train **here** arrived.
（○）The train arrived **here**.

トムは昨日、本を買った
（×）Tom bought **yesterday** a book.
（○）Tom bought a book **yesterday**.

> 補足
>
> ただし、副詞を強調したり、他の副詞と対照させたりする場合には、文頭に置かれることもあります。
>
> トムは昨日ピザを食べた。（それで）今日はパスタを食べた
> （○）Tom ate pizza yesterday. **Today** he ate pasta.
> → yesterday と today を対照させている

2） （不定の）頻度や程度を表す副詞 ＝ 動詞の前

不定の頻度を表す副詞とは、always（いつも）、sometimes（時々）、usually（普段）などです。程度を表す副詞は、absolutely（絶対に）、probably（恐らく）、hardly（ほとんど～ない）などです。

トムは普段週末にワインを買った
（×）Tom bought wine on the weekends **usually**.
（○）Tom **usually** |bought| wine on the weekends.
               <動詞>

学生たちはその話をほとんど信用しなかった
（×）The students believed the story **hardly**.
（○）The students **hardly** |believed| the story.
             <動詞>

ただし、動詞が be の場合には動詞の後ろに置かれます。

その老人はいつも親切だった
　　　　　（×）The old man **always** was kind.
　　　　　（○）The old man was **always** kind.
　　　　　　　　　　＜動詞＞

> **補足**
>
> 程度を表す副詞の中には、強調のために**文末**に置くことができるものもあります。
>
> 　経営者はその男を完全に信頼していた
> 　　（○）The manager **completely** trusted the man.
> 　　（○）The manager trusted the man **completely**.
> 　　　　→ 副詞を文末に置くことで、「その男を完全に信頼していたので、全く疑
> 　　　　　う事をしなかった」というように、その男への信頼の程度が強調される

3）　様態を表す副詞 ＝ 自動詞の後ろ・目的語の後ろ

様態の副詞とは、動作がどのように行われるかを表す言葉です。carefully（注
意深く）、fast（速く）、kindly（親切に）など多数あります。

アンナは優しく子供たちに話しかけた
　　　　　（○）Anna spoke **gently** to her children.
　　　　　　　　　＜自動詞＞

考古学者は展示会でその古い彫刻を優しく扱った
　　　　　（○）The archaeologist handled the old sculpture **gently** at the
　　　　　　　　exhibition.　　　　　　　　　　＜目的語＞

ただし、「自動詞＋前置詞」で他動詞の働きをする動詞（☞ p.40）では、自動
詞の後ろだけでなく、文末にも置くことができます。

助手は誤植を注意深く探した

（○）The assistant looked **carefully** for a misprint.

（○）The assistant looked for a misprint **carefully**.

補足

様態を表す副詞が文の主要なメッセージでない場合（つまり、どのように動作が行われたかに特別な関心がない場合）、動詞の前に置かれることもあります。

（○）The lady closed the window **quickly**. （副詞が重要）
　　その女性は窓をサッと閉めた
　　→「女性が窓を閉める時、その動作をすばやく行うことを意識した」というニュアンスがあり、話し手はその「すばやさ」に聞き手の関心を引こうとしている。

（○）The lady **quickly** closed the window. （副詞が重要ではない）
　　その女性はすぐに窓を閉めた
　　→「窓を閉めた」というのが主要なメッセージで、「その動作に時間はかからなかった」という二次的な情報として、副詞が使われている。

＊複数の副詞が使われている場合の位置＊

1つの文の中で複数の副詞がある時には、「場所＋様態＋時」の語順で並べるのが基本です。ただし、それぞれの語句の長さや、強調の有無など、他の要因によって順番が変わることもあるので、あくまでも基本の語順です。

子供たちは昨日すぐにここに来た

（○）The children came here quickly yesterday.

場所　　様態　　　時

また、時や場所を表す副詞が複数並ぶ場合には、単位の小さいものが先に置かれます。例えば、秒 < 分 < 時間 < 日 < 週 < 月 < 年、という感じです。

トムは、昨日9時に図書館に行った

（○）Tom went to the library at 9 o'clock **yesterday**.

時間　　<　　日

文修飾の副詞

副詞には、**文全体**を修飾するものもあります。これは文全体の内容に対する話者の「判断」や「反応」を表します。**文頭に置かれ、コンマ（=「,」）で区切られ**ます。

> （○）Fortunately, Anna won the lottery.
>   *幸運にも、アンナは宝くじを当てた*
>   →「アンナは宝くじを当てた」という文全体の内容に対して、「そのことは幸運だった」との反応もしくは感想を表している

同じ副詞が、文全体を修飾する場合と、動詞などの語句を修飾する場合とがあるので、注意が必要です。

> （○）Happily, everybody danced at the wedding.
>   *幸いにも、みんなが結婚式で踊った*　（＝文全体を修飾）

> （○）Everybody danced happily at the wedding.
>   *結婚式でみんなが楽しそうに踊った*　（＝動詞を修飾）

＊「形容詞」や「他の副詞」を修飾する副詞の位置＊

日本語の形容詞は、修飾する名詞の前に置かれます。そのため、形容詞の置かれる場所が変わると、文の意味も変わってきます。

> 　　その**可愛らしい**女性は店で花を買った
> ≠　その女性は**可愛らしい**店で花を買った
> ≠　その女性は店で**可愛らしい**花を買った

英語でも、形容詞の置かれる位置が変わると、文全体の意味が変わります。

The **cute** <u>lady</u> bought flowers in a store.
≠ The lady bought **cute** <u>flowers</u> in a store.
≠ The lady bought flowers in a **cute** <u>store</u>.

副詞も、形容詞や他の副詞を修飾している場合は同じです。修飾を受ける言葉の前に置くので、副詞の位置が変わると、文の意味も変わります。

とても<u>幼い</u>少年が、難しい本を早く読んだ
≠ 幼い少年が、**とても**<u>難しい</u>本を早く読んだ
≠ 幼い少年が、難しい本を**とても**<u>早く</u>読んだ

A **very** <u>young</u> boy read a difficult book rapidly.
≠ A young boy read a **very** <u>difficult</u> book rapidly.
≠ A young boy read a difficult book **very** <u>rapidly</u>.

（注： この read は過去形で、「レッド」と発音する）

発展

enough の位置

形容詞や他の副詞を修飾する副詞は、その単語の**前**に置きます。ただし、enough は、修飾を受ける単語の**後ろ**に置きます。

（○）Tom bought a **really** <u>large</u> house.
（**really** ＝副詞、large ＝形容詞）
トムは**本当に**大きな家を買った

（○）Tom bought a <u>large</u> **enough** house.
（**enough** ＝副詞、large ＝形容詞）
トムは**十分に**大きな家を買った

自動詞と他動詞を間違えやすい動詞

(×) The man approached <u>to</u> Tom.

STEP 1 ⇒ まずは「日本語」の文で考えてみよう

 次の2つの文で、1番目の文が間違っている理由は？

(×) その男がトム**を**近づいた
(○) その男がトム**に**近づいた

目的語 (☞ p.26) とは、動詞が表す動作の対象を示す言葉です。日本語では後置詞の「を」を使って表しましたよね。実はこの「を」の他にも、**後置詞の「に」も目的語**を表します。

一般的に日本語の「を」は、対象に直接的な影響を与え、何らかの変化が起こるような動作に対して使われます。一方、「に」は、対象に直接的な影響は与えず、動詞が表す動作の方向を示す場合などに使われます。例えば、「～に挨拶する」「～に感謝する」「～に電話する」などの動詞では、それらの行為が向けられる相手を表しています。

「その男がトムを近づいた」という文が間違いである理由も、ここにあります。「近づく」という動詞は、男性とトムの間の距離が縮まることを意味するだけですよね。その事で、トムが何か直接的な影響を受ける訳ではありません。

STEP 2 ⇒ 「英語」の場合を見てみよう

一方、英語の場合、目的語は語順で表します。つまり、他動詞の後ろに置かれた名詞が、日本語の「を」と「に」の両方を表します。そのため、和文英訳をする時には注意が必要です。日本語の「に」は、必ずしも**前置詞の to**ではなく、目的語の事もあるのです。

その男が**トムに**近づいた

(×) The man approached **to** Tom.
(○) The man approached Tom.

このように、日本語では「〜に」と言うために、英語で「自動詞 + to」になると勘違いしやすい動詞がいくつかあります。（実際には英語の他動詞です）。

answer （〜に答える）	ask （〜に聞く）
attend （〜に出席する）	enter （〜に入る）
reach （〜に到達する）	resemble （〜に似ている）
tell （〜に言う）	meet （〜に会う）　　など

逆に、日本語では「〜を」と言うので、英語でも他動詞だと勘違いしやすい自動詞もあります。これは、「自動詞＋前置詞」で他動詞の働きをするものです (☞ p.22)。

その航空会社は**遅延を**詫びた
(×) The airline apologized the delay.
(○) The airline apologized **for** the delay.

apologize for （〜を詫びる）	hope for （〜を望む）
listen to （〜を聞く）	look at （〜を見る）　　など

「に」と「を」以外の後置詞を使うために、勘違いする英語の他動詞もあります。

〜と結婚する　　　　　　　　〜について討論する
(×) marry **with**　　　　　　(×) discuss **about**
(○) marry　　　　　　　　　(○) discuss
　　　　　　　　　　　　　　　　　　　　　　　　など

このように、日本語と英語は100％一致するわけではありません。そのため、動詞の中には、注意を必要とするものがいくつかあります。しかし逆に言えば、これらの動詞を覚えてしまえば、あとは日本語でも英語でも同じ使い方をするのです。

発展

日本語で目的語を表す４つの後置詞

日本語で目的語を表す後置詞には、「を」と「に」の他に、「と」と「が」があります。

後置詞の「と」は、動作を共同で行う相手を必要とする動詞に使います。例えば、「〜と結婚する」「〜と離婚する」「〜と競う」などです。しかしこの場合にも、英語で with を必要とするかどうかは、動詞によって違います。そのため、それぞれの動詞を辞書で確認する必要があります。

　　　トムはアンナ**と**結婚した
　　　　(×) Tom married **with** Anna.
　　　　(○) Tom married Anna.
　　　　　→ with を使わない

　　　その小さなお店は大型スーパー**と**競った
　　　　(×) The small shop competed a large supermarket.
　　　　(○) The small shop competed **with** a large supermarket.
　　　　　→ with を使う

後置詞の「が」を取るのは、次のような場合です。

1）英語では他動詞でも、対応する日本語が**形容詞**の場合

　　　英語の like, hate, want, need などの動詞は、対応する日本語が「好きな」「嫌いな」「ほしい」「必要な」など、「〜な」や「〜い」で終わる言葉です。つまり日本語では、動詞ではなく、心理を表す形容詞 (☞ p.29) なのです。

　　　これらの形容詞は、その対象を後置詞の「が」を使って表します。つまり、この「〜が」は、主語を表しているのではありません。主語には、後置詞の「は」を使います。

　　　　Tom needed a new car.
　　　　　(×) トム**が**新しい車**を**必要だった
　　　　　(○) トム**は**新しい車**が**必要だった

2）知覚・存在に関する動詞

「聞こえる」「見える」「わかる」など、知覚に関する動詞でも、知覚の対象を表すのに後置詞の「が」を使います。この時、主語は「には」を取ります。この場合の知覚に関する動詞とは、意識的に行う動作（例えば「聞く」や「見る」）ではなく、自然と（感覚的もしくは知性的に）知覚している状態を指す動詞（「聞こえる」「見える」など）です。

Anna recognized Tom's face in the crowd at once.
（×）人ごみの中でアンナが**トム**の顔を**すぐにわかった**
（○）人ごみの中でアンナには**トム**の顔が**すぐにわかった**

「ある」「いる」などの存在に関する動詞でも同じことが言えます。

My neighbor had two children.
（×）私の隣人が２人の子供を**いた**
（○）私の隣人には２人の子供が**いた**

3）可能を表す場合

日本語では、動詞に可能を表す助動詞（☞ p. 108）が付くと、目的語に「を」と「が」の両方が使えるようになります。

These boys speak French.
（×）これらの少年はフランス語が**話す**
（○）これらの少年はフランス語を**話す**

These boys can speak French.
（○）これらの少年はフランス語が**話せる**
（○）これらの少年はフランス語を**話せる**

英文和訳をする時に、これらの後置詞の使い方で迷う事は、ほぼないでしょう。しかし**問題は、和文英訳をする時**です。この時に、「が」は主語、「に」は to、「と」は with などと自動的に考えると、間違えてしまいます。例えば、次の文で「船が」は、主語ではなく目的語です。

子供たちには沖にたくさんの**船が**見えた

（×）Many ships saw to the children offshore.
（○）The children saw many ships offshore.
　→「見える」は知覚に関する動詞

前置詞の「品詞変換」機能

"a silence man" or "a man of silence"?

STEP 1 ⇒ まずは「日本語」の文で考えてみよう

 次の3つの文で、1番目と2番目の文が間違っている理由は？

（×）トムは**緑い**ネクタイを買った
（×）トムは**緑色**ネクタイを買った
（○）トムは**緑色の**ネクタイを買った

日本語の色を指す言葉で、「赤い」「黒い」とは言っても、「緑い」「紫い」とは言いませんよね。これは、なぜでしょうか。

現在の日本語で色を指す言葉のうち、「赤」「黒」「青」「白」の4つは、「赤い」「黒い」「青い」「白い」と言うことができます。これは、これらの言葉がもともと色を指す言葉ではなく、「赤い」は「明るい」、「黒い」は「暗い」など、色とは直接関係のない別の意味を持つ形容詞であったためです。

それに対して、元来、日本語で色を指す言葉は、物の名前に「色」という言葉を付け足して表されてきました。例えば、緑色・橙色・桃色・栗色・灰色などです。そのため、これらの言葉には形容詞がありません。「車」や「猫」などの名詞が、「車な」や「猫い」という形容詞にならないのと同じです。

そこで、色を表す言葉で名詞を修飾するには、後置詞の「の」を使って、「緑色のネクタイ」のように、2つの言葉をつなぎます。（本書では、便宜上、単に「修飾する」という言葉を使うことにします）。こうする事で、形容詞と同じ働きができるようになります。つまり、後置詞の「の」には、**名詞を形容詞に変換する働き**があるのです。

STEP 2 ⇒ 「英語」の場合を見てみよう

＊名詞を「形容詞」に変換する働き＊

英語で同じ働きをするのが前置詞です。名詞に前置詞を付け足すことで、その名詞が形容詞と同じ働きをします。例えば、silence（＝無口、無言）という言葉は名詞なので、そのままでは他の名詞を修飾できません。

（×）a **silence** man

しかし、前置詞の of を付け足して、of silence という前置詞句にすると、名詞を修飾できるようになります。ただし、ここで1つ大事な規則があります。英語の前置詞句が名詞を修飾する場合、その前置詞句は名詞の後ろに置かれるという事です（例外　☞ p.286）。

（○）a man **of** silence
　　　　　無口な人

前置詞句の「of ＋名詞」の部分が、前にある名詞の性質や特徴を表している時には、同じ意味を持つ形容詞と書き換えることができます。

「重要な事柄」
　（○）　　　　　　　　a **matter** of importance
　（○）an important **matter**

しかし、前置詞句が別の働きをしている場合には、形容詞で書き換えることはできません。

「少年の写真」
　（○）　　　　　　a **picture** of a boy
　（×）a boyish **picture**

「少年の写真」というのは、「少年が写っている写真」という事ですよね。決して、写真自体に「少年らしい」とか「子供っぽい」という性質があるわけではありません。そのため、形容詞で書き換えることはできません。

また、前置詞は of だけに限りません。いろいろな前置詞が名詞と結びついて、他の名詞を修飾します。前置詞には様々な意味があるので、どの前置詞を使うかは辞書で確認する必要があります。

（○）a **book** on the table
　　　　　机の上の本
（○）a **mother** with a child
　　　　　子供連れの母親

など

＊名詞を「副詞」に変換する働き＊

一方、本書の 40 ページでは、前置詞句が副詞と同じ働きをすることを見ました。これは、前置詞には、名詞を副詞に変換する働きもあるからです。そのため、文を構成する 7 つの基本要素（☞ p.21）のうち、「いつ・どこで・なぜ・どのように」の 4 つを、前置詞句は表すのです。

それでは、次の例を見てみましょう。動詞を修飾するのは副詞の働きなので、当然、名詞で動詞を修飾することはできませんね。

（×）nod silence　（silence ＝ 名詞）
（○）nod silent**ly**　（silently ＝ 副詞）
　　　　　無言でうなづく

しかし、silence という名詞に前置詞の in を付けて、in silence という前置詞句にすると、動詞を修飾できるようになります。これは前置詞が、名詞を副詞に変換したからです。

（○）nod **in** silence
　　　　　無言でうなづく

また前置詞句は、動詞だけでなく、形容詞や副詞を修飾することもできます。この場合には、形容詞や副詞により詳しい説明を加えて、意味を補助する働きをします。（必ずしも、「いつ・どこで・なぜ・どのように」の要素に限りません）。

（○）**careless** with fire　　（careless ＝ 形容詞）
　　　　火に不注意な

（○）**away** from the town　（away ＝ 副詞）
　　　　町から離れて

英語では普通、形容詞は名詞の前に置かれます。しかし、形容詞が前置詞句と1つのまとまりを作った場合には、**名詞の後ろ**に置かれます。

（○）careless people
　　　不注意な人々

（○）people careless **with fire**
　　　↑＿＿＿＿＿｜　　　火に不注意な人々

ただし、形容詞が副詞と1つのまとまりを作った場合には、基本通り、名詞の前に置かれます。

（○）**really** careless people
　　　｜＿＿＿＿＿↑　　本当に不注意な人々

このように、前置詞は、名詞を「形容詞」や「副詞」に変換します。（より正確には、名詞が、本来なら直接結び付くことのない「他の名詞」「形容詞」「副詞」「動詞」などと、つながりを持つことができるようになります）。

しかし逆にこの事は、前置詞の付いた名詞（＝前置詞句）は、本来の名詞の働きができなくなることを意味します。つまり、文の「**主語**」や「**目的語**」になれないという事です。

（○）Tom bought a new car.
（×）**With** Tom bought a new car.

（ただし、倒置文（☞ p.390）では、前置詞句で文が始まることがあります。しかし、これは文の語順が入れ替わっているだけで、前置詞句が「主語」になっている訳ではありません。）

発展

「動詞＋副詞」

40 ～ 41 ページでは、「自動詞＋前置詞」で他動詞の働きをする動詞がある事を見ました。look at（～を見る）や listen to（～を聞く）などです。この他に、動詞が副詞と一緒に使われて、特有の意味を表す物もあります。ただし、この場合の副詞は、前置詞と区別するのが難しいものもあるので、辞書で確認をする必要があります。

1）「自動詞＋副詞」

go on（続く）　　run away（逃げる）　　show up（現れる）

など

（○）The party **went on** through the night.
　　パーティーは夜通し続いた
　　　→ on は副詞。前置詞ではないので、後ろに名詞は続かない

2）「他動詞＋副詞」

give up（～をあきらめる）　put on（～を着る）
take off（～を脱ぐ）　　　carry out（～を実行する）　　など

「他動詞＋副詞」のペアで、目的語が普通の名詞の場合、その目的語は副詞の前にも後ろにも置くことができます。
（○）Anna put　her coat　on.
（○）Anna put on　her coat.
　　アンナはコートを着た
　　　→ her coat は他動詞 put の目的語

しかし目的語が代名詞（☞ p.96）の時には、目的語は副詞の前に置きます。
（○）Anna put　　it on.
（×）Anna put on it.
　　アンナはそれを着た

3）「自動詞＋前置詞」

この場合、目的語は必ず前置詞の後ろに置きます。

(○) Anna listened **to** the radio.
(×) Anna listened   the radio **to**.
アンナはラジオを聞いた

4)「自動詞＋副詞＋前置詞」

make up for（〜を埋め合わす）   get along with（〜とうまくやる）
run out of（〜を使い果たす）   come up with（〜を思いつく）
look forward to（〜を楽しみに待つ）

など

(○) The boy **came up with** a good idea.
少年は良い考えを思いついた

5)「他動詞＋名詞＋前置詞」

take care of（〜の世話をする）   make use of（〜を利用する）
pay attention to（〜に注意する）

など

(○) Tom **took care of** the children yesterday.
昨日トムは子供たちの世話をした

＊名詞以外の品詞を取る前置詞＊

前置詞は、基本的には「名詞」とセットになります。しかし、次のような**決まった表現**では、名詞以外の品詞を取ることもあります。

1)「＋形容詞」

for free（無料で）   for long（長い間）   in general（一般に）

など

2)「＋副詞」

from abroad（海外から）   until recently（最近まで）

など

3)「＋前置詞句」

from across 〜（〜の向こうから）   until after 〜（〜の後まで）

など

12 名詞の副詞用法

Tom slept <u>two hours</u>.

STEP 1 ⇒ まずは「日本語」の文で考えてみよう

 次の３つの文で、「２時間」の品詞はそれぞれ何？

（○）２時間**が**過ぎた

（×）トムは２時間**を**眠った

（○）トムは２時間眠った

上の例文の１番目では、「２時間」という言葉に、後置詞（☞ p.29）の「が」が付いています。日本語の後置詞は、「名詞」と一緒に使われる言葉でしたよね。つまり、この「２時間」は名詞で、文の主語になっています。

また、２番目の文では、後置詞の「を」が付いているので、この「２時間」も名詞です。ただし、「眠る」は自動詞（☞ p.22）なので、目的語を取りません。２番目の文が間違って聞こえるのは、そのためです。

一方、３番目の文は、２番目の文から後置詞の「を」を取り除いただけですが、間違って聞こえませんよね。どうして「を」を取り除くと正しい文になるのでしょうか。また、この「２時間」は、文中でどんな働きをしているのでしょうか。

まず、この「２時間」が、どの言葉を修飾しているか考えてみましょう。そもそも「修飾する」とは、ある言葉を限定したり説明を加えたりすることです。修飾関係にある言葉は、その２語だけを並べて使った時に違和感がなく、不自然に聞こえません。次の例を見てみましょう。

（○）静かに・眠った　　（静かに＝副詞）

（×）静かな・眠った　　（静かな＝形容詞）

（×）静かさ・眠った　　（静かさ＝名詞）

「トムが２時間眠った」という文では、「２時間・眠った」という組み合わせに違和感がありません。つまり、「２時間」が修飾しているのは動詞です。動詞を修飾するのは副詞です。という事は、この「２時間」は名詞でありながら、副詞と同じ働きをしているのです。

STEP 2 ⇒ 「英語」の場合を見てみよう

英語でも同じことが起こります。つまり、名詞が「副詞の働き」をするのです。

(○)

＜主語＞	＜自動詞＞
Two hours	passed.

2時間が過ぎた

(○)

＜主語＞	＜自動詞＞	＜副詞＞
Tom	slept	two hours.

トムは2時間眠った

→　sleep は自動詞で目的語を取らないので、この two hours は**副詞**

1番目の英文では、two hours が主語になっています。これは名詞本来の機能ですよね。一方、2番目の英文の sleep は自動詞なので、目的語を取りません。そのため、この two hours は目的語ではなく、副詞として動詞の sleep を修飾しています。

このような名詞の働きは、前置詞が省略されたものと考える事ができます。

(○) Tom slept **for** two hours.
　　　トムは2時間の間眠った

発展　　　　　　　　　　　前置詞の省略

前置詞は、「前置詞＋名詞」で使われるのが基本です (☞ p.65)。しかし口語や形式ばらない文体では、前置詞が省略されることがあります。ただし、何でも省略できる訳ではなく、特定の場合に限ります。

1) 時間や距離を表す場合
　　(○) The children waited for 10 minutes at the station.
　　(○) The children waited 10 minutes at the station.
　　　　子供たちは駅で10分待った　（→　「10分を待った」ではない）

2）「およそ」を意味する副詞の about や around と、時を表す表現が使われた場合

    （○）Tom left home at around 8 o'clock.

    （○）Tom left home around 8 o'clock.

       トムは8時ごろ家を出た

3）be 動詞の後に、年齢・大きさ・色などの表現が続く場合

    （○）The boys were of the same age.

    （○）The boys were the same age.

       その少年たちは同じ年齢だった

4）「〜の方法・やり方で」を意味する way が使われた場合

    （○）The engineers solved the problem in another way.

    （○）The engineers solved the problem another way.

       技術者たちは問題を別の方法で解決した

逆に、前置詞を使うと間違いになる場合もあります。

1）next, last, this, that, every, each, all などと、時を表す表現が使われた場合

    （○）My friend bought a computer on Sunday.

       私の友人は日曜日にコンピューターを買った

    （×）My friend bought a computer on last Sunday.

    （○）My friend bought a computer last Sunday.

       私の友人は<u>先週の</u>日曜日コンピューターを買った

    （○）The children ate waffles in the morning.

       朝、子供たちはワッフルを食べた

    （×）The children ate waffles in this morning.

    （○）The children ate waffles this morning.

       <u>今朝</u>、子供たちはワッフルを食べた

2）home の前に to は使わない

    （○）Everyone returned to the table.

       みんなテーブルに戻った

    （×）Everyone returned to home.

    （○）Everyone returned home.

       みんな家に戻った

        →　この home は「副詞」

＊副詞用法の名詞が表す内容＊

これまで見てきたように、名詞は「副詞の働き」をすることができます。ただし、どんな名詞にも副詞用法がある訳ではありません。時・方向・数量・程度・様態・方法など、決まった場合に限られています。

（○）**One day** Anna won the lottery. （＝ 時）
　　　ある日、アンナは宝くじを当てた

（○）The ship sailed **east**. （＝ 方向）
　　　船は東へ航行した

（○）Anna saw the old lady **three times**. （＝ 数量）
　　　アンナはその老婆に3回会った

（○）The question was **a bit** difficult. （＝ 程度）
　　　その質問は少し難しかった

（○）Tom flew **business-class**. （＝ 方法）
　　　トムは（飛行機の）ビジネス・クラスで移動した
　　　　　　　　　　　　　　　　　　　　　　　　　など

＊「時」に関する表現＊

名詞の副詞用法で、一番多く使われるのは「時」に関する表現です。

a long time （長い間）	every time （毎回）
all the time （常に）	these days （近頃）
some day （いつか）	one day （ある日）
every day （毎日）	last night （昨夜）
last year （去年）	next week （来週）
this morning （今朝）	the day after tomorrow （明後日）
	など

これら「時」の表現で、いくつか注意する点があります。

1) every の付く言葉

普通は every week/every month/every year/every morning/ every night など、2語で綴られます。ただし、day だけは、everyday と1語で綴られた場合、「日々の、決まりきった」という意味の「形容詞」になります。

(○) The old man talked about his **everyday** life.
老人は日常生活について話した

(○) Anna practiced the piano **every day**.
アンナは毎日ピアノを練習した

2) next の付く言葉

例えば、現在を基準にして「来週」と言う時には the を付けずに next week と言います。しかし、過去や未来において「その翌週」と言う時には、the を付けて the next week と言います。

また、週の前半に next Friday と言った場合、「今週の金曜日」と「来週の金曜日」の両方の解釈が可能です。その為、曖昧さをなくすために、今週の金曜日のことを this Friday と言い、来週の金曜日を a week from this Friday と言います。

3) last の付く言葉

「昨夜」と言う時には、the を付けずに last night と言います。しかし the を付けて the last night にすると、「最後の夜」という意味になります。

更に、日本語でも「昨朝」や「昨午後」とは言わないように、英語でも morning や afternoon には last を使いません。この場合には yesterday morning（昨日の朝）などとします。

また、週の後半に last Monday と言った時には、「今週の月曜日」と「先週の月曜日」の両方の解釈ができます。そこで、今週であることを明確にするために on Monday this week や this past Monday と言い、先週であれば on Monday last week と言います。

＊１つの単語が複数の品詞を持つ＊

多くの場合、１つの単語に１つの品詞しかない訳ではなく、複数の品詞があるのが普通です。そのため、文の中でどの品詞として機能しているかを見分けることは、とても大切です。品詞を正しく見分けられないと、間違った英文和訳や和文英訳をしてしまうからです。

（○）The tourists enjoyed **yesterday** in Paris.　　（＝ 名詞）

旅行客は昨日（一日）をパリで楽しんだ

→　yesterday は目的語。つまり、楽しんだのは「昨日」という一日

（○）The tourists enjoyed Paris **yesterday**.　　（＝ 副詞）

旅行客は昨日パリ（の町）を楽しんだ

→　yesterday は「いつ」の事かを表す副詞。一方、楽しんだのは「パリ」という町

発展	## オノマトペ（擬声語と擬態語）

「ワンワン」や「ガチャン」など、音の特徴を言葉で表したものを擬声語といいます。また、「ツルツル」や「グッタリ」など、ある状態を音に例えて表したものを擬態語といいます。この２つをまとめて、オノマトペ（原語はフランス語）といいます。日本語はオノマトペが豊富で、英語のおよそ４倍あると言われています。

逆に言えば、英語ではオノマトペに頼らずに、単語の量を増やして表現しています。例えば日本語では、「笑う」という１つの動詞に様々なオノマトペを付けて違いを表しますが、英語ではそれに対応する動詞があります。

chuckle　（クックッと笑う）　　　grin　（ニコっと笑う）

simper　（ニタニタ笑う）　　　　guffaw　（ゲラゲラ笑う）

giggle　（クスクス笑う）

13 後ろに形容詞を取る自動詞

The old lady seemed <u>sad</u>.

STEP 1 ⇒ まずは「日本語」の文で考えてみよう

 次の2つの文で、動詞が表す行為をしているのは誰？

(○) その老婆が悲しそうに**話した**
(○) その老婆が悲しそうに**思えた**

上の2つの例文には、大きな違いがあります。1番目の文では、話すという動作をするのは主語の「老婆」です。一方、2番目の文ではどうでしょうか。「思える」という動詞は、老婆が何かを思ったと言っているのでしょうか？

ここで、2番目の文に少し文脈を付け加えてみましょう。そうすると、2つの文の違いがよりハッキリとわかります。

> 老婆は、「毎日楽しく暮らしているよ」と言うと、笑顔を見せた。しかしどことなく、私には**その老婆が悲しそうに思えた**

「思える」は、話者である「私」が受けた印象であって、老婆が「思う」という行為をしたのではない事がわかりますよね。つまり、主語ではない「私」が「思う」のです。

このように、「思える」という動詞は、主語についてある人が受けた印象を表します。その「ある人が誰か」が文中で指定されていなければ、「話者が思うに、〜だ」という意味になります。

そのため、上の例文の1番目では、老婆が「話す」という行為をしています。しかし、2番目の文では、老婆は何の行為もしていません。「思える」というのは、あくまでも、「その老婆は悲しそうだ」と話者が思ったことを表しています。つまり「思える」とは、主語について、第三者の印象や判断を述べる動詞なのです。

STEP 2 ⇒ 「英語」の場合を見てみよう

上の２番目の文を英語にすると、次のようになります。

（○）The old lady **seemed** sad.

この英文は、今まで学んできた「文の構造」とは、少し違うことに気が付き
ましたか？ sad は形容詞なのに、動詞の後ろに単独で置かれています。つ
まり、この形容詞とセットになる「名詞」がないのです（☞ p.29）。

そこで seem を辞書で引いてみると、自動詞だとわかります。（辞書を調べ
る時には、自動詞の欄で、「＋補語」（☞ p.84）や「SVC」（☞ p.86）と書かれて
いる部分を見ます。）自動詞なのに、後ろに「副詞」や「前置詞句」ではなく、
「形容詞」が続いているのは、新しく見る構造ですよね。

実は英語には、数は少ないですが、自動詞の後ろに「名詞を伴わない形容詞」
を取るものが幾つかあります。これらの動詞は、大きく２つのグループに分
けることができます。それを次に見ていきましょう。

＊判断・知覚を表す動詞＊

後ろに「名詞を伴わない形容詞」を取る自動詞の１つは、誰かの判断や知覚
を表したり、誰かが主語の外観を述べる動詞です。「思える」の例で見たよ
うに、主語は動詞の表す行為をしていないという特徴があります。次の文を
見てみましょう。

（○）Tom **looked** happy.

この文でも、自動詞の後ろに happy という形容詞が単独で置かれています。
つまり、「形容詞＋名詞」（☞ p.29）の形になっていません。このような文では、
「（主語である）Tom が happy であるように（話者には）見えた」という意
味になります。Tom が look という動作をするのではないという事が重要で
す。「トムが見た」のではなく、「トムは幸せそうに（話者には）見えた」と
いうことです。

一方、形容詞は、あくまでも名詞を修飾するのがその働きです。例文にある sad や happy も、実は、名詞を修飾しています。ただし、「形容詞＋名詞」の場合とは違って、動詞を飛び越えて、その前にある主語の名詞を修飾しています。つまり、主語がどんな様子なのかを描写しているのです。

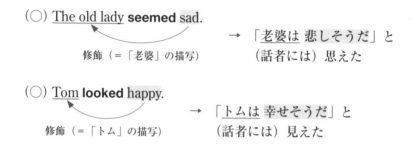

（○）The old lady **seemed** sad.

　　　　修飾（＝「老婆」の描写）

　→　「老婆は 悲しそうだ」と
　　　（話者には）思えた

（○）Tom **looked** happy.

　　　修飾（＝「トム」の描写）

　→　「トムは 幸せそうだ」と
　　　（話者には）見えた

名詞の直前・直後に形容詞は置かれていませんが、あくまでも、**形容詞が修飾するのは名詞なのです**（☞ p.76）。

このタイプの自動詞には、話者の判断や知覚、主語の外観などを表す次のようなものがあります。

appear	（〜のように見える、思える）
look	（〜のように見える）
seem	（〜のように思える）
feel	（〜のような感触を持つ）
smell	（〜のにおいがする）
sound	（〜のように聞こえる）
taste	（〜な味がする）
	など

＊状態や状態変化を表す動詞＊

自動詞の後ろに「名詞を伴わない形容詞」を置けるもう1つのタイプは、「ある状態」や「その状態の変化」を表す動詞です。これらは、日本語で「〜である」「〜になる」「〜のままでいる」などの意味を持つ動詞です。次の英文を見てみましょう。

（○）The prisoner **went** insane.

insane は形容詞ですが、「形容詞＋名詞」になっていません。このような場合の went（＝ go の過去形）は、普通の go の意味ではないと予測することができます。事実、この go は「行く」ではなく、「〜になる」という意味なのです。insane は「正気でない」という意味なので、日本語訳は、「その囚人は正気でなくなった」となります。

このタイプの自動詞には次のようなものがあります。

1）　「〜である」を意味するもの　（＝「状態」を表す動詞）
　　　be

2）　「〜になる」を意味するもの　（＝「状態の変化」を表す動詞）
　　　become, come, fall, get, go, grow, turn, run　　など

3）　「〜のままでいる」を意味するもの　（＝「状態の継続」を表す動詞）
　　　hold, keep, remain, stay　　など

発展

ニュアンスの違い

これらの動詞には、それぞれ細かいニュアンスの違いがあります。同じ「〜になる」でも、例えば grow は、「年寄りになる」など、成長・発達による状態の変化を意味します。一方 go は、「気違いになる」など、正常な状態から逸脱する事による状態の変化を意味します。そのため、必ずしも相互入れ替えが可能という訳ではなく、辞書で意味や使い方を確認する必要があります。

14 形容詞の「限定用法」と「叙述用法」
"the afraid girl" or "the scared girl" ?

STEP 1 ⇒ まずは「日本語」の文で考えてみよう

 次の２つの文で、形容詞「暑い」の働きに、どんな違いがある？

(○) 部屋が暑い
(○) 暑い部屋は我慢できない

「部屋が暑い」と言う時の状況を想像してみましょう。例えば、夏に外から自宅に戻ってきて、窓を閉め切った部屋に入った時です。熱気がムワッとするのを感じて、「うわっ！この部屋、暑っ！」と言う場面が考えられます。これが「部屋が暑い」という文が表す状況です。

重要な事は、この形容詞の「暑い」は、部屋に入った時に、その部屋がどんな状態だったかを描写しているという事です。

それに対して、２番目の例文はどうでしょうか。「暑い部屋は我慢できない」と言った場合、暑い部屋は我慢できないが、寒い部屋や汚い部屋やうるさい部屋は我慢できるというニュアンスがあります。

つまり、同じ「暑い」という形容詞でも、「暑い部屋」と言った場合には、どんな部屋に居られないのか、部屋の種類を限定していると言えます。

この２つの違いは、形容詞の位置で決まります。「暑い部屋」のように、「**形容詞＋名詞**」の形では、その形容詞は名詞を限定する働きをします。この形容詞の使い方を限定用法といいます。

一方、「部屋が暑い」の場合、「が」「を」「は」などの後置詞や他の語句を飛び越えて、形容詞がその前にある名詞を修飾しています。このような形容詞は、名詞を叙述（＝描写）する働きをします。この形容詞の使い方を叙述用法といいます。

限定用法： 「**形容詞＋名詞**」の語順
　（○）政府は難しい**合意**を成し遂げた

叙述用法： 「**名詞＋後置詞＋形容詞**」の語順
　（○）**合意**は難しいように思えた

　　　　　形容詞が、「は」という<u>後置詞</u>を飛び越えて、後ろから名詞を修飾

STEP 2 ⇒ 「英語」の場合を見てみよう

＊英語の「限定用法」と「叙述用法」＊

英語の形容詞にも、限定用法と叙述用法があります。基本的な考え方は日本語と同じです。ただし、英語の叙述用法では、名詞と形容詞の間に「動詞」が置かれるという違いがあります。つまり、73ページで見た英文と同じく、形容詞が動詞を飛び越えて、その前の「主語」に当たる名詞を修飾します。

限定用法： 「**形容詞＋名詞**」の語順
　（○）The government achieved a difficult **agreement**.

叙述用法： 「**名詞＋動詞＋形容詞**」の語順
　（○）The **agreement** <u>seemed</u> difficult.

　　　　　形容詞が<u>動詞</u>を飛び越えて、後ろから名詞を修飾

上に挙げた語順というのは、あくまでも基本的な構造です。通常の文では、その他にも副詞や前置詞句など他の語句が付いて、より複雑になっているのが普通です。

77

(○) An **agreement** between the two nations clearly <u>seemed</u>

主語　　　　　形容詞の働きをする前置詞句　　副詞　　　動詞
（名詞）　　　（agreement を修飾）　　　（動詞を修飾）

considerably difficult contrary to general expectations.

副詞　　　　形容詞　　　　副詞　　　　副詞の働きをする前置詞句
（difficult を修飾）　　　（文全体を修飾）　　（contrary を修飾）

一般の予想に反して、その二国間の**合意**は、かなり難しいように明らかに<u>思えた</u>

＊注意が必要な形容詞＊

大半の形容詞には、限定用法と叙述用法の両方があります。しかし中には限定用法だけ、もしくは叙述用法だけしか持たない形容詞もあります。更に、同じ形容詞でも、その用法によって意味が変わるものもあります。そのため、辞書で形容詞を調べる時には、**用法も確認**する必要があります。（辞書にもよりますが、限定用法は、限やAと表記されています。叙述用法は、叙やPと表記されています。）

1）限定用法と叙述用法の両方を持つ形容詞　（＝大半の形容詞）

トムは高価な**宝石**をアンナに買った
　　（○) Tom bought an expensive **jewel** for Anna.

あの**宝石**は高価なようだった
　　（○) That **jewel** appeared expensive.

---

2) 限定用法しか持たない形容詞

elder （年上の）　　main （主要な）　　mere （単なる）
northern （北の）　　only （唯一の）　　particular （特定の）
total （総計の）　　upper （上の）　　weekly （毎週の）

など

私は酔っぱらいの**運転手**を見た
（○）I saw a drunken **driver**.
（○）I saw a drunk **driver**.

運転手は酔っぱらっていた
（×）The **driver** was drunken.
（○）The **driver** was drunk.
　　　→　叙述用法では drunk のみ可能

3) 叙述用法しか持たない形容詞

worth （価値がある）　　alone （ひとりで）　　asleep （眠って）
awake （目覚めて）　　content （満足して）　　alive （生きて）
exempt （免除された）　　unwell （気分がすぐれない）

など

少女は犬におびえていた
（○）The **girl** was afraid of the dog.
（○）The **girl** was scared of the dog.

その女性はおびえる**少女**をなだめた
（×）The lady calmed the afraid **girl**.
（○）The lady calmed the scared **girl**.
　　　→　限定用法では scared のみ可能

4）用法によって意味が変わる形容詞

late
- ［限定］最近の、引退した
- ［叙述］遅れた

present
- ［限定］現在の
- ［叙述］出席している

right
- ［限定］右の、正しい
- ［叙述］正しい

sorry
- ［限定］哀れな
- ［叙述］残念に思って

など

（○）Certain **people** doubted his innocence.
ある人々は彼の無実を疑った
→ 限定用法の certain は「ある、若干の」という意味

（○）**People** are certain of his victory.
人々は彼の勝利を確信している
→ 叙述用法の certain は「確信して」という意味

補足

日本語でも限定用法しかなく、叙述用法を持たない形容詞があります。日本語文法では連体詞と呼ばれます。（「〜な」で終わる形容詞は、叙述用法では、「な」が脱落します）。

＜限定用法＞		＜叙述用法＞
（○）トムは**静かな**町に住んでいる	⇔	（○）トムの住む町は**静かだ**
（○）トムは**小さな**町に住んでいる	⇔	（×）トムの住む町は**小さだ**

また、形容詞の意味は、一緒に使われる前置詞によっても変わることがあります。そのため、辞書を引く時には、前置詞も確認することが大切です。

anxious about （心配して）
anxious for （切望して）

tired of （飽きて）
tired from （疲れて）

true of （当てはまる）
true to （忠実な）

など

（○）His name is familiar **to** everybody.
　　　彼の名前は皆に よく知られている

（○）I am familiar **with** this subject.
　　　私はこの話題に 精通している

発展

「前置修飾」と「後置修飾」

限定用法でも、前置詞句と１つのまとまりを作ると、名詞の後ろに置かれます（☞
p.63）。

（○）careless people
　　　不注意な人々

（○）people careless with fire
　　　火に不注意な人々

この場合、名詞の後ろに形容詞が現れますが、その間に、動詞は挟まれていま
せん。このように、同じ限定用法でも「名詞の前」に置かれる場合（＝**前置修飾**）と、
「名詞の後ろ」に置かれる場合（＝**後置修飾**）があります。後置修飾をするのは、
形容詞が前置詞句を伴った時以外にも、次のような場合があります。

１）some-, any-, every-, no- で始まる言葉
　　　something **new**　　　*新しい何か*

２）固定表現
　　　Secretary **General**　　*事務総長*
　　　court **martial**　　　　*軍法会議*
　　　President **elect**　　　*次期大統領*
　　　Attorney **General**　　*司法長官*　　　　　　　*など*

３）数量表現
　　　twenty years **old**　　*年齢20歳*
　　　two meters **long**　　*長さ2メートル*

4）-able/-ible で終わる形容詞

all the money **available**　　*利用可能な全てのお金*

　　　　　　（注：　多くの場合、最上級（☞ p.341）や all, every, no, the only などの
　　　　　　言葉を強調。名詞の前に置くことも可能。= all the **available** money）

5）前置修飾と後置修飾で意味の変わる形容詞

the **present** members　　*現在の会員*
the members **present**　　*出席している会員*

the **proper** ceremony　　*適切な儀式*
the ceremony **proper**　　*（余興などの後の）本来の儀式*

the **concerned** parents　　*心配そうな親たち*
the parents **concerned**　　*関係のある親たち*

the **responsible** man　　*信頼できる人*
the man **responsible**　　*責任を負うべき人*　　　　　　など

上の1）～4）までは、後置修飾を使うのが基本ルールです。一方、5）のように、
前置修飾と後置修飾の両方が可能な場合もあります。

この場合、形容詞だけでなく、形容詞の働きをする語句全てに共通する基本ルー
ルがあります。それは、「前置修飾」は永続的・分類的な性質を表し、「後置修飾」
は一時的・描写的な性質を表すというものです。

限定用法の前置修飾と後置修飾の違いは、ちょうど「限定用法」と「叙述用法」
そのものの違いと「並行関係」にあります。76ページで見た例を思い出してみ
ましょう。

限定用法：　暑い部屋

　　　　　　→　寒い部屋・汚い部屋・うるさい部屋など、分類の1つ

叙述用法：　部屋が暑い

　　　　　　→　その部屋がその時どんな状況にあるかという描写

限定用法とは、名詞が持つ特徴の違いごとに分類をする機能です。それに対し
て叙述用法とは、ある時点での名詞の状態を描写する機能です。

これと同じ関係が、前置修飾と後置修飾にもあります。その機能は形容詞だけでなく、他の「名詞を修飾する語句」にも当てはまります。

形容詞：
- visible light   *可視光*
- light visible   *(その時たまたま) 見える光*

前置詞句：
- an under-the-table sale   *非合法販売*
- a sale under the table   *(ある時に行われた) ヤミ値での販売*

  (注： under the table には、「机の下で」という文字通りの意味から転じて、「こっそりと」「ヤミ取引で」という意味がある。前置修飾する時には、「-（ハイフン）」で各語をつなぐ)

ing 形 (☞ p.279 / p.285)：
- the travelling salesman   *巡回販売員*
- the salesman travelling   *移動中の販売員*

p.p. 形 (☞ p.294)：
- the spoken language   *話し言葉 (＝口語)*
- the language spoken   *(ある場面で) 話される言語*

このように、前置修飾をする語句には、「可視⇔不可視」「非合法⇔合法」「巡回⇔店内」「口語⇔文語」などの分類機能が働きます。一方、後置修飾する語句には、ある場面で名詞がどのような状況にあったのかという描写機能が働きます。

しかし前置修飾と後置修飾の違いは、名詞の持つ性質が永続的か一時的かだけで決まるという単純なものではありません。それ以外にも様々な要因が複雑に絡み合って決まります。永続的か一時的かは、絶対的な規則ではなく、決定要因の1つに過ぎません。

そのため、例えば、普段は辛い思いをしている人が、何らかの理由である日、一時的に幸せであったとしても、次の1番目のようには決して言いません。

(×) He was a man happy that day.
(○) He was happy that day. → 「その日の状態」なら叙述用法
(○) He was a happy man. → 「彼の生まれつきの性分」なら限定用法

15 補語 と 修飾語

The old lady talked <u>sadly</u>.

STEP 1 ⇒ まずは「日本語」の文で考えてみよう

 次の２つの文で、「悲しそうに」という言葉を省略した場合、２番目の文が間違いになるのはなぜ？

（○）その老婆が**悲しそうに**話した　→　（○）その老婆が話した

（○）その老婆が**悲しそうに**思えた　→　（×）その老婆が思えた

上の例文は、72ページで見たのと同じものです。１番目の文では、老婆が「話す」という行為をしていますよね。この「悲しそうに」は、「どのように・話したか」という事を表しています。つまり、動詞を修飾しているので副詞（☞ p.46）です。

副詞の「悲しそうに」があると、その老婆の話し方や話しぶりが、より詳しくわかります。ただし、なければ「誰が何をしたのか」が伝わらない訳ではありません。いわば、おまけの要素です。（これを修飾語といいます。）　事実、１番目の文から「悲しそうに」を取り除いたものは、文として成立しています。

これに対して２番目の文では、老婆は**どんな**（様子）だったのか、話者が思った事を伝えています。名詞の様子や状態を説明しているのですから、この「悲しそう」は叙述用法の形容詞（☞ p.76）です。

この「悲しそう」を省略して、「その老婆が思えた」とすると、「どんな（様子）」に思えたのか、という重要な情報が抜け落ちてしまいます。これでは、「その老婆は、だった」と言うのと同じ事です。そのため、文が成立しないのです。叙述用法の形容詞は、省略すると文が成立しなくなる、必要不可欠な要素なのです。（これを補語といいます。）

このように上の２つの例文では、見た目には、同じ「悲しそうに」が使われています。しかし、１番目の文の「悲しそうに」は副詞で、あればその時の状況がより詳しくわかります。しかし副詞は、あくまでもおまけ的な要素で

84

す。なければ文が成立しなくなる、という事ではありません。

一方、2番目の文の「悲しそう」は叙述用法の形容詞で、「その老婆」という名詞を修飾しています。この言葉は、文の中核を成す重要な情報を含んでいるので、必要不可欠です。省略すると文が成立しなくなるのです。

> (注： 日本語の「〜な」で終わる形容詞は、叙述用法では、「な」が脱落する)
> (×) 部屋は静か<u>な</u>だった

修飾語：　省略できるおまけ的な要素
補語：　　省略できない必要不可欠な要素
　→　これらは**主語**や**目的語**などと同じく、語句が文の中で「どんな働きをしているか」を表す文法用語

STEP 2 ⇒ 「英語」の場合を見てみよう

＊英語の「補語」と「修飾語」＊

英語にも補語と修飾語があります。その働きは日本語と同じです。英語でも、**叙述用法の形容詞を省略することはできません。**

(○)

＜主語＞	＜動詞＞	＜補語＞
The old lady	seemed	**sad**.

(×)

＜主語＞	＜動詞＞	＜補語＞
The old lady	seemed.	

一方、**副詞**はおまけなので、省略しても文は成立します。

(○)

＜主語＞	＜動詞＞	＜修飾語＞
The old lady	talked	**sadly**.

(○)

＜主語＞	＜動詞＞	＜修飾語＞
The old lady	talked.	

＊２つの自動詞用法＊

25 ページで、動詞には「自動詞の用法」と「他動詞の用法」があることを見ました。自動詞用法では**目的語**を取らず、他動詞用法では目的語を取ります。

自動詞用法は、更に２つに分類できます。１つは、seem のように補語を取らなければ文が成立しない用法です。これらの自動詞は、補語なしでは不完全になるため、不完全自動詞（用法）と呼ばれます。

それに対してもう１つは、talk のように、補語を取らなくても文が成立する自動詞の用法です。これらは補語を必要とせず、そのままで完全になるため、完全自動詞（用法）と呼ばれます。

どの用法で使われているかを、前もって分析しておくことは重要です。なぜなら同じ動詞でも、複数の用法を持っている場合があるからです。用法がわからなければ、辞書のどの部分を見て良いかわかりませんよね。それではここで、次の３つの文で使われている turn という動詞の意味を、実際に辞書で調べてみましょう。辞書で、どこを見れば良いかわかりますか？

 （○）The man **turned** to the left.
   その男性は左へ曲がった
   → to the left は前置詞句（＝この turn は完全自動詞）

 （○）The man **turned** red.
   その男性は赤くなった
   → red は形容詞（＝この turn は不完全自動詞）

 （○）The man **turned** the key.
   その男性はカギを回した
   → key は名詞（＝この turn は他動詞）

辞書を調べる時には、完全自動詞の用法では、「（＋修飾語）」や「SV(M)」などと書かれた項目を見ます（M は修飾語の意味）。不完全自動詞の用法の場合は、「＋補語」や「SVC」と書かれた項目を見ます（C は補語の意味）。

一概には言えませんが、基本的な規則として、次のように言えます。

> 動詞＋**副詞・前置詞句** → 完全自動詞
> 動詞＋**名詞を伴わない形容詞**（＝叙述用法） → 不完全自動詞
> 動詞＋**名詞**（＝目的語） → 他動詞

もちろん、これらの主要語を中心に、様々な修飾語句が付いて、より複雑な構造になるのが普通です。

（注： 「自動詞＋形容詞」の構造でも、The man died happy. のように、形容詞が補語でない場合については 281 ／ 370 ページを参照）

重要な事は、動詞の意味を辞書で調べる前に、どの用法でその動詞が使われているかがわかっていないと、正しい日本語訳にたどり着くことはできないという事です。

Check! それでは次の各文で、下線部の語は、どの言葉（＝品詞）を修飾しているか考えてみましょう。

1 子供たちは<u>元気に</u>見えた
2 子供たちは<u>元気に</u>遊んだ
3 子供たちは<u>おとなしく</u>歩いた
4 子供たちは<u>おとなしく</u>なった

答え 1 子供たち 2 遊んだ 3 歩いた 4 子供たち

Check! 上の各文を英語に訳した場合、（ ）内には、どちらの言葉が入るでしょうか。

1 The children looked (active / actively).
2 The children played (active / actively).
3 The children walked (quiet / quietly).
4 The children became (quiet / quietly).

答え 1 active 2 actively 3 quietly 4 quiet

16 補語 と 目的語

Tom became a lawyer.

STEP 1 ⇒ まずは「日本語」の文で考えてみよう

 「治る」と「良くなる」は同じ意味ですが、その構造には、どんな違いがある？

(○) 少年はすぐ治った
(○) 少年はすぐ良くなった
(×) 少年はすぐなった

「治る」という動詞の場合、この動詞1語で、その意味が相手に十分伝わります。言い換えれば、動詞の意味に曖昧さがなく、意味を特定するのに他の要素を必要としません。

一方、「なる」という動詞は、どうでしょうか。それだけでは、何らかの変化が起こる事だけしか意味しませんよね。例文の3番目のように、ただ単に「なる」と言うと、少年が「どう」なるのかが特定されず、文が成立しなくなってしまいます。「うれしくなる」「赤くなる」「賢くなる」など、何か他の言葉を必ず必要とします。

このように、動詞の「なる」は、それ1語だけでは動詞の意味が完結しません。動詞の他に、意味を補完する言葉が必要です。それが補語 (☞ p.84) の働きです。そのため、意味の上では、「自動詞＋補語」でセットになります。つまり、「良く」「なる」ではなく、「良くなる」で1つのまとまりです。

STEP 2 ⇒ 「英語」の場合を見てみよう

同じ事は、英語でも言えます。「治る」のように、動詞の意味を確定するのに、他に言葉を必要としないのが完全自動詞 (☞ p.86) です。一方、「自動詞＋補語」でセットになるのが不完全自動詞 (☞ p.86) です。

(○) The boy **healed** quickly.
→ この heal は補語を必要としない自動詞
(＝辞書では「自」や「SV」という項目を見る)

(○) The boy **got well** quickly.

→ この get は補語を必要とする自動詞

（＝辞書では「自＋補語」や「SVC」という項目を見る）

（注： この well は形容詞（☞ p.92））

＊補語を必要とする動詞＊

補語を必要とする動詞には、73 ページで見た「自動詞の後ろに形容詞が続く動詞」が挙げられます。つまり、「話者の判断・知覚」「主語の外観」「状態や状態変化」に関する動詞などです。これらの動詞（の用法）では、補語なしでは、動詞の意味が曖昧になり、文が成立しなくなります。

形容詞の他にも、名詞が補語になることもあります。この場合にも補語の名詞は、動詞の意味を補完するために使われています。

(○) その男性は**伝説**になった

＜主語＞	＜動詞＞	＜補語（＝名詞)＞
The man	became	**a legend**.

(○) その少年たちはずっと**友達**のままでいた

＜主語＞	＜動詞＞	＜補語（＝名詞)＞	＜修飾語＞
The boys	stayed	**friends**	forever.

また、副詞が補語になる場合もあります。

(○) 太陽は**上がって**いた

＜主語＞	＜動詞＞	＜補語（＝副詞)＞
The sun	was	**up**.

(○) 少年は勉強で**遅れる**ようになった

＜主語＞	＜動詞＞	＜補語（＝副詞)＞	＜修飾語＞
The boy	fell	**behind**	in his studies.

「名詞」を補語に取れない自動詞

73 ページで見た自動詞の全てが、「名詞」を補語に取れる訳ではありません。名詞を補語に取れる自動詞は限られていて、主に次のようなものです。

be, become, remain, seem, stay, prove　　　など

名詞を補語に取れない自動詞の場合は、名詞に前置詞を付けて、前置詞句にするのが基本です。どの前置詞を付けるかはそれぞれの動詞で異なるので、辞書で確認する必要があります。多くの場合、前置詞の like（＝「〜に似た」「〜のような」の意味）と一緒に使う事ができます。

> その石鹸は甘い香りがした
> 　　（○）The soap smelled sweet.　　　　（sweet ＝形容詞）

> その石鹸はバラの香りがした
> 　　（○）The soap smelled of roses.　　　（roses ＝名詞）
> 　　（×）The soap smelled roses.

> その石鹸はバラのように見えた
> 　　（○）The soap looked like a rose.
> 　　（×）The soap looked a rose.

＊「補語」と「目的語」の違い＊

次の２つの文で、「弁護士」という言葉の働きに違いはある？
（○）トムは弁護士になった
（○）トムは弁護士に会った

この２つの文で違うのは、動詞だけです。それではここで、「弁護士」という言葉の代わりに違う名詞を入れてみて、意味に変化があるかを考えてみましょう。まずは動詞に「なる」を使った文から見てみます。

トムは	弁護士	になった	=	「職業に就いた」の意味
トムは	金持ち	になった	=	「経済的に豊かになった」の意味
トムは	妻帯者	になった	=	「結婚をした」の意味
トムは	父親	になった	=	「子供が生まれた」の意味

「なる」という動詞は、状態変化だけを意味し、それが何に関する変化なのかは、補語がなければ特定できない事がわかりますよね。そのため、補語が変われば、動詞の表す内容自体も変わってきます。

同様に、「会う」を使った文でも、同じ名詞を使って入れ替えをしてみましょう。するとこの場合には、動詞の意味に変化がありません。

トムは	弁護士	に会った	=	「弁護士と面会した」の意味
トムは	金持ち	に会った	=	「金持ちと面会した」の意味
トムは	妻帯者	に会った	=	「妻帯者と面会した」の意味
トムは	父親	に会った	=	「父親と面会した」の意味

(注: 後置詞の「に」が使われているが、「会う」は他動詞（☞ p.57））

「会う」の場合、目的語が変わると、「誰」に会ったのかという相手は変わりますが、動詞の意味自体に変化はなく、その意味に曖昧さもありません。

これが、「補語」と「目的語」の大きな違いです。補語も目的語も、なければ「文」が完成しないという点では同じです。しかし、補語は動詞の意味を補完するものです。そのため、補語がないと、動詞の意味が曖昧になったり、意味を成さなくなったりします。

一方、目的語は動作の対象や相手を表します。目的語がないと、例えば、「誰に」会ったのかという相手は特定できなくなりますが、「会う」という動詞の意味自体が不明瞭になる訳ではありません。

ここで、先の２つの文を英語にすると、次のようになります。

＜主語＞	＜自動詞＞	＜補語（＝名詞）＞
Tom	**became**	a lawyer.

＜主語＞	＜他動詞＞	＜目的語（＝名詞）＞
Tom	**met**	a lawyer.

どちらの文でも、動詞の後ろに名詞が続いています。そのため、見た目には同じ構造をしているように見えます。しかしこの２つは全く違うものなのです。

＊補語を見分けることの重要性＊

補語と、目的語や修飾語を見分けられないという事は、**辞書でどの項目を見て良いかわからないという事です。**結果的に正しい英文和訳ができないことになります。次の２つの文を比べてみましょう。それぞれ、どう和訳したら良いでしょうか。

（○）Everything went **bad**.
（○）Everything went **well**.

１番目の文を「全てが悪く行った（＝何もうまく行かなかった）」と訳してはいけません。bad は形容詞なので、この go は「補語」を取る自動詞です。辞書でその項目を引いてみると、好ましくない変化を表して、「〜になる」という意味だと載っています。つまり、「行った」ではなく「悪くなった」という意味です。特に、食べ物などが「全て腐った」という場合の表現です。

一方、２番目の文はどうでしょうか。well には、「健康な」という形容詞があります。しかし、go が形容詞（＝補語）を取るのは、何か好ましくない変化を表す時です。「健康になった」というのは良い変化ですから、go の使い方として適切ではありませんよね。

そこで、違う解釈を考えなくてはなりません。辞書を調べれば、well には「うまく」という意味の副詞もあることがわかります。そうすると今度は、この go は補語ではなく「修飾語」を取る自動詞ということになります。つまり、「全てうまく行った」という意味です。

先に見た1番目の文で、もし「全てが悪く行った（＝何もうまく行かなかった)」と言いたいのであれば、「悪く」という副詞を使う必要があります。

(○) Everything went **badly**.

Check!　それでは次の文を、実際に辞書を調べながら、日本語訳を考えてみましょう。どちらの文でも、動詞の後ろに名詞が続いています。

1　The lawyer proved his innocence.
2　The new menu proved a success.

答え　1　弁護士は彼の無実を証明した　（他動詞＋目的語）
　　　2　新しいメニューは成功だとわかった　（自動詞＋補語）

90 ページで見たように、補語に名詞を取れる自動詞の数は少ないです。そのため、その自動詞を覚えてしまえば、辞書を引く時に混乱することはありません。

また、補語を取る自動詞の特徴は、主語が何の動作もしていない事です。一方、他動詞であれば、主語が何らかの動作をしています。これは多くの場合、主語が生き物かどうかでわかります。（上の問いでも主語の違いに注意)。

(○) The soap **smelled** sweet.　　（soap ＝ 無生物）
　　　その石鹸は甘い香りがした
　　　　→　石鹸は何の動作もしない　（＝自動詞の用法）

(○) Tom **smelled** the soap.　　（Tom ＝ 生き物）
　　　トムは石鹸（の匂い）をかいだ
　　　　→　トムが「かぐ」という動作をしている　（＝他動詞の用法）

17 必須語 と 修飾語

The children behaved <u>politely</u>.

STEP 1 ⇒ まずは「日本語」の文で考えてみよう

 次の２つの文で、１番目の文が間違っている理由は？

（×）子供たちは振る舞った
（○）子供たちは**礼儀正しく**振る舞った

これまで見てきたように、主語（☞ p.26）・動詞（☞ p.22）・目的語（☞ p.26）・補語（☞ p.84）は、文が成立するために必要不可欠な構成要素です。（ただし、どの文にも、この４つの要素全てが含まれている訳ではありません。どの要素が使われるかは、動詞の種類によって決まります。）

一方、文の成立に必要ない、おまけ的な言葉は、修飾語（☞ p.84）です。「いつ・どこで・なぜ・どのように」を表す副詞（☞ p.46）は、修飾語に分類されます。

例文の２番目にある「礼儀正しく」という言葉は、「どのように」を表す副詞です。本来、副詞は修飾語で、文の成立に必要不可欠な言葉ではありません。それにも関わらず、上の例文では、「礼儀正しく」という副詞がないと、間違った文になってしまいます。これは、どうしてでしょうか？

その理由は、「子供たちは振る舞った」という文には、「文」として成立するだけの**価値ある情報が含まれていない**からです。次の例も同じです。

（×）今日は一日だった

上の文は、文法的には間違っていません。しかし、この文には何の意味もありませんよね。「文」として成立するだけの価値がないために、違和感を覚えるのです。そこで次のような言葉を足すと、正しくなります。

（○）今日は**寒い**一日だった
（○）今日は**楽しい**一日だった
（○）今日は**不思議な**一日だった

「子供たちは振る舞った」という例文でも、「礼儀正しく」や「大人っぽく」のような副詞があって、初めて文として成立できます。このように、副詞で

あっても、文の成立に必要不可欠な要素となり得ることがあります。そこで
これらの言葉を、修飾語とは区別して、必須語と呼びます。

主語・動詞・目的語・補語以外の要素で：

　　文の成立に必要ない要素：　修飾語

　　文の成立に必要な要素：　　必須語

STEP 2　⇒　「英語」の場合を見てみよう

必須語は、主語・動詞・目的語・補語以外の要素であるにも関わらず、文が
成立するために必要な言葉を指します。英語では、**副詞**もしくは**前置詞句**が、
文の成立に欠かせない要素となっている場合、必須語に分類されます。

（○）

＜主語＞	＜動詞＞	＜必須語＝副詞＞
The children	behaved	**politely**.

　　子供たちは礼儀正しく振る舞った

（×）

＜主語＞	＜動詞＞	＜必須語＞
The children	behaved.	

（○）

＜主語＞	＜動詞＞	＜必須語＝前置詞句＞
The keys	were	**in my bag**.

　　カギは私のカバンの中にあった

（×）

＜主語＞	＜動詞＞	＜必須語＞
The keys	were.	

必須語と修飾語の区別も、**辞書を調べる時に必要**です。辞書にもよりますが、
必須語は「M」と表記したり、「副詞（句）を伴って」と但し書きが付いて
います。また、修飾語はカッコ付で「(M)」と表記したり、但し書きなしで
載っています。

18 人称 と 代名詞

(×) They **was** happy.

STEP 1 ⇒   まずは「日本語」の文で考えてみよう

 次の２つの文で、１番目の文が間違っている理由は？

（×）**私が**叔母に本を<u>くれました</u>
（○）**叔母が**私に本を<u>くれました</u>

どちらの文でも、動詞は「くれる」です。しかし、主語が変わると、文が正しくなったり間違いになったりします。これは、どうしてでしょうか。

日本語には、「やりもらい動詞」と呼ばれる授受に関する表現があります。誰が誰に物を渡すのかによって、動詞が変わるのです。主語が「叔母」の時には「くれる」を使いますが、主語が「私」の時には「あげる」を使います。

（×）**私が**叔母に本を<u>くれました</u>
（○）**私が**叔母に本を**あげました**

このように、**主語の種類によって動詞が変わる**のです。この主語の種類とは、会話における「話し手」「聞き手」「そのどちらでもない人や物」の区別のことです。この区別の事を人称といいます。

STEP 2 ⇒   「英語」の場合を見てみよう

話し手のことを一人称、聞き手のことを二人称、そのどちらでもない人や物を三人称といいます。この人称の区別は英語にもあります。

	単数		複数	
一人称	I	（私）	we	（私たち）
二人称	you	（あなた）	you	（あなたたち）
三人称	he she it	（彼） （彼女） （それ）	they	（彼ら、彼女ら、それら）

「私」「あなた」「彼ら」など、上に挙げた言葉は代名詞と呼ばれます。代名詞ではない「トム」「水」「家族」のような具体的な名詞は、三人称として扱います。また、可算名詞（☞ p.32）であれば、単数と複数の区別をします。

24 ページで過去形を見た時に、be 動詞は人称によって 2 つの形があることを見ました。一人称と三人称の単数では was、それ以外の人称では were になります。（be 以外の動詞の過去形は、人称に関係なく全て同じ形です）。

＜ be の過去形＞

	単数	複数
一人称	（○）I **was** happy.	（○）We **were** happy.
二人称	（○）You **were** happy.	（○）You **were** happy.
三人称	（○）He **was** happy.	（○）They **were** happy.

主語の人称と動詞の形が一致しないと間違いになります。

（×）They **was** happy.

主語と動詞の一致

発展

They was happy. のような文を私たち日本人が見ると、「別に was でも were でも大して変わらないじゃないか」と感じてしまいます。しかしこれは、「私が叔母に本をくれました」と言うのと同じなのです。相手の言いたいことは理解できますが、母国語話者の耳には、とても不自然で違和感のある文に聞こえます。

日本語のやりもらい動詞と、英語の主語と動詞の一致は、全く同じ物ではありません。しかし、主語と動詞が一致する事の大切さは同じです。

ちなみに、英語では「あげる」も「くれる」も、どちらも give なので注意が必要です。

My aunt **gave** the book to me.
　　叔母が私にその本をくれました

I **gave** the book to my aunt.
　　私が叔母にその本をあげました

| STEP 1 ⇒ | まずは「日本語」の文で考えてみよう |

 次の２つの文で、１番目の文が間違っている理由は？

（×）アンナは母親と**話す**た

（○）アンナは母親と**話し**た

辞書に載っている動詞の形を原形といいます。日本語であれば、「見る」「話す」「遊ぶ」「立つ」などの形が原形です。動詞は、文中で必ずしも原形のまま使われる訳ではなく、伝えたい内容によって、様々に形を変化させます。例えば、「話す」という動詞は、次のように変化します。

話**さ**＋ない

話**し**＋た

話**す**

話**せ**＋ば

話**そ**＋う　　　　　　　　　など

正しい変化形を使わないと、間違った文が出来上がります。例えば、過去の出来事を表す場合、「話す」という原形を「話し」に変化させて、「話し＋た」にします。これを変化させずに原形のまま使うと、「話す＋た」となり、間違いですよね。

| STEP 2 ⇒ | 「英語」の場合を見てみよう |

英語でも同様に、動詞は形が変化します。英語の動詞には、次の７つの変化形があります。

変化形		例	
原形		speak	be
ing 形		speaking	being
p.p. 形		spoken	been
to 原形		to speak	to be
単純形	現在： 　三人称単数 　それ以外	speaks speak	is am / are
	過去：	spoke	was / were

英語の動詞の変化形に関して、次の注意点があります。

---

1) 単純形

単純形は、進行形 (☞ p.176) や完了形 (☞ p.154) と組を成す用語です。（単純形の働きについては139ページで見ていきます。） 単純形には現在と過去の2つがあります。現在を表す「単純形」のことを、略して現在形と呼びます。また過去を表す「単純形」のことを、略して過去形と呼びます。重要な事は、単に「現在形」と言った場合には、進行形や完了形ではなく、単純形の現在を指すという事です。

---

2) 動詞の be

動詞の be だけは、数と人称 (☞ p.96) によって、更に変化形が増えます。主語が一人称単数と三人称単数の場合に、他とは違う形を取ります。

＜現在形＞

(○) I **am** happy.   (○) We **are** happy.

(○) You **are** happy.   (○) You **are** happy.

(○) He **is** happy.   (○) They **are** happy.

＜過去形＞

(○) I **was** happy.   (○) We **were** happy.

(○) You **were** happy.   (○) You **were** happy.

(○) He **was** happy.   (○) They **were** happy.

---

3) 一般動詞

一般動詞とは、be 以外の動詞全てを指します。一般動詞の現在形では、「三人称単数以外」の人称は、全て原形と同じ形をしています。

4）「to 原形」「ing 形」「p.p. 形」

　これらは、動詞を別の品詞に変換する時に使う形です (☞ 第3章)。そのためこの変化形1語だけでは、文の動詞 (☞ p.101) にはなれません。

補足

to 原形　（トゥー・げんけい）

　to 原形は、to 不定詞（もしくは単に不定詞）とも呼ばれます。厳密には、「原形」に「to」という言葉を足した2つの単語でできているので、動詞が変化したものではありません。しかし、動詞の変化形の1つとして分類したほうが、英語の動詞の全体像を把握しやすいので、本書では変化形の1つとして扱います。

ing 形　（アイ・エヌ・ジー・けい）

　ing 形とは、**現在分詞**とも呼ばれます。しかし現在分詞と言うと、現在や過去などの時間と関係があるという誤解や先入観を与えてしまいがちです。そのため、本書では ing 形という用語を使います。

p.p. 形　（ピー・ピー・けい）

　p.p. 形とは、**過去分詞**とも呼ばれます。ing 形の場合と同じく、過去分詞と言うと、時間と関係があると勘違いしてしまう可能性があります。そのため、本書では p.p. 形（過去分詞の英語表記 past participle の頭文字）を使います。

＊動詞の活用＊

英語の場合、動詞が持つ7つの変化形 (☞ p.98) のうち、「原形 － 過去形 － p.p. 形」の3つを、動詞の活用として覚えるのが一般的です。活用の仕方は複雑なので、辞書で確認をする事が大切です。

＜原形＞		＜過去形＞		＜ p.p. 形＞
speak	－	spoke	－	spoken
begin	－	began	－	begun

など

ただし、多くの場合、過去形と p.p. 形は同じ形をしています。

<原形>		<過去形>		< p.p. 形>
make	–	made	–	made
open	–	opened	–	opened

など

また、原形と p.p. 形が同じ形をしている場合や、3つの形が全て同じ場合もあります。

<原形>		<過去形>		< p.p. 形>
come	–	came	–	come
put	–	put	–	put

など

＊述語動詞とは＊

ここで、次の文を見てみましょう。

（○）トムはフランス語を話**す**
（×）トムはフランス語を話**し**

「話す」という動詞の形を使うと、問題なく文が完成します。しかし「話し」では、まだ続きがあるように聞こえ、文が完成したように感じませんよね。つまり、動詞の変化形には、**文を完成させることができる形**と、**できない形**があるのです。文を完成させることのできる動詞のことを、述語動詞と呼びます。（「動詞」と「述語動詞」の違いについては、104 ページを参照。）

この事は英語でも同じで、述語動詞になれる「動詞の変化形」は決まっています。7つの変化形のうち「単純形」のみが、その動詞1語だけで述語動詞になれるのです。ただしその場合でも、人称と数が合っている必要があります。（例外 ☞ p.387 / p.475）

変化形		例
原形		(×) Tom **speak** French.
ing 形		(×) Tom **speaking** French.
p.p. 形		(×) Tom **spoken** French.
to 原形		(×) Tom **to speak** French.
単純形	現在：	
	三人称単数	(○) Tom **speaks** French.
	それ以外	(×) Tom **speak** French.
	過去：	
	全ての人称・数	(○) Tom **spoke** French.

変化形		例
原形		(×) Tom **be** a lawyer.
ing 形		(×) Tom **being** a lawyer.
p.p. 形		(×) Tom **been** a lawyer.
to 原形		(×) Tom **to be** a lawyer.
単純形	現在：	
	三人称単数	(○) Tom **is** a lawyer.
	それ以外	(×) Tom **am/are** a lawyer.
	過去：	
	三人称単数	(○) Tom **was** a lawyer.
	それ以外	(×) Tom **were** a lawyer.

補足

第3章で詳しく見ていきますが、「to 原形」「ing 形」「p.p. 形」とは、動詞を「名詞」「形容詞」「副詞」に変換するためのものです。そのため、その1語だけでは述語動詞にはなれないのです。これは、「名詞」「形容詞」「副詞」が、述語動詞になれないのと同じ事です。

また英語では、主語と述語動詞の間で、人称と数が一致する必要があります。一般動詞の現在形では、主語が三人称単数の場合には、動詞の語尾に「s」を付けます。(これを略して「三単現の s」といいます。)

(○) I **speak** French. (○) We **speak** French.
(○) You **speak** French. (○) You **speak** French.
(○) He **speaks** French. (○) They **speak** French.

一般動詞の過去形では、主語の人称や数に関わりなく、全て同じ動詞の形をしています。(be 動詞については、99 ページ参照。)

(○) I **spoke** French. (○) We **spoke** French.
(○) You **spoke** French. (○) You **spoke** French.
(○) He **spoke** French. (○) They **spoke** French.

主語と述語動詞の間で、人称と数が一致しないと間違いとなります。

(×) We **speaks** French.
→ 主語は一人称複数。しかし述語動詞は三人称単数
(×) He **am** happy.
→ 主語は三人称単数。しかし述語動詞は一人称単数

補足

動詞の変化形には、その動詞単独では文を完成できない形があります。しかし、他の言葉の助けを借りることで、述語動詞になれます。

(×) トムはフランス語を話し
(○) トムはフランス語を話した

英語でも同様で、述語動詞になれない「原形」「ing 形」「p.p. 形」「to 原形」の 4 つの変化形も、助動詞(☞ p.108)とペアになれば、述語動詞になれます(☞ p.208)。

STEP 1 ⇒	まずは「日本語」の文で考えてみよう

 次の文の動詞は何？

その子供はピーマンを食べさせられそうになっていなかった

動詞とは、名詞や形容詞などと同じ、「品詞」の1つです。品詞とは**単語の分類**の事です。「食べる」「住む」「愛する」など、動作や状態を表す言葉は動詞に分類されます。一方、「トム」「車」「平和」など、人や物や事柄の名前を表す言葉は名詞に分類されます。

一方、述語動詞とは、主語や目的語などと同じように、文の中で果たす役割を指します。「誰が・何を・どうした」の「どうした」に当たる**文の構成要素**です。

上の例文では「食べる」が動詞です。しかし実際の会話では（上の例ほど複雑ではないにしても）、動詞の持つ意味以外にも、様々な情報が加わります。これらの補足的な情報も併せた全てが、述語動詞になります。

食べ	させ	られ	そうに	なっ	てい	なか	った
動詞	使役	受動	兆候	変化	完了	否定	過去

述語動詞

これまで本書では、「動詞」と「述語動詞」という用語を、特に区別せずに使ってきました。しかしこの2つは全く別のものです。主語・動詞・目的語・補語と言った場合の動詞とは、正確には**述語動詞**の事です。これからは「動詞」と「述語動詞」という用語は分けて使います。また、文を構成する要素は、アルファベットを使って次のように表されます。

S： 主語 （= **S**ubject） V： 述語動詞 （= **V**erb）

O： 目的語 （= **O**bject） C： 補語 （= **C**omplement）

A： 必須語 （= **A**dverbial） M： 修飾語 （= **M**odifier）

（注： Adverbial は副詞相当語句のことであるが、本書では「必須語」という用語を使っている）

違いを他のもので例えれば

単語の分類（＝品詞）を他のもので例えれば、料理に用いられる食材の分類のようなものです。様々な食材は、その特徴により野菜・肉・魚・果物のように分類されます。

一方、文の**構成要素**を例えれば、フランス料理のコース・メニューのような物です。コース・メニューには、「前菜 → 主菜 → デザート」という流れ、もしくは枠組みがあり、それぞれの役割があります。前菜は食欲を増すもの、主菜は満腹にさせるもの、デザートはお腹の調整をするもの、という具合です。

その上で、前菜には野菜、主菜には肉や魚、デザートには果物など、コース・メニューの枠組みに合わせて、それぞれの食材を当てはめていき、料理を完成させます。

「品詞」と「文の構成要素」の違いも、これと同じです。「動詞」とは、品詞（＝食材）の1つです。一方、「述語動詞」とは、文の構成要素（＝コース・メニューの「枠組み」）の1つです。この2つは同じ物ではありません。

STEP 2 ⇒ 「英語」の場合を見てみよう

＊文の構成要素を分析することの重要性＊

文の構成要素はランダムに並んでいる訳ではなく、ある一定のパターンがあります。英文を分析して、文の構成要素および修飾関係を正確に把握することは、とても重要です。その理由として、主に次の3点を挙げることができます。

1）1つの単語が、複数の品詞・用法・意味を持っている事が多くあります。辞書を引くのにも、その単語がどの使われ方をしているのかがわからなければ、適切な日本語訳を見つけることができません。文の構成要素を分析する事は、それぞれの**単語の働きを特定する手助け**となります。

次の文を見てみましょう。

The patients fast before their examinations.

一見すると、この文には動詞が欠けているように思えます。しかし the patients が名詞句、before their examinations が前置詞句です。そうであれば、fast が動詞でなければならないという結論が出ます。辞書で fast を調べると、動詞として「断食する、食事制限する」という意味が見つかります。この文で fast は、「速い」という意味ではありません。

＜主語＞	＜述語動詞＞	＜修飾語＞
The patients	fast	before their examinations.

患者らは検査前に食事制限する　（→　この fast は現在形の動詞）

2）英語には、日本語の「が」「を」「に」などの後置詞がありません。文の構成要素を分析することは、英文和訳をする時、**後置詞を適切に補う手助け**となります。

次の文を見てみましょう。

　　The boy walked the dog.
　　　(×) *少年が犬と歩いた*

walked が動詞で、The boy walked で「少年が歩いた」という意味だ、という所までは問題ありません。問題は、動詞の後ろの the dog という名詞です。そこで、「少年が歩いた」と「犬」という2つを、1つにつなげようとして、「少年が犬と歩いた」とこじつけてしまいがちです。

しかし、動詞の後ろにある名詞は、目的語か補語です (☞ p.88)。辞書を引くと、walk に「補語を取る自動詞」の用法はありません。と言うことは、この walk は他動詞で、the dog が目的語だとわかります。他動詞の walk は、「〜を歩かせる、散歩させる」という意味だと辞書に載っています。つまり基本通りに、主語に「が」を補い、目的語に「を」を補えば良いのです (☞ p.26)。

＜主語＞	＜述語動詞＞	**＜目的語＞**
The boy	walked	the dog.

少年が犬を散歩させた

3）日本語の文であれば、その文が正しいか間違っているかを聞いただけで判断できますよね。しかし外国語の英語となると、そうは行きません。英文和訳や和文英訳をする時に、文の構成要素の並び方のパターンを確認する事は、**正誤の判断の手助けになります**。

次の2つの文を比べてみましょう。

> The man appeared **happily**.
> The man appeared **happy**.

2つの文の違いは、1番目の文では副詞の happily が使われていて、2番目の文では形容詞の happy が使われているという事です。92〜93ページで見たように文の構成要素を分析すれば、1番目の文の happily は修飾語で、2番目の文の happy は補語だとわかります。

つまり、appear を辞書で調べる時に、1番目の文では「⾃（＋修飾語）」や「SV（M）」という項目を見れば、正しい日本語訳が見つかります。また2番目の文では「⾃＋補語」や「SVC」という項目を調べれば良いとわかります。

＜主語＞	＜述語動詞＞	**＜修飾語＞**
The man	appeared	happily.

*その男性は楽しげに**現れた***

＜主語＞	＜述語動詞＞	**＜補語＞**
The man	appeared	happy.

*その男性は楽しそうに**見えた***

補足

文の構成要素の並び方のパターンを**文型**といいます。英文和訳をする時に、文型を分析することはとても有益です。それは辞書を調べる時に必要なことですし、**日本語への訳し方の基本を示す**ものです。しかし、文の文型を特定すること自体を目的にしては、意味がありません。

助動詞

He should go to the hospital.

STEP 1 ⇒ まずは「日本語」の文で考えてみよう

 次の3つの文で、動詞の語尾の違いによって、意味にどんな違いがある？

（○）毎日多くの人があの小道を通る
（○）いま子供たちがあの小道を通っている
（○）自転車ならあの小道を通れる

「通る」「話す」「行く」のように、辞書に載っている動詞の形を原形といいます。日本語文法では、語尾の形に関係なく、まとめてル形といいます。ル形の動詞は、そのまま文の中で述語動詞になれます。

一方、「通っている」や「通れる」のような動詞の形は、ル形を変化させて、そこに「ている」や「れる」という言葉を足しています。（「通るている」や「通るれる」にはなりません。）語尾に付いている言葉は、動詞を助ける言葉なので助動詞と呼ばれます。助動詞を使うことで、様々な意味や働きがプラスされます。

（注：　本書では動詞に付く言葉を助動詞とし、
日本語の助動詞と補助動詞の区別はつけない）

上の例文の1番目では、「多くの人があの小道を通る」という客観的事実を伝えています。これは、「通るか、通らないか」という事実関係だけを表します。いま通っているとか、これから通るとかいう、目の前の状況を描写するものではありません。

一方、2番目の文では、いま実際に子供たちが「通る」という行為をしていて、その動作が進行中であることを示しています。また3番目の文では、「通ることが可能である」という話し手の意見や認識を表しています。

このように助動詞は、大きく2つに分類することができます。1つは日本語の「ている」のように、動詞に一定の文法的機能を与える助動詞（☞ p.152）です。

これらの助動詞は、例えば、その動作が始まる前なのか、進行中なのか、もしくは既に終わっているのかなど、動作がどの段階にあるのかを指定したりすることができます。（詳しくは第2章で見ていくので、今は読み流して構いません。）

もう1つは、「（ら）れる」のように、話し手の意見や認識を表す助動詞です。これらを「法助動詞」といいます。可能・許可・推量など、何らかの意味が助動詞自体に備わっています。（本書では、特に必要がなければ、単に「助動詞」と呼ぶことにします。）

STEP 2 ⇒ 「英語」の場合を見てみよう

＊英語で「原形」とペアになる助動詞＊

英語でも同じことが言えます。英語の動詞には、7つの変化形があります（☞ p.98）。そのうち単純形は、動詞1語だけで述語動詞になれる形です。それ以外の変化形は、助動詞がなければ述語動詞になれません。それぞれの助動詞は、どの変化形とペアになるか決まっています。

話し手の意見や認識を表すタイプの助動詞は、ペアになる「動詞の変化形」として、原形を取ります。このタイプの助動詞には次のようなものがあります。（ただし、意味や特徴は様々なので、辞書で詳しく確認する必要があります。）

現在形	can	will	may	shall	must	need
過去形	could	would	might	should	—	—

（注： 助動詞の need は否定文や疑問文で用いられ、また、had betterのように2語で1つの助動詞の働きをするものもある）

主な助動詞の基本的な意味は、次のようなものです。それぞれの助動詞は、「固有の意味」と、「認識に関する意味」の2つを併せ持っています。

		<固有の意味>	<認識の意味>
can	可能	〜できる	〜であり得る
will	意思	〜するつもりだ	〜だろう
may	許可	〜してよい	〜かもしれない
must	命令	〜しなければならない	〜に違いない
should	義務	〜するべきだ	〜のはずだ

これらの助動詞は原形とペアになり、「助動詞＋原形」の語順になります。

（○）	<主語>	<述語動詞>	<修飾語>
	He	should **go**	to the hospital.

彼は病院へ行くべきだ

助動詞には、次のようなルールがあります。

1）動詞の変化形は、常に原形

（×）Anna could **played** the violin before.

（○）Anna could **play** the violin before.

アンナは以前バイオリンを弾けた

→ 過去を表す内容でも、助動詞だけを過去形にする。
動詞は、原形のまま使う

2）助動詞は人称変化をしない

（×）Tom can**s** speak French fluently.

（○）Tom can speak French fluently.

トムはフランス語を流暢に話せる

→ 主語が三人称単数で現在の内容でも、助動詞に「s」
は付かない

3）複数の助動詞を一緒に使うことはできない

（×）Anna **will can** speak French soon.

発展

助動詞の注意点

1）副詞の位置

50 ページでは副詞の置かれる位置を見ましたが、「不定の頻度」や「程度」を表す副詞は、動詞の前に置かれるのが一般的です。助動詞が使われた場合には、これらの副詞は、助動詞と原形の間にサンドイッチされる形になります。

　（○）He probably went to the hospital.
　　　　 彼はたぶん病院に行った
　（○）He should probably go to the hospital.
　　　　 彼はたぶん病院に行くべきだ

2）原形の省略

疑問文（☞ p.114）に対する答えの文などで、前後関係から内容が明白な場合、動詞の原形以降の部分が省略されて、助動詞までの部分だけで使う事ができます。

　Should he go to the hospital?
　（○）Yes, he should.　（＝ Yes, he should go to the hospital.）

3）shall / should / had better

shall は、「Shall I ～？（＝～しましょうか？）」や「Shall we ～？（＝一緒に～にしませんか？）」の決まり文句で使われるのが殆どです。また、shall の過去形が should です。should と had better の2つは、動詞の形は過去形ですが、表す内容は現在もしくは未来の事です。（have better という助動詞はありません。）

　（○）You should apologize to him tomorrow.
　　　　 明日、君は彼に謝るべきだ

4）need

助動詞の need は否定文（☞ p.113）や疑問文（☞ p.114）で使います。平叙文（☞ p.114）では、動詞の need を使います。

　（○）He need not go to the hospital.
　　　　 彼は病院に行く必要がない　（→　この need は助動詞なので s が付かない）

22 助動詞の do
I do understand your opinion.

STEP 1 ⇒ まずは「日本語」の文で考えてみよう

 次の文は、単に「彼はこのパーティーに来た」と言うのと、違いがある？

> パーティー会場に知人がいるのを見て：
> （○）「あ、彼はこのパーティーに来た**んだ**」

ただ単に「来た」と言った場合、「来たのか、来なかったのか」という事実
関係だけを表します。それに対して、助動詞の「のだ」を伴って「来たんだ」
とすると、少しニュアンスが変わってきますよね。話し手は、「その知人は
パーティーに来ない」と考えていた事がわかります。その上で、「彼が来た」
という事実を話し手が確認したことを、「のだ」は表しています。

STEP 2 ⇒ 「英語」の場合を見てみよう

英語では、この事実の成立、つまり Yes なのか No なのかを表すのが、助動
詞 do の働きです。この do は、動詞の原形とペアになります。しかし、人称・
数・時に合わせて do, does, did に変化します。

> （注：　文法的機能を表す助動詞（☞ p.108）には do, have, be の 3 つがある。
> これらは動詞ではないので、「する」「持つ」「である」などの意味を持っていない）

ここで、次の 2 つの文を見てみましょう。

（○）

＜主語＞	＜述語動詞＞	＜修飾語＞
He	**came**	to the party.

（○）

＜主語＞	＜述語動詞＞	＜修飾語＞
He	**did come**	to the party.

→　did は助動詞、come は動詞の原形　（did を強く読む）

112

過去形の came を使った文では、単に「彼が来た」という事実だけを述べています。一方、did come を使った文は、「来るとは思わない」という話し手自身の考えに反して、その人が実際に来た場合に使います。もしくは、その人が本当に来たことを強調したい場合に使います。つまり、Yes か No かという選択のうち、Yes であることをハッキリと示すのが、この助動詞の do の機能です。

普段、文の内容が Yes である時には do を使わなくても構いませんが、敢えて do を使う事で強調することができます。そのためこの do は、強調の do とも呼ばれます。(do にアクセントが置かれ、他の単語より強く読まれます。)日本語では、副詞の「本当に」や「もちろん」や「よく」などの言葉に置き換えられることが多くあります。

> (○) I **do understand** your opinion.
> 　　　*君の意見はよくわかる*

＊否定文＊

No であることをハッキリと示すためには、助動詞の do と、否定を表す not を一緒に使います。ちょうど助動詞と原形の間に not がサンドイッチされる形です。こうしてできた文を、否定文と言います。この場合も、動詞は原形のままで、助動詞が人称・数・時によって形を変えます。

> (○) He did **not** come to the party.
> 　　　*彼はパーティーに来なかった*

補足

「do not」「does not」「did not」は、短縮形を使って、それぞれ「don't」「doesn't」「didn't」と表記されることがあります。

ただし、be の否定文には do を使いません。この場合には、be の後ろに not を置くだけです（例外 ☞ p.388）。

> (×) He did **not** be at the party.
> (○) He was **not** at the party.
> 　　　*彼はパーティーにいなかった*

＊疑問文と平叙文＊

相手に Yes か No かの答えをハッキリと求める場合、つまり疑問文を作る時にも、助動詞の do を使います。その場合には、主語と do の位置を入れ替えます。（疑問文ではなく、物事を普通に述べる文のことを平叙文と言います）。

（○）He **did** come to the party.　　［平叙文］

（○）**Did** he come to the party?　　［疑問文］
　　　彼はパーティーに来ましたか？

ただし、動詞が be の場合には、助動詞の do を使わず、単に主語と be の位置を入れ替えます。

（○）He **was** at the party.

（○）**Was** he at the party?
　　　彼はパーティーにいましたか？

＊「動詞の do」と「助動詞の do」＊

これまで見てきた do は助動詞です。この do は特定の意味を持たず、Yes か No かをハッキリとさせる機能を持つだけです。助動詞の do に「〜する」という意味はありません。「〜する」という意味を持つのは動詞の do です。

114

動詞の do は、単純形（☞ p.99）であれば１語だけで述語動詞になれます。しかし助動詞の do は必ず他の動詞の原形と一緒でなければ、述語動詞にはなれません。

（○）

＜主語＞	＜述語動詞＞	＜目的語＞
Anna	**did**	the housework.

アンナは家事をした　（→　この did は動詞で、「～した」の意味）

（×）

＜主語＞	＜述語動詞＞	＜目的語＞
Anna	**did not ＿＿**	the housework.

アンナは家事を ＿＿ なかった　（→　この did は助動詞なので、原形が必要）

発展　　　法助動詞の疑問文と否定文

法助動詞（☞ p.109）を使った文でも、疑問文を作るには、「主語」と「法助動詞」の位置を入れ替えます。

（○）He should go to the hospital.　　［平叙文］

（○）Should he go to the hospital?　　［疑問文］
　　　彼は病院に行くべきですか？

否定文は、法助動詞と原形の間に、not をサンドイッチさせます。（can を否定する場合は、cannot と１語で綴ります）。

（○）He should not go to the hospital.
　　　彼は病院に行くべきではありません

短縮形は「can't」「couldn't」「wouldn't」「shouldn't」などとなります。注意が必要なのは、「won't（= will not）」「shan't（= shall not）」「must-n't（発音は「マスントゥ」）などです。had better は、主語と had が短縮されて「he'd better not ＋原形」になります。

直接目的語 と 間接目的語

Tom wrote <u>Anna</u> a message.

 次の２つの文で、大きな意味の違いは何？

（○）トムがメモ帳に伝言を書いた
（○）トムがアンナに伝言を書いた

上の２つの文で、違いは後置詞の「に」の前にある名詞だけです。「メモ帳」は物で、「アンナ」は人です。しかし、この２つの文には、それ以上の大きな違いがあります。

１番目の文で、「メモ帳に書いた」と言っているのは、伝言をどこに書いたのかを表しています。この「に」の用法は、伝言が存在する場所を示すものです。他にも例えば、「カバンを床に置いた」とか「ポスターを壁に貼った」と言うのと同じです。

一方、２番目の文で、「アンナに書いた」と言っているのは、「アンナの顔や身体などに直接書き込んだ」という意味ではありませんよね。これは、書くという行為が、誰に向けて行われたのかを表しています。つまり、この「に」は場所ではなく、目的語を表す「に」です （☞ p.56）。

このように、「トムがアンナに伝言を書いた」という文では、「アンナ（に）」は目的語です。つまり、アンナが伝言の「受取人」であることを表しています。一方、「トムがメモ帳に伝言を書いた」という文では、「メモ帳（に）」は、トムの伝言が書き残された「場所（もしくは物体）」です。決して、トムが伝言を書いた相手が「メモ帳」なのではありません。

この２つの文を英語に訳すと次のようになります。

（○）Tom wrote a message **on** a notepad.
（○）Tom wrote a message **to** Anna.

上の2つの文を比べると、その違いは前置詞が on か to かだけのように見えます。しかし既に見たように、ある動作が向けられる方向を表すのは目的語の働きです。英語の目的語とは、前置詞を付けずに動詞の後ろに置かれる言葉です（☞ p.26/p.63）。そのため、上の2番目の英文にある to Anna は、to を使わずに次のように書き換える事ができます。

（○）

＜主語＞	＜述語動詞＞	＜目的語＝「に」＞	＜目的語＝「を」＞
Tom	wrote	Anna	a message.

→ この新しい文では、ただ単に to Anna の to を削除しただけではなく、語順が変わっている事に注意

この書き換えられた文では、動詞が目的語（＝前置詞の付かない名詞）を2つ取ることになります。この時、1番目の目的語が、日本語の「〜に」に当たる言葉です。そして2番目の目的語が、「…を」に当たります。

「〜に」に当たる目的語を、間接目的語と呼び、「…を」に当たる目的語を、直接目的語と呼びます。**英語ではこの語順は変えられません。**

ちなみに例文の1番目の「メモ帳に」は、伝言の書き残された場所（もしくは物体）を表しているので、間接目的語ではありません。そのため、目的語を2つ取っている訳ではないので、書き換える事はできません。

（×）Tom wrote a notepad **a message**.

＊2種類の間接目的語＊

次の3つの文には、どんな違いがある？
（○）トムは朝食を作った
（○）トムは朝食を作ってあげた
（○）トムはアンナに朝食を作ってあげた

例文の1番目では、ただ単に「トムが朝食を作った」という事実だけを述べています。それに対して2番目の文では、トムは誰か他の人のために朝食を作ったことを表しています。そして3番目では、その朝食がアンナのためであることが特定されています。

このように日本語では、動詞に「てあげる」（もしくは「てくれる」）という言葉を付けると、誰か他の人のためである事を表します。通常、その行為は何か良い事、つまり**恩恵**を表します。その恩恵が向けられる相手を、「に」で表します。

一方、英語では、恩恵が向けられる相手を、前置詞 to の代わりに for を使って表します。

（○）Tom made breakfast.
　　　トムは朝食を作った
（○）Tom made breakfast **for** Anna.
　　　トムはアンナに朝食を作ってあげた

この場合の for Anna（＝「アンナに」）も、恩恵が向けられる相手（つまり恩恵の受取人）を表す言葉なので、前置詞を使わずに、間接目的語を使って書き換えることができます。この時、語順が変わることに注意が必要でしたよね。（前ページで見た例も、ここで一緒に見てみましょう。）

（○）Tom made Anna **breakfast**.
　　　トムはアンナに朝食を作ってあげた
（○）Tom wrote Anna **a message**.
　　　トムはアンナに伝言を書いた

英語の間接目的語には、恩恵の意味を含む場合と、含まない場合があります。ただし、この2つの違いは、見た目だけでは判断がつかないことがわかりますよね。しかし、恩恵の意味を持つかどうかは、実は動詞によって決まっています（次ページ参照）。そのため、前置詞を使って書き換える時には、to を取るのか、for を取るのか、辞書で確認することが大切です。

（○）Tom made breakfast **for** Anna.
（○）Tom wrote a message **to** Anna.

＜間接目的語の書き換えに、前置詞の to を取る動詞＞
　（＝　ただ単に動詞の表す動作が「誰に」向けられたのかを表す）
　give　（与える）　　　hand　（手渡す）　　　lend　（貸す）
　offer　（提供する）　　promise　（約束する）　sell　（売る）
　send　（送る）　　　　show　（見せる）　　　teach　（教える）
　tell　（話す）　　　　throw　（投げる）
　　　　　　　　　　　　　　　　　　　　　　　　　　　　　　　　など

＜間接目的語の書き換えに、前置詞の for を取る動詞＞
　（＝　動詞の表す動作が「誰の為に」行われたのか、その恩恵の受
　　　取人を表す）
　buy　（買う）　　　　cook　（料理する）　　find　（見つける）
　get　（手に入れる）　make　（作る）　　　　order　（注文する）
　prepare　（準備する）　save　（とっておく）　sing　（歌う）
　　　　　　　　　　　　　　　　　　　　　　　　　　　　　　　　など

＊間接目的語の注意点＊

1）直接目的語が代名詞の場合

直接目的語が代名詞（☞ p.96）の場合、「動作・恩恵が向けられる相手」を間
接目的語で書き換えることはできません。

　　トムはそれをアンナに手渡した
　　　（○）Tom handed **it** to Anna.
　　　（×）Tom handed Anna **it**.

これまで見てきたように、「前置詞句を使った表現」と「間接目的語を使っ
た表現」の2通りがあります。しかし、前置詞句を使うのが基本形で、ある
特定の場合に限って、間接目的語を使っての書き換えが許されるのです（☞
p.121）。

２）前置詞を使った書き換えで、to と for の両方を取る場合
動詞によっては、to と for のどちらも取ることがあります。その場合でも、to が「誰に」という方向だけを表すのに対して、for は恩恵の意味を含むという違いがあります。

(○) Tom brought a book **to** me.
　　　トムが私に本を持って来た
(○) Tom brought a book **for** me.
　　　トムが私に本を持って来てくれた

この時、前置詞句を間接目的語で書き換えてしまうと、どちらの意味かが曖昧_{あい}味_{まい}になってしまいますよね。そのため、恩恵を表す場合には間接目的語を使わずに、前置詞句を使って表現します。一方、間接目的語を使った場合には、to の意味になるのが基本です。（これは両方の前置詞を取る動詞の場合です。）

３）「代理」の意味を表す for
前置詞の for には、「〜に代わって」という意味もあります。

(○) Anna wrote a letter **to** a little child.
　　　アンナは幼い子供に（宛_あてて）手紙を書いた
(○) Anna wrote a letter **for** a little child.
　　　アンナは幼い子供に代わって手紙を書いてあげた

発展	**目的語が受ける影響の範囲**

次の２つの文で、意味に違いはあるでしょうか。
　(○) 花を部屋に飾る
　(○) 部屋を花で飾る

例文の１番目では、目的語が「花」なのに対して、２番目では「部屋」です。どちらの文も、部屋の中に花を置くことに違いはありません。

しかし、「花を飾る」と言った場合には、花瓶に入れた花束が1つ、部屋のどこかに置かれる感じを受けます。それに対して、「部屋を飾る」と言った場合には、部屋全体に花が置かれて、部屋が花であふれている感じを受けます。

「部屋を飾る」のように、**目的語は、動詞が与える影響をその名詞全体が受けます**。これに対して「部屋に飾る」のように、「どこに」という場所を表す場合、その影響は間接的、もしくは名詞の一部にとどまります。この事が、上の2つの文の、意味の違いを生んでいます。

この事は英語でも同じです。目的語は、直接的・全体的影響を名詞が受けます。

(○) He painted the white canvas with red acrylic.
　　　彼は、赤いアクリル絵の具で 白いキャンバス（全体）を塗った
(○) He painted red acrylic on the white canvas.
　　　彼は、白いキャンバス（の一部）に 赤いアクリル絵の具を塗った

(○) The hunter shot a bird.
　　　猟師が鳥を射止めた　（＝鳥に弾が命中した）
(○) The hunter shot at a bird.
　　　猟師が鳥を狙って撃った　（＝鳥に当たったかどうかわからない）

また間接目的語も、あくまでも目的語なので、動詞の与える影響を直接的・全体的に受けます。そうでない場合には、前置詞句を使います。

(×) Tom sent Scotland the letter.
(○) Tom sent the letter to Scotland.
　　　トムはスコットランドにその手紙を送った

上の例で、トムが手紙を送ったのは、スコットランド内の一住所に過ぎません。その事で、スコットランド全体が何か影響を受ける訳ではありません。そのため、間接目的語を使って表現することができないのです。

しかし、スコットランド全体が影響を受けると考えられる場合には、間接目的語を使う事が可能になります。

(○) The Queen sent Scotland a message about the referendum.
　　　女王はスコットランド（全市民）に国民投票についてのメッセージを送った

名詞の形容詞用法
a school teacher

 次の２つに違いはある？

（○）**赤い**信号
（○）**赤**信号

「赤い信号」と「赤信号」は同じ物でしょうか？　「赤い信号」という言葉は、「赤い」という形容詞と、「信号」という名詞からできています。つまり、形容詞が名詞を修飾する構造です。一方、「赤信号」は、「赤」という名詞と「信号」という名詞、つまり、２つの名詞の連続でできています。

形容詞（☞ p.29）とは、名詞に、より詳しい説明を加えるのがその働きです。「赤い信号」は、信号機の見た目について述べたもので、信号機そのものや柱が赤く塗られていると理解することができます。これに対して「赤信号」とは、信号灯の赤が点灯し、路上の運転手や歩行者に「止まれ」という指示を出している事を意味します。つまり信号機が持つ機能を表しています。

このように「赤い信号」と「赤信号」は、似た言葉ではありますが、同じ物ではありません。この他にも、「青い虫」と「青虫」、「黒い板」と「黒板」、「赤い字」と「赤字」、「白い紙」と「白紙」なども、それぞれ違う意味を持っていますよね。

＊名詞の形容詞用法＊

「赤信号」の「赤」や、「動物公園」の「動物」などの言葉は、名詞です。しかし、その後に続く名詞を修飾しているのですから、その働きは形容詞と同じです。このように名詞でありながら、形容詞と同じ働きをすることを、名詞の形容詞用法といいます。

「赤い信号」と「赤信号」が同じ物でない事からわかるように、形容詞が名詞を修飾する場合と、名詞が名詞を修飾する場合では、意味に違いがあります。

形容詞は、名詞の性質や状態などについて、補足説明をする働きをします。例えば、「青い虫」とは、とある「虫」がいて、その虫は「青い色をしている」という説明を付け足したものです。

一方、名詞の形容詞用法は、他の名詞と1つのまとまりを成し、特定の意味を持つ別の言葉を作ります。例えば青虫とは、「青虫」で1つの言葉で、チョウやガの幼虫のことを指します。

このように、名詞が他の名詞を修飾することがあります。しかし何でも彼んでも、名詞が他の名詞を修飾できる訳ではありません。次の例を見てみましょう。

（○）この部屋には**西日**が射す
（×）この部屋には**東日**が射す
（○）この部屋には**朝日**が射す

例えば、「西日」とは言いますが、普通「東日」とは言わず、代わりに「朝日」と言います。この使い分けに理屈はなく、**その言葉が世間一般に定着している**かどうかで決まります。例えば、「赤い建物」や「赤い車」とは言えても、「赤建物」や「赤車」とは言いません。これは、「赤建物」や「赤車」が何を指すのか共通の認識がなく、1つの言葉として普及していないからです。

補足

「形容詞」と「名詞の形容詞用法」とで、表す意味に明確な違いがなく、結果的に同じことを言っている場合もあります。しかしこの場合にも、ニュアンスの違いはあります。次の2つの言葉を比べてみましょう。
（○）丸いテーブル
（○）丸テーブル

「丸いテーブル」も「丸テーブル」も、現実世界の物体としてはどちらも同じ物です。しかし言葉のニュアンスには違いがあります。形容詞を使った「丸いテーブル」とは、「白いテーブル」や「古いテーブル」などと言うのと同じで、ただ単に「テーブル」とだけ言うのではなく、テーブルの特徴について補足説明を付け加えた表現です。一方、名詞を使った「丸テーブル」とは、「食卓テーブル」や「一本脚テーブル」などと同じく、テーブルを種類ごとに区分けした時の分類の1つなのです。

＊英語における「名詞の形容詞用法」＊

日本語と同じように英語でも、ただ単に2つの名詞を連続させただけでは、間違いになるのが普通です。これは、原則として、名詞を修飾するのは形容詞だからです。ここで、61ページで見た例を、もう一度見てみましょう。

　　（×）a **silence** man　（silence ＝ 名詞）
　　（○）a **silent** man　　（silent ＝ 形容詞）
　　　　　無口な男性

上の例にあるように、silence という名詞が man をそのまま修飾することはできません。この場合、61ページで見たように、前置詞を使って of silence という形にする事で、名詞を修飾できるようになります。（ただしこの時、前置詞句は、修飾を受ける名詞の後ろに置かれます。）

　　（○）a man **of silence**
　　　　　無口な男性

しかし、ある一定の条件下では、英語でも2つの名詞を連続させることができるようになります。次の2つを比べてみましょう。

　　（○）a **silent** room
　　　　　静かな部屋
　　（○）a **silence** room
　　　　　無音室　（＝瞑想室、礼拝室など）

上の形容詞を使った例では、どんな部屋なのか、その部屋の状態を補足説明しています。それに対して、名詞を使った例は、何の部屋なのかを表しています。日本語では一般的に「沈黙の部屋」と呼ばれるもので、瞑想や礼拝のための部屋や、図書館などの私語厳禁の部屋のことを指します。

それではどうして silence man とは言えないのに、silence room とは言える

のでしょうか。これは、名詞が他の名詞を修飾するのは、主に次のような場合に限られているからです。（また、「赤建物」や「赤車」と同じように、silence man という言葉が、世間一般に認められていないこともあります。）

1）時や場所を表す場合

the **Christmas** holidays
クリスマス休暇

a **street** light
街灯

2）目的や機能を表す場合

a **coffee** room
（コーヒーのための部屋）→ 職場の休憩室

a **control** tower
管制塔

3）種類や材料を表す場合

a **car** accident
自動車事故

a **gold** watch
金時計

4）様態を表す場合

a **pocket** dictionary
（ポケットに入るサイズの辞典）→ 小型辞典

record sales
記録的売り上げ

ここで1つ注意することがあります。英語を日本語に訳した時、日本語で必ずしも「動物公園」のように2つの名詞の連続にならないことが多くあります。その場合、後置詞の「の」 ^(☞ p.60) などを補います。逆に言えば、日本語の「の」が、いつも英語の of に相当する訳ではないという事です。

　　　a school teacher
　　　　（×）学校先生
　　　　（○）学校**の**先生

「名詞の形容詞用法」の注意点

形容詞用法で使われる名詞は、形容詞の働きをしているので、文法的に形容詞と同じ特徴を多く持ちます。

1）形容詞と同様に、名詞の付属品として機能するので、意味の中心になるのは2つ目の名詞（＝修飾を受ける名詞）のほうです。

    （○）a race **horse**
        競走馬（＝馬の一種で、競争のためのもの。意味の中心は「馬」）

    （○）a horse **race**
        競馬（＝競争の一種で、馬を使ったもの。意味の中心は「競争」）

2）修飾を受ける名詞が複数形であっても、形容詞用法の名詞は複数形になりません。これは、そもそも形容詞は複数形になることがないからです。

    （×）beautiful**s** pictures　（→ 形容詞は複数形にならない）

    （○）beautiful pictures
        （複数の）美しい写真

    （×）pencil**s** cases　（→ 形容詞と同じなので複数形にしない）

    （○）pencil cases
        （複数の）鉛筆入れ、筆箱

3）単数形と複数形で意味が変わる名詞があるので、注意が必要です。例えば、arm は「腕」という意味ですが、複数形の arms は「（複数の）腕」という意味以外にも、「武器」や「軍備」という複数形特有の意味があります。もしも複数形で特有の意味を持つ名詞が、他の名詞を修飾した時には、そのまま複数形で使われます。

    （○）arm**s** control
        軍備管理

    （○）arm wrestling
        腕相撲（→ 腕相撲は、腕1本ではできず、必ず2本必要。しかし「武器」
        や「軍備」という意味とは違い、「腕」の場合は単数形でも使われる言葉なので、形容詞用法では arm は複数形にしない）

4）数字を伴った単位を表す言葉は、ハイフン（＝「-」）でつながれます。この場合にも、形容詞用法の名詞は複数形になりません。

（○）a two-hour movie
（1つの）2時間映画

（○）two-hour movies
（複数の）2時間映画

5）数字を伴った「単位を表す言葉」がハイフンでつながれるのは、どこで語句のまとまりがあるかをハッキリとさせるためです。例えば、six foot soldier とだけ言ったのでは意味が曖昧で、2つの解釈が可能です。そこでハイフンを使って語句のまとまりを明確にします。

（○）six-foot soldiers
身長6フィートの兵士たち

（○）six foot-soldiers
6人の歩兵たち

6）これらの複合語が、更に別の名詞を修飾することもあります。

（○）an information science professor
情報科学の教授

7）形容詞用法の名詞は、頻繁に使われる短い語では、名詞と結び付いて1つの単語になっているものもあります。

（○）a bathroom　　浴室

（○）seafood　　海産食品

8）2つの名詞が、2語のまま「並列」されたり、1語に「結合」されたり、「ハイフン（-）」で結ばれたりします。この形態の違いで、意味や品詞が変わることもあるので注意が必要です。

（○）a green house　　緑色の家

（○）a greenhouse　　温室

9）形容詞用法の名詞には、叙述用法（☞ p.76）もあります。下の例の man は「男らしい」という意味で、形容詞の働きをしています。そのため、後ろから enough の修飾を受けています（☞ p.55）。（この例文の場合には、無冠詞で用いられます。）

（×）He is not enough man for this job.

（○）He is not man enough for this job.
彼はこの仕事がこなせるだけの度胸がない
（→　「彼はこの仕事に必要なだけ男らしくない」が直訳）

25 名詞が２つ続く場合（１）

I bought the house cats.

 「店にはいった」の意味は？

日本語には、「ぎなた読み」と呼ばれる言葉遊びがあります。「弁慶が、なぎなたを持って…」と読むべきところを、「弁慶がな、ぎなたを持って...」と、句切りを誤って読んでしまったことで、聞き手が「ぎなたとは、なんぞや？」と混乱してしまったと言うのです。

（注： 弁慶とは、鎌倉初期の僧。源義経に仕えた。なぎなたは、長い柄の先に反り返った長い刃をつけた武器）

上の例文の「店にはいった」も、「店に、はいった」と句切れば、「店に入った」という意味になります。しかし「店には、いった」と句切れば、「店には行った」という違う意味になります。このように、文のどこに切れ目を入れて読むかは、とても大切な事です。

STEP 2 ⇒ 「英語」の場合を見てみよう

119 ページでは、間接目的語を取る動詞を見ました。この文構造では、「前置詞の付かない名詞」が２つ並ぶことになります。また、前課では、名詞が名詞を修飾する場合を見ました。つまり、**２つの名詞が並んでいる時には、どの働きをしているのか分析する必要があります。**

ここで次の英文を見てみましょう。この文では、house と cats の２つの名詞が並んでいます。この場合、ＡとＢのどちらの解釈が適切でしょうか。

I bought the house **cats**.

［名詞］［名詞］

A:

＜主語＞	＜述語動詞＞	＜間接目的語＞	＜直接目的語＞
I	bought	the house	cats.

B:

＜主語＞	＜述語動詞＞	＜直接目的語＞
I	bought	the house cats.

Ａの解釈では、２つの名詞のうち１つが間接目的語で、もう１つが直接目的語です。この場合には、「the house に cats を」という訳し方になります。つまり、「私は家に猫を買ってあげた」という訳になり、不自然ですよね。

一方、Ｂの解釈では、house が cats を修飾して、１つの名詞になっています（＝ house は、名詞の形容詞用法）。この場合には、the house cats の３語で目的語になります。house cats とは、（野良猫に対して）家猫という意味です。つまり、「私は（複数の）家猫を買った」という訳になり、Ｂの解釈が適切であることがわかります。

ただし、多くの場合、名詞は修飾語を伴って２語以上で１つのまとまりを作るのが普通です。その時には、「限定詞＋副詞＋形容詞＋名詞」の語順（☞ p.43）で並びます。つまり、**間接目的語を取る文でも、名詞と名詞が直に連続する事はそれほどありません。**また限定詞など、名詞に付く付属語が、新しい名詞句の始まりを教えてくれます。

I   wrote   my   aunt   **a**   long   letter.
　　　　　　［名詞］　［限定詞］
　　　　　　　→　名詞の後に限定詞が続く ＝ ここが境目

＜主語＞	＜述語動詞＞	＜間接目的語＞	＜直接目的語＞
I	wrote	my aunt	**a** long letter .

私は叔母に長い手紙を書いた

名詞が２つ並ぶ場合の３つ目は、名詞の副詞用法（☞ p.69）です。しかし、これは「いつ・どこで・なぜ・どのように」という意味を表しているので、見分けは簡単です。

I bought the house **yesterday**.
　昨日、私は家を買った　（→　「家昨日」で１つの名詞だとは考えられない）

STEP 1 ⇒ まずは「日本語」の文で考えてみよう

 次の2人の会話で、Bの返事が不自然なのは、なぜ？

A:「机の上には何がありますか？」
B:「カバン**は**机の上にあります」

上の会話では、Aが「机の上に何がありますか？」と質問しています。しかし、Bの答え方では、まるでAの話を全然聞いていなかったような印象を受けますよね。これは、何がいけないのでしょうか。

日本語でも英語でも、会話の展開とは、話題として既に挙がっている内容に、新しい情報を付け足す形で進んで行きます。Aは、「机の上には…」と文を始めて、まず「机の上」が話題であることを示します。つまりAは「机の上」にBの注意を引きたいのです。

それに対してBが「カバンは…」と別の話題について話し始めるので、Bの答えはチグハグな印象を与えるのです。それではAの同じ質問に対して、Bが次のように答えたら、どうでしょうか。

A:「机の上には何がありますか？」
B:「机の上にはカバンがあります」

今度は、Aが示した「机の上」という話題を土台にして、Bは「カバンがある」という新しい情報を付け足しています。

つまりBが、「机の上には…」と文を始めたのは、単に**既知の情報を繰り返しているだけに過ぎません**。そして、それを土台にして、「カバンがある」という新しい情報を付け足しています。

このようにして、既知情報の上に、新情報を加えて会話は展開します。そして、それに続く文では、「前文の新情報」が既知情報に変わって、また新しい情報が加えられます。これが自然な話の展開の仕方です。つまり、1つの文の中では、「既知情報→新情報」の順に並びます。

A: 机の上には何がありますか？
　　（話題）

B: **机の上**には、カバンがあります
　　（既知情報）──▶（新情報）

A: その**カバン**は、忘れ物ですか？
　　　（既知情報）──▶（新情報）

B: **忘れ物**ではなくて、私のものです。
　　（既知情報）──────▶（新情報）

この「**既知情報→新情報**」の並び方が崩れると、最初の会話のように、人の話を聞いていないような、不自然な会話になります。

A: 机の上には何がありますか？
B: （×）カバンは**机の上**にあります
　　　（新情報）　（既知情報）

STEP 2 ⇒ 「英語」の場合を見てみよう

ここでもう一度、「動作・恩恵の向けられる相手」を表す表現 (☞ p.118) を思い出してみましょう。前置詞句を使う方法と、間接目的語を使う方法の2つがあります。

・・
直接目的語が代名詞を取っている時 (☞ p.119) に、間接目的語が使えないのも、「既知情報→新情報」の流れに逆らうからです。代名詞とは、既に出てきた名詞を繰り返さないために、代わりに使う言葉です。つまり、**代名詞とは常に既知情報**なのです。

トムはそれをアンナに手渡した
（→ 「トムはそれを誰に手渡したのか？」に答える文。つまり誰にが新情報）

　　（×）Tom handed Anna it.
　　　　　　　　　（新情報）（既知情報）
　　（○）Tom handed it to Anna.
　　　　　　　　（既知情報）（新情報）

27 等位接続詞

Tom bought cheese <u>and</u> wine.

STEP 1 ⇒ まずは「日本語」の文で考えてみよう

 次の文の「と」の働きは何？

（○）トムは<mark>チーズ</mark>と<mark>ワイン</mark>を買った

接続詞は2つの要素を結ぶ働きをする言葉です。日本語の場合、並列を表す「と」は、名詞と名詞を結ぶことはできますが、それ以外の要素をそのまま結ぶことはできません。

（×）アンナは<u>親切な</u>と<u>優しい</u>人です　　（「形容詞」と「形容詞」）
（×）少年は<u>正直に</u>と<u>ハッキリ</u>答えた　　（「副詞」と「副詞」）
（×）煙が<u>上がった</u>と<u>消えた</u>　　　　　　（「動詞」と「動詞」）

STEP 2 ⇒ 「英語」の場合を見てみよう

一方、英語で並列を表す and は、文法的に等しい関係にある要素を結び、名詞以外にも使えます。このような働きをする接続詞は等位接続詞と呼ばれ、and, but, or, nor などがあります。

Tom **and** Anna　（「名詞」と「名詞」）
　トムとアンナ
nice **but** expensive　（「形容詞」と「形容詞」）
　素敵だが高価な
go **or** stay　（「動詞」と「動詞」）
　行くか残るか
Tom proposed to Anna **and** she accepted.　（「文」と「文」）
　トムがアンナにプロポーズしてアンナが受け入れた

> **補足**
>
> and が形容詞を結ぶ時には注意が必要です。色や性質など、種類の違う形容詞が使われる時には and を使いません。
>
> (○) a big black wooden box
> 大きな黒い木の箱
>
> しかし、同じ種類の形容詞が複数使われる場合は、コンマ（＝「,」）で句切り、最後の2つを and で結びます。
>
> (○) a red, white and blue flag
> 赤白青（三色）の旗
>
> 叙述用法（☞ p.77）の場合には、必ず and を使います。
>
> (○) The box is big and black.
> (×) The box is big black.

＊繰り返しを避けるための省略＊

等位接続詞は、文法的に同じ要素を結びます。特に文と文を結んだ場合には、重複する部分が出てくることがあります。その時には、繰り返しを避けるため、片方を省略するのが基本です。

→繰り返しの部分を省略する

(○) **Tom bought** cheese and ▢**Tom bought**▢ wine.

= (○) **Tom bought** cheese and wine.

ここで、次の2つの文を比べてみましょう。

(○) **Tom** opened the wine and **Anna** cut the cheese.
トムがワインを開けアンナがチーズを切った

≠ (○) **Tom** opened the wine and cut the cheese.
トムがワインを開けチーズを切った

1番目の文でチーズを切ったのはアンナですが、2番目の文ではトムです。**繰り返しの要素が省略される**という基本ルールのために、2番目の文では、チーズを切ったのも自動的にトムになります。

それでは、次の文はどうでしょうか。

（○）He is a man of passion, but never of action.
　　彼は、情熱的な男ではあるが行動家では決してない

> **He is**　　　**a man** of passion
> but　　　never　　　　of action.
> ───────────────────────
> →　省略されているのは
> 　　(he is) never (a man) of action

上に挙げた2つの例のように、1番目の文の構造を受けて2番目の文で繰り返される語句を省略するのが一般的です。ただし、そうでない場合もあります。

（○）You might or might not be right.
　　君は正しいかもしれないし、正しくないかもしれない

> **You**　　might
> or　　might not **be right**.
> ───────────────────────
> →　この文では「**might** or **might not**」という
> 　　対比を明確にするために、2番目の文ではなく
> 　　1番目の文の be right が省略されている

等位接続詞は、文法的に等しい関係にある要素を結びます。これは同じ品詞の語を結ぶという意味ではありません。例えば41〜42ページでは、自動詞が前置詞と結びついて他動詞の働きをするものがあることを見ました。その場合には、「自動詞＋前置詞」のセットが、「他動詞」と対等な関係にあると言えます。

　（○）He **laughed at** and **mocked** the clown.
　　　彼はピエロを笑い、真似をした

> **補足**
> and が同じ語を結ぶと、反復や多数などの意味を表します。
> 　　（○）We talked and talked in the park.
> 　　　　*私たちは公園でずっと話し続けた*

＊主語と述語動詞の一致＊

接続詞で結ばれた２つの名詞が主語になっている場合、述語動詞の数<ruby>数<rt>すう</rt></ruby>を一致
(☞ p.103) させる時に、次の表現に注意が必要です。

１）「A and B」が主語　＝　複数形

　　（○）Tom and Anna **are** a couple.
　　　　トムとアンナは夫婦です

> **補足**
> ２つの物が結合して１つの物になっていると考えられる場合には、単数形を取ります。
> 　　（○）Bread and butter is my usual breakfast.
> 　　　　<u>バターを塗ったパンが私のいつもの朝食です</u>
> 　　　　　→　この場合の and は、「ブレッド・ン・バター」と発音される

２）「either A or B」「neither A nor B」が主語　＝　B に合わせる

　　（○）Neither you nor he **is** wrong.
　　　　君も彼もどちらも間違っていない

３）「not only A but also B」が主語　＝　B に合わせる

　　（○）Not only the children, but also the father **was** sick.
　　　　子供たちだけでなく、父親も病気だった

第2章

動詞 と 時制

28 「時間」と「時制」

The train <u>arrives</u> at 10 o'clock tomorrow.

STEP 1 ⇒ **まずは「日本語」の文で考えてみよう**

 次の3つの文は、過去・現在・未来のいつの話？

（○）昨日トムは車を運転**した**
（○）アンナは毎日ピアノを練習**する**
（○）その列車は明日 10 時に到着**する**

1番目の例文では、「昨日」と言っているのですから、過去の出来事ですよね。2番目は、「毎日、練習する」のですから、現在の習慣的な行為です。3番目は、「明日」の話ですから、もちろん未来の事です。上の3つの文は、それぞれ過去・現在・未来の3つの「時間」を表しています。「時間」とは、**現実世界で「いつ」の出来事か**を表すものです。

それでは、3つの文の動詞の形を見てみましょう。過去を表す1番目の文では、「～した」という形を取っています。それに対して、現在と未来を表す2番目と3番目の文では、どちらも「～する」という形を取っています。

つまり、過去・現在・未来という3つの時間を表すのに、日本語には「～した」と「～する」の2つの動詞の形しかないのです。ちなみに、この時間の情報を表す動詞の形のことを「時制」と言います。

「～した」	=	過去の内容 （昨日・運転した）
「～する」	=	現在の内容 （毎日・練習する） 未来の内容 （明日・到着する）

発展

日本語のル形とタ形

「見る」「話す」「遊ぶ」「立つ」など、辞書に載っている動詞の形を原形と言います。原形は、「する」に代表される形なので、日本語文法では（「話す」や「遊ぶ」など、実際の語尾の形に関わらず）、全てまとめて**ル形**と言います。一方、「見た」や「遊んだ」など、過去の内容を表す動詞の形は、「した」に代表される形なので、全てまとめて**タ形**と呼びます。

本書でも、「ル形」と「タ形」という用語を使います。そうすると、先に見た事は、次のように言い直す事ができます。日本語では、**タ形**は「**過去**」の内容を表し、**ル形**は「**現在**」と「**未来**」の内容を表します。

> ＜時制＞　　＜時間＞
> タ形　＝　過去の内容　（昨日・運転した）
>
> ル形　＝ ┌ 現在の内容　（毎日・練習する）
> 　　　　　└ 未来の内容　（明日・到着する）

STEP 2 ⇒ 「英語」の場合を見てみよう

＊英語の「単純形」＊

98 ページで見たように、英語の動詞には7つの変化形があります。そのうち単純形とは、助動詞（☞ p.108）など他の言葉を使わずに、その動詞1語で述語動詞（☞ p.101）になれる形です。

また 97 ページでは、英語の単純形には、「過去」と「現在」の2つの形がある事を見ました。一般的に、単純形の過去を略して「過去形」、単純形の現在を略して「現在形」と言います。

しかし実際には（日本語のタ形とル形と同じように）、英語でも過去形が「過去」を表し、現在形が「現在」と「未来」の両方を表します。

> (○) Tom **drove** a car yesterday.
> (○) Anna **practices** the piano every day.
> (○) The train **arrives** at 10 o'clock tomorrow.
>
> （注：　現在と未来を表す時制は、正確には「非過去形」と言うが、これは普及していない用語なので、本書でも「現在形」という用語を使う）

29 単純形の表す「時間」

Tom <u>has</u> two children.

 次の2つの文は、過去・現在・未来のいつの話？

(○) トムには2人の子供が**いる**
(○) トムは、平日は朝8時に家を**出る**

文の表す内容には、過去・現在・未来という「時間」に関する情報が含まれています。しかし、必ずしも過去形や現在形という「動詞の形」が、現実世界の過去や現在という「時間」と対応している訳ではありません。これは、動詞が表すのは、**時間軸における「一点」だけではなく、ある程度の「幅」を持った時間**だからです。

上の例文の1番目のように、「トムには2人の子供がいる」と言った場合、それは今その瞬間だけの話をしている訳ではないですよね。2人目の子供が生まれた過去の時点から、現在、そして3人目が生まれるまでのずっと未来までを含んでいます。

つまり、「2人の子供がいる」という状態は、永遠ではないにしても、ある一定期間において、過去・現在・未来の全ての時間に当てはまります。言い換えれば、この例文の「いる」という時制は、幅を持った時間（＝継続する状態）を表しているのです。これを図で表せば、下のようになります。

一方、２番目の例文では、「朝８時に」という時間軸上の一点の出来事を表しています。しかし同時に、「平日は」という言葉も使われています。つまり、月曜日から金曜日まで、朝８時に繰り返し行われる行為です。更に、今週だけではなく、先週も来週も含んだ、習慣的な反復行為です。もっと言ってしまえば、今が朝８時である必要もありません。

この文でも「出る」という時制は、やはり過去・現在・未来の全ての時間に当てはまる行為を指していますよね。これを図で表せば、下のようになります。

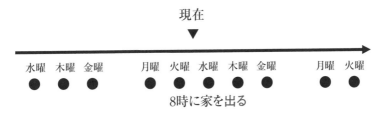

現在

水曜　木曜　金曜　　月曜　火曜　水曜　木曜　金曜　　月曜　火曜

8時に家を出る

このように、動詞が表す時間とは、時間軸における一点ではなく、ある程度の幅を持っています。そのため、「現在形は、現在の内容を表す」というような、一対一の対応をする訳ではありません。**動詞の「時制」と、現実世界の「時間」は、必ずしも同じではない**のです。

ただし、動詞が時間軸上の一点を指す場合もあります。これは宣誓の時や、スポーツの実況、何かの実演をする時などに使われます。次の文を見てみましょう。

　　（○）我々は、いま独立を**宣言する**

この文の「宣言する」は、「継続した動作や状態」でもなければ、「繰り返される行為」でもありません。その場限りの１回の行為を表しています。これを図で表せば、下のようになります。

現在

（時間）

いま宣言する

これまで見てきたように、日本語のル形（☞ p.139）は、「継続する状態」「反復行為」「１回の行為」の３つを表します。

＊英語の単純形＊

日本語のル形（☞ p.139）と同じように、英語の現在形（＝「単純形」の現在）にも、「継続する状態」「反復行為」「1回の行為」という3つの働きがあります。

- （○）Tom **has** two children.
- （○）Tom **leaves** home at 8 o'clock on weekdays.
- （○）We now **declare** our independence.

この3つの働きは、過去形（＝「単純形」の過去）でも同じです。ただし過去形を使った場合、その出来事は純粋に過去の話になります。つまり、「幅」のある時間とは言っても、その幅は過去の中に収まり、現在にまで及ぶことはありません。言い換えれば、完全に現在とは切り離されています。

- （○）Tom **had** two children. (Now he has three children.)
  トムには2人の子供がいた　（今、彼には3人の子供がいる）

- （○）In the past, Tom **left** home at 8 o'clock on weekdays.
  以前、トムは平日は朝8時に家を出た

- （○）That day, we **declared** our independence.
  あの日、我々は独立を宣言した

補足

過去形の「継続する状態」と「反復行為」を表す文では、その内容が現在では正しくなかったり、もしくは話し手はその後の推移を知らない、という事が含意されます。それに対して、「1回の行為」を表す文では、その内容は現在でも正しいままです。

トムには2人の子供がいた	→	現在は2人ではない　（現在では正しくない）
以前は8時に家を出た	→	現在は8時に出ない　（現在では正しくない）
あの日、宣言した	→	現在でもその事実は変わらない　（現在でも正しい）

上の３つの文の時間関係を図で表すと、次のようになります。

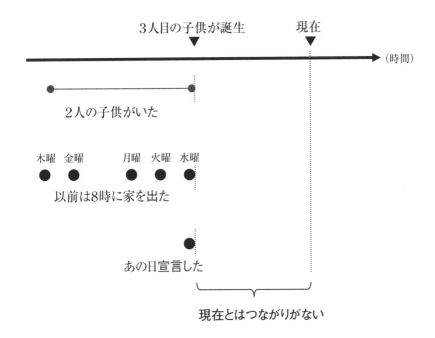

＊英語の単純形の注意点＊

1） 現在形は未来の内容も表すが、その場合には、確定した未来を表す。（不確定な未来 （☞ p.410） の場合には、助動詞の will を使う。）

（○）I **leave** town tomorrow.

　　私は明日、町を出る　（→　旅行計画などが既に決定している）

（×）I **am** in a good mood tomorrow.

　　私は明日、良い気分である　（→　明日どういう気分になるかなど、誰にもわからない＝ will be を使う）

2） 現在形が「今その瞬間に行われている行為」を表すのは、「1回の行為」の場合のみ。それ以外の場合では、その瞬間には何の行為も行われていない。

（○）Anna **writes** her diary in bed.
アンナはベッドで日記をつける（ことを習慣にしている）
→ 「今ベッドで日記を書いている」という意味ではない

3） 現在形は「継続する状態」や「反復行為」を表すので、特性や能力などを、客観的事実として伝える働きもある。

（○）Koalas **eat** eucalyptus leaves.
コアラはユーカリの葉を食べる

（○）Tom **speaks** French as a second language.
トムは第二言語としてフランス語を話す

発展 　　　　　「時制」と「時間」のズレ

1） 現在形が「過去」の内容を表す場合

英語の現在形は、「現在」か「未来」の内容を表すのが基本です。しかし、特定の場合に限って、現在形が「過去」の内容を表すことがあります。1つは歴史的現在と呼ばれ、物語などで、出来事が目の前で起こっているかのような臨場感を高める効果を持ちます。

多くの場合、過去の出来事を語る場面では、過去形を使って話が始まりますが、「突然」のような言葉をきっかけに、現在形に時制が切り替わります。

(○) Last night, I **was** already in my bed. Then suddenly, the door **opens**... And a man **comes** in...

> *昨夜、僕は既にベッドに入っていたんだ。そうしたら突然、ドアが開くんだ…。それで男が入って来るんだ…*

この他にも、過去において見聞きした情報について、現在形が使われることがあります。hear, say, see, tell, write など、「伝達」に関する動詞で多く見られます。

これも歴史的現在の一種と考えられます。情報を受け取った時の状況に話し手の気持ちが戻り、その情報をその場でそのまま相手に伝えているかのような効果が出ます。そのため、情報の内容が今でも正しいと話し手は考えている事が含意されます。

(○) My mother **says** "hello".

> *私の母がよろしくと言っています*
>> (→ 実際に母親が「言った」のは過去のこと)

2) 過去形が「現在」の内容を表す場合

英語では、過去形を使うと丁寧な表現になることがあります。過去形は、動詞の表す行為が、現在と切り離されていることを表します (☞ p.142)。それを発展させると、心理的に現実から切り離された表現にもなるのです (☞ p.466)。

つまり、「聞き手」は現在にいます。その一方で、「話し手の意図や気持ち」は過去形で表されます。この不一致（もしくは、2つの間の垣根）が、遠まわしで間接的な表現となり、結果的にそれが丁寧さを生むのです。

(○) What **was** your name?

> *お名前は何でしたっけ?*

この他にも、丁寧な表現として、I hoped, I thought, I wanted, I wondered などや、依頼や提案の表現として、助動詞が過去形で使われることがあります (☞ p.411)。

(○) I **wondered** if I could visit your home tomorrow.

> *明日お宅にお伺いしても宜しかったでしょうか*
>> (注： wondered のあとの if 節については 327 ページ参照)

145

「動詞の段階」と「動詞の分類」

(×) Anna is resembling her mother.

 次の２つの文で、１番目の文が間違っている理由は？

(×) アンナは母親に**似ているところ**だ
(○) アンナは母親に**電話しているところ**だ

上の２つの文で、なぜ「電話しているところだ」とは言えるのに、「似ているところだ」とは言えないのでしょうか。この事を理解するためには、まず、ある特徴ごとに動詞は幾つかのタイプに分類できることを見る必要があります。（今課では英語の例は挙げません。まず日本語で、その仕組みを見てみましょう。）

＊「動詞の段階」＊

動詞とは、動作・状態・出来事などを表す言葉です。その行為には、それぞれ始めから終わりまで「一連の流れ」があります。例えば、「読む」という動作は、次のような流れを経て完結します。

＜動作前＞　　　「まだ読んでいない」「読んだことがない」
　↓
＜開始直前＞　　「これから読むところ」「いま読もうとしている」
　↓
＜動作中＞　　　「いま読んでいるところ」「読んでいる最中」
　↓
＜終了直後＞　　「ちょうど読んだところ」「読んだばかり」
　↓
＜動作後＞　　　「読んだことがある」「もう読んだ」「既に読んでいる」

このように、1つの動作は5つの段階（もしくは工程）に分けることができます。それぞれの段階には、対応する表現、および動詞の語尾があります。そこで本書では、この5つの段階を次のように呼ぶことにします。

動作前の状況　　＝　「① 未実現の段階」
　　　↓
動作の開始直前　＝　「②（実現）直前の段階」
　　　↓
動作の進行中　　＝　「③ 実現（中）の段階」
　　　↓
動作の終了直後　＝　「④（実現）直後の段階」
　　　↓
動作後の状況　　＝　「⑤ 結果の段階」

動詞をそれぞれの段階に分ける事によって、ただ単に「読む・読まない」という事実関係だけでなく、「読む」という動作のどの段階でのことか、話し手は、より詳しく説明する事ができます。

しかし、全ての動詞に上の5つの段階が備わっている訳ではありません。それぞれの動詞が持つ段階の特徴によって、動詞を大まかに3つのタイプに分類することができます。

（注：　次に挙げる分類は、金田一春彦氏による日本語動詞の分類ではない）

＊継続動詞・瞬間動詞＊

まず「読む」の例で見たように、5つの段階を全て持つ動詞のタイプがあります。他にも、「食べる」や「走る」などがあります。

このタイプの動詞の特徴は、その行為に明確な「開始時」と「終了時」があることです。つまり、ある行為を開始して、一定の時間その行為が続き、その後、その行為は終了します。これらの動詞は、その行為を一定の時間、継続することができるので継続動詞と呼ぶことにします。この時の一定時間とは、「③ 実現」の段階が一時的に継続するという事です。

このタイプの動詞が持つ段階を、図に時系列で表すと、次のようになります。

① 未実現の段階   ② 直前の段階   ③ 実現の段階
④ 直後の段階   ⑤ 結果の段階

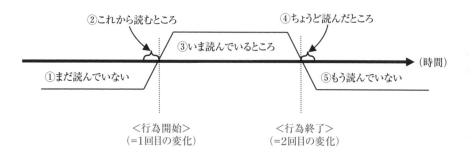

上の図からもわかるように、「読む」という動作の前と後では、「読んでいない状態」から「読んでいる状態」へ、そして、「読んでいる状態」から「読んでいない状態」へと、２回の変化が起こります。これが、このタイプの動詞の特徴の１つです。

また、中にはこの「③ 実現」の段階の継続時間が、極端に短い動詞があります（そのため、瞬間動詞と呼ぶことにします）。例えば、「くしゃみをする」「ジャンプする」「叩く」などです。

① 未実現の段階   ② 直前の段階   ③ 実現の段階
④ 直後の段階   ⑤ 結果の段階

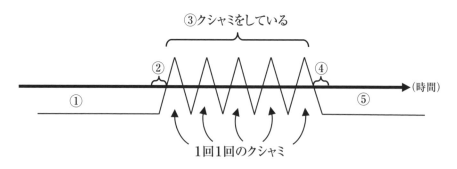

これらの動作は、自分の意思で1回の行為を長く続けることはできませんよね。しかし、何回も繰り返すことで、その行為が継続していると考えることができます。

そのため、継続動詞と瞬間動詞は、1回の行為の継続時間に長短の差があるものの、基本的な性質や文中での機能の仕方は同じなので、本書では1つのグループにまとめて扱います。

＊変化動詞＊

「停まる」という動詞は、継続動詞とは全く違った性質を持っています。「停まる」とは、何かが「動いている」状態から「停まっている」状態への変化を表します。そして、その変化は1回しか起こりません。一度停まったら、ずっと停まったままです。何か他の行為が起こらない限り、停まった状態がずっと続きます。

このタイプの動詞が持つ段階を、図に時系列で表すと、次のようになります。

① 未実現の段階　　② 直前の段階　　　（③ 実現の段階）
④ 直後の段階　　　⑤ 結果の段階

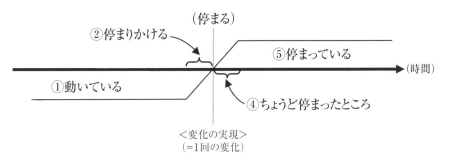

上の図からもわかるように、「停まる」という動詞は、**2つの状態の境目を特定する**だけです。その行為自体が継続することはなく、「③ 実現」の段階が、時間的な幅を持ちません。このような動詞を変化動詞と呼ぶことにします。このタイプには、「忘れる」や「死ぬ」などがあります。

＊状態動詞＊

3つ目のタイプは、何の動作や変化もせず、単に状態を描写しているだけの動詞です。そのため、動詞の表す内容には段階がありません。より正確に言えば、段階を示すことに興味がなく、いわば、始めも終わりも表さない動詞と言えます。(始めと終わりを持っていないという事ではありません。)

あえて図で表すとすれば「③ 実現」の段階だけがあり、それ以外は視野に入っていません。言い換えれば、0回の変化を伴う動詞だと言えます。これらの動詞を状態動詞といいます。このタイプの動詞には「優れている」や「似ている」などがあります。

このタイプの動詞が持つ段階を、図に時系列で表すと、次のようになります。

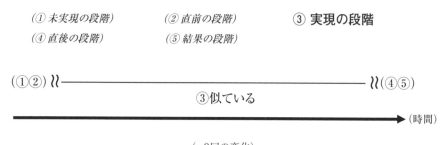

この他にも、動詞の表す内容が**長期間に渡って成立することを前提**とする動詞も、このタイプに入ります。

例えば、「住む」という動詞の場合、理屈としては一連の段階を考える事は可能です。つまり、「過去のある時点で引越しをしてきて、その場所に住み始め、現在そこに住んでいる。そして、将来のある時点で住むのをやめて、

別の場所に引越しをする」など、こういう段階を考える事は、ごく自然です
よね。

しかし一般的に「住む」という動詞は、住んでいない状況から住んでいる状
況への変化を意味するものではありません。「住んでいる」という状態自体
を指す言葉です。言い換えれば、「③ 実現」の段階以外は、基本的に視野の
外に置かれています。そのため、「似ている」などの状態動詞と同じ機能の
仕方をするのです。

＊例文の再考＊

「アンナは母親に電話しているところだ」という文が正しいのは、「電話する」
が継続動詞だからです。継続動詞には、明確な開始時と終了時があります。
そのため、いつからいつまでかを設定することができます。だからこそ、「い
ま電話しているところだ」と、一時的に進行中の行為であることを表せるの
です。

一方、「アンナは母親に似ているところだ」と言えないのは、「似ている」が
状態動詞だからです。このタイプの動詞は、状態を描写しているだけで、そ
こには「始まり」も「終わり」もありません。いつからいつまでかを設定す
ることができないので、「いま似ているところだ」と、その行為が一時的に
進行中であることを表せないのです。（この例文の英語は、178 ページで見
ていきます。）

補足

同じ動詞でも、意味によって「継続動詞の用法」になったり、「状態動詞の用法」になっ
たりするので注意が必要です。（これは例えば、1つの名詞に、「可算名詞」と「不可算名詞」
の 2 つの用法があるのと同じ事です（☞ p.36）。）

　　（○）トムは手に本を持っている　→ この「持つ」は、「握る」や「つかむ」の意味で、
　　　　　　　　　　　　　　　　　　　　　継続動詞の用法（＝ 英語の hold）

　　（○）トムは別荘を持っている　　→ この「持つ」は、「所有する」の意味で、状態
　　　　　　　　　　　　　　　　　　　　　動詞の用法（＝ 英語の have）

---

31 「have + p.p. 形」

The train has arrived at the station.

STEP 1 ⇒ まずは「日本語」の文で考えてみよう

 次の２つの文に違いはある？

(○) 私は毎日、英語を勉強**する**
(○) 私は毎日、英語を勉強**している**

上の２つの文では、どちらも「毎日」と言っているので、繰り返される習慣的な行為(☞ p.141)を述べています。特に大きな違いはないように感じますが、「２か月間」という言葉と一緒に使うと、どうでしょうか。

(○) ２か月間、英語を勉強**する**
(○) ２か月間、英語を勉強**している**

「２か月間」という言葉を使うと、２つの文の意味には明らかな違いがあることに気が付きますよね。「(勉強) する」を使った文では、「これから２か月間」という未来の出来事を表します。一方、「(勉強) している」を使った文では、「これまで２か月間」という過去から現在まで続く出来事を表しています。

＊「ル形」と「テイル形」＊

日本語文法では、辞書に載っている「動詞の形」をル形といいます。この形は、現在もしくは未来の出来事を表します (☞ p.138)。そのため、「２か月間」という言葉がル形の動詞と一緒に使われると、未来における期間を指します。(ただし、それが「今日」から２か月間なのか、または「来週」から２か月間なのか、という開始時期の特定は、上の例文からはできません。)

一方、「(勉強) している」や「見ている」のように、「ている」で終わる動詞の形をテイル形といいます。テイル形は多くの働きを持っています。その

152

１つは、過去に始まった行為が、現在まで継続していることを表すことです。言い換えれば、過去と現在の両方にまたがった時間を表すのです。そのため、「２か月間」とテイル形が一緒に使われると、過去から現在まで続く２か月間の出来事を指すようになります。

例えば、「先週から」は、過去と現在をつなぐ言葉です。そのため、テイル形と一緒に使います。もし、ル形と一緒に使うと、違和感のある間違った文になります。これはル形が、現在もしくは未来を表す「動詞の形」だからです。

第２章

動詞と時制

　　（○）トムは多くの会議に先週から出席し**ている**
　　（×）トムは多くの会議に先週から出席**する**

＊「タ形」と「テイル形」＊

これまで見てきたように、日本語のテイル形は、過去と現在が結びついた時間を表します。では今度は、このテイル形と**タ形**の違いを見てみます。タ形は、現在とは切り離された過去を表します (☞ p.143)。

次の２つの文を比べてみましょう。それぞれの文と、その後に続く（　　）の中の文との間に、矛盾が起こるか考えてみます。

　　（○）信号で車が停まっ**た**（が、今は走行中だ）
　　（×）信号で車が停まっ**ている**（が、今は走行中だ）

動詞が「停まった」の場合、「今は走行中だ」という文と矛盾が起こりません。これは、タ形が過去と現在の間につながりがないことを表すからです。そのため、「停まった」という過去の出来事と、「走行中だ」という現在の出来事の間に、矛盾なく時系列（もしくは前後関係）が成立するのです。

一方、動詞が「停まっている」の場合には、矛盾が起こります。テイル形は、過去と現在の両方にまたがった時間を表します。つまり、「車が停まっている」とは、過去において車が停まり、その停車状態が現在でも続いていることを意味します。現在も停車中でありながら、同時に走行中であることは不可能です。そのため、２番目の例文は、論理が破たんしている間違った文なのです。

このように日本語のテイル形は、過去と現在の両方にまたがった時間、言い換えれば、過去と現在が連結した時間を表します。それに対してタ形は、現在とは切り離されて、過去だけの独立した時間を表します。

STEP 2 ⇒ 「英語」の場合を見てみよう

* 「have + p.p. 形」*

日本語のこのテイル形と同じ機能を果たすのが、英語では「have + p.p. 形」です (p.p. 形 ☞ p.100)。この「have + p.p. 形」のことを、現在完了形といいます。(この have は助動詞 (☞ p.108) なので、「持っている」などの意味はありません。また、主語が三人称単数の場合には、has になります。)

　（○）The train **arrived** at the station.
　　　　　電車が駅に到着した
　（○）The train **has arrived** at the station.
　　　　　電車が駅に到着している

上の１番目の文の「到着した」は、過去の一時点での出来事を表していて、英語では過去形の arrived で表します。この場合、「到着したか、しなかったか」という事実関係だけを述べています。また、現在から切り離された過去の事なので、現在では既に駅から出発していることも考えられます。

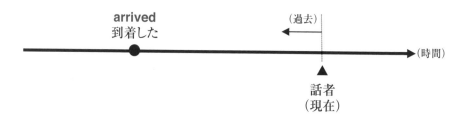

一方、「電車が駅に到着している」という文では、過去と現在の両方にまたがる時間を表します。つまり、過去の一時点において電車が駅に到着して、その状況が現在まで続いているのです。そのためこの文では、現在でも電車がまだ駅に停まっていることを意味します。

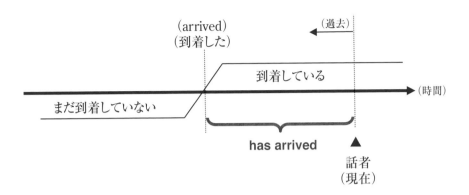

「have + p.p. 形」が持つ働きについては 164 ページで詳しく見ていきますが、重要な事は、過去形とは、過去に起こった出来事を表すのに対して、「have + p.p. 形」(= 現在完了形) とは、現在までに実現している出来事を表すという事です。そして、述語動詞 (☞ p.104) に過去形を使うのか、それとも「have + p.p. 形」を使うのかは、「2 か月間」や「先週から」のような副詞がその決定に大きな影響を与えます (☞ p.159)。

＊ for：「どれくらいの期間」続いているかを表す＊

英語の場合、「2 か月間」のような期間を表すのに前置詞の for を使います。その期間が過去の事であれば、述語動詞 (☞ p.104) には過去形を使います。また、未来の事であれば、述語動詞に未来の表現 (☞ p.409) を使います。

(○) I **studied** English every day **for** two months.
  2 か月間、毎日私は英語を勉強した

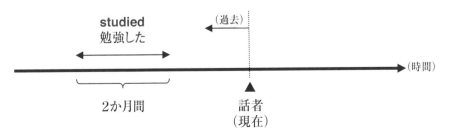

（○）I **will study** English every day **for** two months.

2か月間、毎日私は英語を勉強する（だろう）

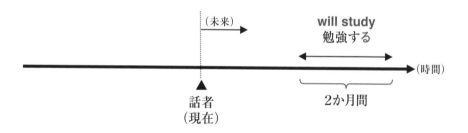

これに対して、過去に始まって現在まで続いている継続期間であれば、述語動詞の形を「have + p.p. 形」にする必要があります。

（○）I **have studied** English every day **for** two months.

2か月間、毎日私は英語を勉強している

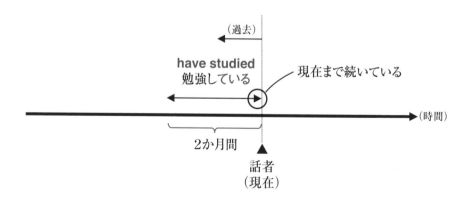

＊ since：「いつから」続いているかを表す ＊

「先週から」のように、過去のいつ始まって、それが現在まで続いているかを表すには、since を使います。この時にも、述語動詞（☞ p.104）は「have + p.p. 形」を取ります。

(○) Tom **has attended** many meetings **since** last week.
　　　先週からトムは多くの会議に出席している

一方、ただ単に開始時点を表す時には from を使います。例えば「来週から」のように未来の内容の場合、現在までの継続を表さないので、since ではなく from を使います。

(○) Tom **will attend** many meetings **from** next week.
　　　来週からトムは多くの会議に出席する（だろう）

＊疑問文 と 否定文＊

「have + p.p. 形」の疑問文や否定文の作り方は、他の助動詞を使った場合と同じです（☞ p.113 / p.114）。疑問文は、主語と助動詞である have の位置を入れ替えます。

Tom <u>has</u> watched the movie before.
　　　トムは前にその映画を見ています

<u>Has</u> **Tom** watched the movie before?
　　　トムは前にその映画を見ていますか？

（注：「ています」は、テイルの丁寧体）

また否定文は、助動詞 have の後ろに not などの否定語を置いて、「have + p.p. 形」の間にサンドイッチさせます。

Tom **has** **not** watched the movie yet.
　　トムはその映画をまだ見ていません

この時に、has not や have not は、短縮形を使って hasn't や haven't と表記されることがあります。

32 時の副詞

Tom studied French literature last year.

STEP 1 ⇒ まずは「日本語」の文で考えてみよう

 次の3つの文で、1番目の文が間違っている理由は？

　　　　（×）トムはフランス文学を昨年以来学んだ
　　　　（○）トムはフランス文学を昨年以来学んでいる
　　　　（○）トムはフランス文学を昨年学んだ

「昨年」というのは、**過去の一時期を指す言葉**（＝副詞（☞ p.46））です。それに対して「昨年以来」というのは、**過去から現在までの継続期間を表します**。言い換えれば、過去と現在の両方にまたがる時間（☞ p.152）です。

上の1番目の例文は、ハッキリと理由はわからなくても、どことなく違和感のある文だと感じるはずです。これは、動詞がタ形（☞ p.139）を取っているからです。「昨年以来」が、現在まで続く内容を表すのに対して、動詞のタ形は、現在とは切り離された過去を表すからです（☞ p.143）。

そのため、2番目の例文のように、動詞をテイル形（☞ p.152）にすれば、違和感がなくなり、正しい文になります。もしくは、動詞をタ形のまま使うのであれば、3番目の例文のように、「昨年以来」ではなく、「昨年」にすると、正しい文になります。これは、「昨年」が、いつからではなく、いつの出来事なのかを表す言葉だからです。

このように、「昨年」や「昨年以来」などの「時」を表す副詞と、動詞の形は、それぞれ組み合わせが基本的に決まっているのです。

STEP 2 ⇒ 「英語」の場合を見てみよう

＊「時」の副詞 と 時制＊

この事は英語でも同じです。過去を表す副詞は「過去形」（☞ p.142）の述語動詞（☞ p.101）と一緒に使います。それに対して、いつから続いているのかや、どれくらいの間続いているのかなど、現在までの継続期間を表す副詞は「have + p.p. 形」（☞ p.154）と一緒に使います。

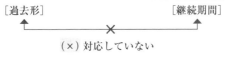

（×）Tom **studied** French literature **since** last year.

［過去形］　　　　　　　　　　［継続期間］

（×）対応していない

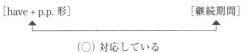

（○）Tom **has studied** French literature **since** last year.

［have + p.p. 形］　　　　　　　［継続期間］

（○）対応している

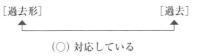

（○）Tom **studied** French literature last year.

［過去形］　　　　　　　　　　［過去］

（○）対応している

このように、述語動詞に「過去形」を使うのか、「have + p.p. 形」を使うのかは、一緒に使う「時」を表す副詞が大きく影響します。これらの副詞は、おおまかに次のように分類できます。

「過去形」と一緒に使う言葉：

yesterday （昨日）　　　　the day before yesterday （一昨日）

then （その時）　　　　　　at that time （当時）

just now （ついさっき）　　last ～（先～、昨～：last night など）

～ ago （～前：two years ago など）

その他「19 世紀に」など具体的な過去の一時点を表す言葉　　　など

「have + p.p. 形」と一緒に使う言葉：
- 「① 未実現」の段階 (☞ p.147) を表すもの
  not ～ yet　（まだ～していない）
  not ～ before　（以前に～したことがない）
  never　（一度も～したことがない）
  not ～ recently　（最近～していない）　　　　　　　　など

- 「④ 直後」の段階 (☞ p.147) を表す言葉
  just　（ちょうど）　　　　　　　　　　　　　　　　　　など

- 「⑤ 結果」の段階 (☞ p.147) を表す言葉
  times　（～回）　　　　　　　before　（以前に）
  already　（もう、既に）　　　recently　（最近）
  yet　（もう、既に：疑問文で）　ever　（かつて：疑問文で）
  　　　　　　　　　　　　　　　　　　　　　　　　　　　など

ただし、「have + p.p. 形」と一緒に使う言葉の中には、過去形で使えるものも幾つかあります。それぞれの副詞が「過去形」と「have + p.p. 形」のどちらで使うのか、または、両方で使えるのか迷った時には、辞書で確認することが大切です。次の例文を比べてみましょう。

（○）I **didn't see** her this morning.
　　　私は今朝彼女を見なかった
　　　→　今はもう午後

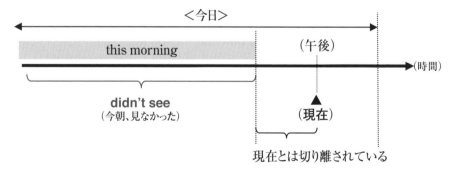

160

(○) I **haven't seen** her this morning.
私は今朝彼女を見ていない
→ 今はまだ午前中

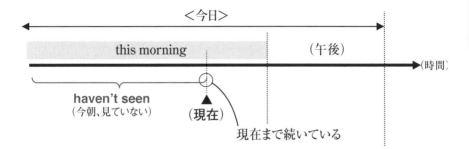

(○) Tom **studied** French literature for three years.
トムは3年間フランス文学を勉強した
→ 過去のある時期に3年間勉強したが、今はしていない

(○) Tom **has studied** French literature for three years.
トムは3年間フランス文学を勉強している
→ 3年前にフランス文学の勉強を始め、今に至っている

＊注意が必要な「テイル形」＊

当然のことながら、日本語の表現は、必ずしも100％英語と一致するわけではありません。そのため、日本語につられて英語に直訳をすると、間違いになる場合があります。

1つは、日本語の「3年前から」のように、「前（＝ ago）」という言葉と、「から（＝ since）」という言葉が一緒に使われた場合です。これを文字通りsince 3 years ago とすると間違いになります。これは現在までの継続期間の事なので、for（☞ p.155）を使う必要があります。和文英訳をする時には、日本語に騙されないように注意が必要です。

トムはフランス文学を3年前から学ん**でいる** （＝3年間学んでいる）

(×) Tom **has studied** French literature **since** 3 years **ago**.

(○) Tom **has studied** French literature **for** 3 years.

もう１つ注意が必要なのは、日本語の「経歴を表すテイル形」です。「したか、しなかったか」という事実関係だけではなく、現在までの経歴という「ニュアンス」を持たせる場合です。この時日本語では、過去を表す副詞と、テイル形を一緒に使えます。

　（○）トムは 10 年前に大学を卒業**している**
　（○）このチームは去年優勝**している**

このテイル形は、経歴を紹介する時に使われるものであって、過去から現在までの継続行為を表すものではありません。あくまでも過去の出来事を述べているので、英語では、述語動詞に過去形を使う必要があります。

　（○）Tom **graduated** from the university 10 years ago.

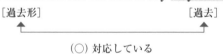

（○）対応している

　（○）This team **won** the championship last year.

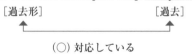

（○）対応している

162

発展

「have + p.p. 形」の代用

正式には「have + p.p. 形」を使う場合でも、「過去形」で代用されることが多くあります。

> (○) I **have** already **finished** it. = I already **finished** it.
> (○) We **have** just **seen** her. = We just **saw** her.

同じ事は日本語にもあります。肯定文では本来テイル形を使うべきところに、タ形を使う事ができます。下の例では、「もう」という副詞を使っているので、「⑤結果」の段階 (☞ p.147) を表すテイル形を使うのが本来の用法です。(下の「ています」は、テイルの丁寧体)。

> もう準備はできましたか？ （＝もう準備はできていますか？）
> 　(○) はい、もうできました （＝はい、もうできています）

しかし、否定文では過去形で代用させることができず、原則通りにテイル形を使います。

> もう準備はできましたか？
> (×) いいえ、まだできませんでした
> (○) いいえ、まだできていません

また、just now（＝「ついさっき」）は、過去形と一緒に使います。これは、「have + p.p. 形」と just（＝「ちょうど」）を使って、言い換えることができます。(下の「〜したところだ」という表現については 174 ページ参照。)

> (○) Tom **watched** the movie just now.
> 　　トムはその映画を ついさっき見た
> = Tom **has** just **watched** the movie.
> 　　トムはその映画を ちょうど見たところだ

「last 〜」は動詞の過去形と一緒に使います。一方、「in the last 〜」は「have + p.p. 形」と一緒に使います。特に in the last 〜は、「回数」を表す表現と一緒によく使われます。

> (○) I **watched** the movie last month.
> 　　私は 先月その映画を見た

> (○) I **have watched** the movie twice in the last month.
> 　　私は 先月に2度その映画を見ている

「have ＋ p.p. 形」の用法（1）

Tom has watched the movie twice.

 次の２つの文で、テイル形の意味に違いはある？

（○）トムは３年間フランス文学を勉強している
（○）トムは２回その映画を見ている

テイル形（☞ p.152）は、「過去」と「現在」の両方にまたがる時間を表すのが、その基本用法の１つです。上の１番目の文は 161 ページで見たのと同じ物です。この文では、「３年前にフランス文学の勉強を始め、今も勉強を続けている」ことを表しています。

それでは２番目の文は、どうでしょうか。動詞は同じテイル形です。しかし、「過去に映画を見始めて、今もその映画を見続けている」という解釈にはなりませんよね。つまり、「見る」という行為そのものが継続しているのではありません。あくまでも、映画を見たのは過去の出来事です。

実は２番目の文は、「見る」という行為が、現在までに何回実現しているのかを表しています。テイル形とは、正確に言うと、ある出来事が現在まで（に）実現しているか、していないかを表す動詞の形なのです。（意味の違いは、副詞（☞ p.159）や、動詞の種類（☞ p.147-150）によって生まれます。）

　　１番目の文：　「３年間勉強している」
　　　　＝「勉強する」という行為が、現在まで（継続して）実現

　　２番目の文：　「２回 見ている」
　　　　＝「見る」という行為が、現在までに（２回）実現

この「実現しているかどうか」とは、動詞が持つ５つの段階（☞ p.146）のうち、どの段階にあるかという事です。この事を、次に見ていきます。

補足

日本語のテイル形と同じ働きをするのが、英語の「have + p.p. 形」です。この動詞の形を**現在完了形**と言います。ただし、現在完了形の「完了」とは、「終了」という意味ではなく、「実現」という解釈が的確です。現在完了が否定で使われた場合、例えば、「見ていない」とは、「未完了」ではなく「未実現」を表すからです。

STEP 2 ⇒ 「英語」の場合を見てみよう

＊「have + p.p. 形」が表す「動詞の段階」＊

英語の「have + p.p. 形」も、ある行為が現在までに実現しているかどうかを表します。より正確に言えば、過去・現在・未来という「時間」よりも、動詞の表す行為が「どの段階にあるか」に深く関係しています。

ここでは、「5つの段階」全てを持つ継続動詞（☞ p.147）について見て行きます。継続動詞の「have + p.p. 形」は、5つの段階のうち、「① 未実現」「④（実現）直後」「⑤ 結果」の3つの段階を表すのに使います。

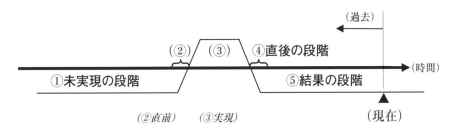

＊「⑤ 結果」の段階 ＝ 経験・完了＊

「トムは2回その映画を見ている」という文では、トムが実際に映画を見たのは、2回とも過去の事ですよね。ただし、この文では「見たのか、見なかったのか」という事実関係や、正確に「いつ見たのか」に話し手の関心があるのではありません。あくまでも焦点は、現在までに何回見ている（＝見たことがある）のかです。

これは、「見る」という行為を何度経験・完了しているのか、という事です。言い換えれば、過去において「⑤ 結果」の段階を何回実現させて現在に至っているかという事なのです。これを図で表せば次のようになります。

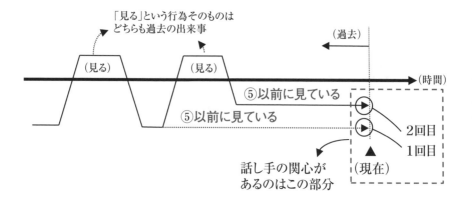

この理屈は英語でも同じです。そのため、「トムは2回その映画を見たことがある」という経験や、他にも例えば、「もう見てしまった」という完了を表す時に、「have + p.p. 形」を使います。

    （○）Tom **has watched** the movie twice.
        トムは2回その映画を見ている （＝トムは2回その映画を見たことがある）
    （○）Tom **has** already **watched** the movie.
        トムは既にその映画を見ている （＝トムはその映画をもう見てしまった）

これに対して、現在との関連を持たせず、ただ単に「トムは2回その映画を見た」という過去の事実を述べるには、過去形を使います。

    （○）Tom **watched** the movie twice.

＊「① 未実現」の段階 ＝ 未経験＊

次の2つの文を比較してみましょう。

（○）トムは昨日その映画を見なかっ**た**

（○）トムはまだその映画を見**てい**ない

今度の例文は、否定文です。上の１番目の文では、（「昨日」という）過去において、「見たか、見なかったか」という事実関係について述べています。タ形は、現在とは切り離された過去を表します（☞ p.158）。そのため、「昨日は見なかった。しかし、今日になって見た」ということも考えられます。

一方２番目の文は、「見る」という行為が現在まで未実現であることを表しています。（つまり、「① 未実現」の段階が現在まで続いています。） これは今現在でも「まだ見ていない」という事であり、言い換えれば、「見たことがない」という未経験を表します。

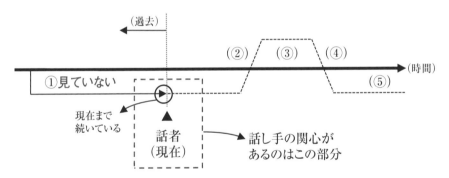

英語でも同様に、単に「見たのか、見なかったのか」という過去の事実関係を述べる時には、**過去形**を使います。この場合、「動詞の形」と「時の副詞」を一致（☞ p.159）させる必要があります。過去形は、「昨日」のような、明確な過去を表す副詞と一緒に使います。

（○）Tom **did not watch** the movie yesterday.

これに対して、未経験（つまり、現在まで未実現であること）を表したい場合には、「have + p.p. 形」を使います。

（○）Tom **has not watched** the movie yet.

159 ページで見たように、述語動詞が「過去形」を取るのか、「have + p.p. 形」を取るのかは、一緒に使われる「時」を表す副詞が大きな決定要因の1つです。これは、yesterday や yet など、副詞の種類によって、話し手の関心が「現在とのつながり」にまで及ぶかどうかが、変わってくるからです。

＊「④ 直後」の段階 ＝（直近の）完了＊

最後に、次の例文を見てみましょう。（日本語の「タ形＋ところ」という表現については、174 ページで見ていきます。）

（○）トムはちょうどその映画を見**たところ**だ

今度の例文は、「④（実現）直後」の段階です。これは、話し手のいる「現在」が、行為の終了時に限りなく近い場合です。そのため、「⑤ 結果」の段階を表す事には興味がないと言えます。

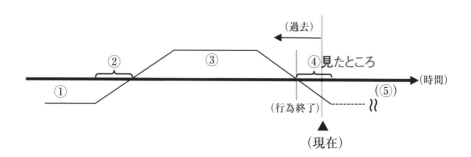

「現在が、行為の終了時に限りなく近い」というのは、実際の時間の長さとは関係がありません。話し手がその出来事を、「心理的に現在とつながっている位、すぐ近くの段階で完了した」と捉えていることを表します。

英語でこの「④ 直後」の段階を表すには、多くの場合 just（＝「ちょうど」）という副詞が使われます。この時 just は、「have + p.p. 形」の間にサンドイッチされます。

（○）Tom **has** just **watched** the movie.

| 発展 | **心理的つながり** |

行為自体は既に終わっている過去の事であっても、話し手がその出来事に対して強い心理的なつながりを感じている場合、「have + p.p. 形」が使われます。これは、「過去の原因」が「現在の状況」に影響を与えていて、現在から切り離された過去の出来事としてではなく、その影響が現在まで続いていると話し手が認識するからです。次の例を見てみましょう。

> A: "You look pale. Why?"
> 　　「(顔が) 真っ青だよ。どうしたの？」
> B: "Because I **have** (just) **seen** a ghost!"
> 　　「だって、オバケを見ちゃったんだもの！」
> 　　　　　（注： 「しちゃった」は、完了を表す「してしまった」の口語体）

上の例で、「真っ青」という現在の状況は、「オバケを見た」という過去があるからです。しかし、ただ単に「見た」という過去の事実に焦点を当てるのではなく、過去の原因と現在の状況が結びついて、ひとつながりの出来事として話し手は感じているのです。いわば、オバケを見た恐怖が今でも消えず、未だにその時の感情や状況の中にいることを「have + p.p. 形」が表しているのです。何分前に見たかという実際の時間の長さとは関係がありません。

＊「have + p.p. 形」は、「実現しているかどうか」を表す＊

これまで見てきたように、**継続動詞**の「have + p.p. 形」は、動詞が持つ5つの段階のうち、「① 未実現」「④ (実現) 直後」「⑤ 結果」の3つの段階を表すのに使います。

否定であれば「未経験」の意味になります。一方、肯定であれば「経験・完了」を表します。これは、現在までに「③ 実現」の段階が終了しているという事です。（そのため、現在完了形と呼ばれます。） このように「have + p.p. 形」の役割は「時間」よりも、「動詞の段階」と深く関わっているのです。

34 「have + p.p. 形」の用法（2）

Tom's aunt has lived in Paris for 20 years.

STEP 1 ⇒ まずは「日本語」の文で考えてみよう

 次の文では、トムの叔母（おば）は未だにパリ在住？

（○）トムの叔母はパリに 20 年間住んでいる

「20 年間住んでいる」ということは、「20 年前に住み始めて、現在も引き続きパリで暮らしている」という意味ですよね。つまり、叔母は未だにパリ在住です。これは、「過去」と「現在」にまたがる時間ですから、英語なら「have + p.p. 形」で表します。

（○）Tom's aunt **has lived** in Paris for 20 years.

ここまでの説明を聞いて、「あれっ？」と思う事がありませんか？　前課では、肯定文の「have + p.p. 形」は、「④（実現）直後」と「⑤ 結果」の段階を表し、完了か経験の意味を表すと学びました。つまり、**現在までにその出来事は終了している**はずです。

もし未だにパリ在住ならば、「住む」という行為は終了していませんよね？それなら、「④ 直後」や「⑤ 結果」の段階ではないはずです。これは一体、どういう事でしょうか。

STEP 2 ⇒ 「英語」の場合を見てみよう

＊状態動詞の「have + p.p. 形」＊

このカラクリは、動詞の種類にあります。前課で見たのは、**継続動詞**（☞ p.147）についてです。継続動詞は、動詞が持つ「5つの段階」を全て持っています。

しかし live というのは、動詞の表す内容が長期間に渡って成立することを前提とする動詞で、状態動詞（☞ p.150）に分類されます。状態動詞とは、始

170

まりも終わりも示さず、ただ「③ 実現（中）」の段階だけに焦点がある動詞です。

状態動詞では、「③ 実現」以外の段階が話し手の視野には入りません。そのため、動詞の行為が完了しないまま、現在とつながりを持つことになります。そこから、「未だにパリ在住である」という継続の意味が生まれるのです。

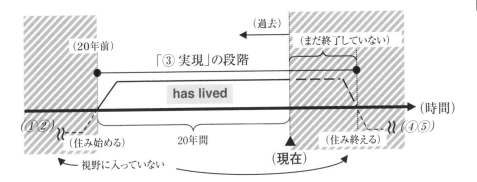

当然、ある特定の副詞を使うことで、「④ 直後」や「⑤ 結果」の段階が視野に入れば、完了や経験の意味を持たせることもできます。（「have ＋ p.p. 形」の解釈には、どの「時の副詞」（☞ p.158）を使うかが大きな影響を与えます。）

（○）Tom **has lived** in Paris before.
トムは以前パリに住んでいたことがある
→ 同じ has lived でも、今はもうパリに住んでいない

補足
一部の継続動詞では、「have ＋ p.p. 形」が継続の意味を持つ場合があります。それは、状態動詞に準ずるような、一定期間の継続性を前提とする動詞です。例えば、work（働く）、learn（学ぶ）、stay（滞在する）、wait（待つ）などが挙げられます。

＊変化動詞の「have ＋ p.p. 形」＊

次の文で、いまトムは普段通りに腕を使える？
（○）トムは腕を怪我している

「腕を怪我している」と言った場合、怪我の原因となった事故そのものは過去の話ですよね。ただし、まだその怪我が治らず、その結果、現在でも普段通りに腕を使えないという意味です。つまり、「怪我する」という事故自体が現在まで「継続」しているのではありません。

先に見た状態動詞の「住んでいる」の場合には、まだ「住む」という行為が完了しておらず、今でも住んでいる途中であることを表します。しかし「怪我している」の場合、まだ負傷が完了しておらず、今でも怪我を負っている途中だ（＝これから怪我はもっとひどくなる）という意味にはなりませんよね。

このように、「怪我している」とは、「怪我する」という行為そのものが現在まで継続するのではありません。一度怪我をして、その行為の結果（＝腕を使えないという状態）が現在まで残っている事を表します。

この事は英語でも同じです。行為の結果を表すのは、変化動詞 (☞ p.149) が「have + p.p. 形」になった時の特徴です。

 （○）Tom **has injured** his arm.
   トムは腕を怪我している

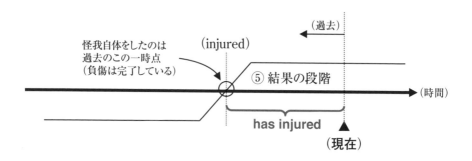

また、変化動詞は「③ 実現」の段階を持たないので、継続を表す for と一緒に使えません (☞ p.401)。これも変化動詞の特徴の1つです。

 （×）Tom **has injured** his arm **for** a week.
   トムは1週間 腕を怪我している

＊「have + p.p. 形」の４つの用法＊

1）　現在まで継続している出来事　（＝状態動詞、一部の継続動詞）

Tom's aunt **has lived** in Paris for 20 years.

トムの叔母はパリに20年間住んでいる

2）　現在までに経験もしくは未経験の出来事　（＝全ての動詞）

Tom **has watched** the movie twice.

トムは2回その映画を見たことがある

Tom **has not watched** the movie yet.

トムはまだその映画を見たことがない

3）　現在までに完了した出来事　（＝全ての動詞）

Tom **has just watched** the movie.

トムはちょうどその映画を見たところだ

Tom **has already watched** the movie.

トムはその映画をもう見てしまった

（普通、状態動詞は just と一緒に使えない）

4）　現在まで結果が継続している出来事　（＝変化動詞）

Tom **has injured** his arm.

トムは腕を怪我している

英語と日本語は100％対応している訳ではないので、「する」「した」「している」「してしまった」など、日本語の語尾表現だけで、英語の述語動詞の形を決めることはできません。和文英訳をする時には、現在と切り離された過去なのか、過去と現在がつながりを持っているのかを確認しなければなりません。

また「have + p.p. 形」が、どの意味で使われているかは、一緒に使われる副詞や文脈などによって決まります。もし、これらの副詞や特定の文脈がなければ、１つの文に対して複数の日本語訳が考えられることもあります。

（○）Tom **has lived** in Paris.

トムはパリに住んだことがある

トムはパリに（ずっと）住んでいる

「③ 実現」の段階を表す「be ＋ ing 形」
Tom is <u>watching</u> the movie now.

STEP 1 ⇒ まずは「日本語」の文で考えてみよう

 次の３つの文は、動詞が持つ５つの段階のうち、どの段階を表す？

(○) トムはこれから映画を見**る**ところです
(○) トムはいま映画を見**ている**ところです
(○) トムはちょうど映画を見**た**ところです

動詞には５つの段階 (☞ p.146) があります。そのうち、「② 直前」「③ 実現 (中)」「④ 直後」の３つの段階は、日本語では、動詞のル形・テイル形・タ形に、それぞれ「ところ」という言葉を足して表します。

ただし、これ以外にも表現方法は様々あります。例えば、次のようなものです。

「② 直前」の段階：
本当の事を言い**かける**
花が枯れ**つつある**　　　　　など

「③ 実現」の段階：
いま映画を見**ている**　(→ 「ところ」がなくても良い) など

「④ 直後」の段階：
彼に会った**ばかりだ**　　　　　など

つまり、動詞のル形・テイル形・タ形に「ところ」という言葉を足すのが基本だというだけです。重要な事は、どの段階を指しているか判断できることです。

次の２つの文で、動詞はそれぞれ「どの段階」を表している？

（○）トムは以前にその映画を見**ている**

（○）トムはいまその映画を見**ている**

第２章

動詞と時制

上の２つの例文では、どちらも「見ている」という動詞の形を取っています。ただし、１番目の例文では、「以前に」という副詞が使われています。つまり、「見る」という動作は既に実現した後です。これは、経験を表す「⑤ 結果」の段階です。一方、２番目の文では、「いま見ている」と言っています。つまり、「見る」という動作が今まさに進行しているところです。これは、実現している最中を表す「③ 実現」の段階です。

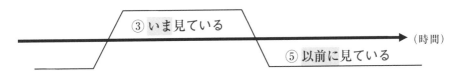

このように、日本語のテイル形は、「③ 実現」と「⑤ 結果」の両方の段階を表すことができるのです。どちらの段階を表すかは、文脈や一緒に使われている副詞によって決まります。

STEP 2 ⇒ 「英語」の場合を見てみよう

しかし英語では、「③ 実現」と「⑤ 結果」は違う形で表します。「⑤ 結果」の段階は「have + p.p. 形」で表します。一方、「③ 実現」の段階は「be + ing 形」で表します。そのため、和文英訳をする時には注意が必要です。

「be + ing 形」の形を進行形といいます。この be は助動詞 (☞ p.108) なので、「〜である」という意味はありません。また主語の「人称」と「数」、動詞が表す「時間」に合わせて、is、am、are、was、were に変化します。

＊継続動詞・瞬間動詞の「be + ing 形」＊

「③ 実現」の段階を「be + ing 形」で表せるのは、基本的に継続動詞・瞬間動詞 (☞ p.147) です。

    (○) Tom **is watching** the movie now.
       トムは今その映画を見ている

一方、瞬間動詞の場合、１回の動作は一瞬で終わってしまいますが、何回も繰り返す事で、一定の時間その動作が進行している事を表します。

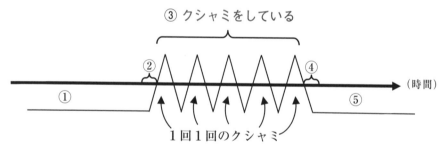

    (○) The boy **is sneezing** now.
       少年は今クシャミをしている

このように、継続動詞・瞬間動詞が「be + ing 形」を取ると、進行中（＝「③実現」の段階）を表します。と同時に、それは一時的なものであり、そのうちに終了することを意味します。（これは例えば、日本語の「手術中」や「清掃中」という言葉が、いつかは終わることを含意するのと同じことです。）

「be + ing 形」や「have + p.p. 形」は、動作の「どの段階での事か」に関心がある場合に使います。逆に言えば、あえて段階を示す必要がない場合には使いません。例えば、その動作を「するか、しないか」という事実関係だけを述べる時などです。この時には、単純形 (☞ p.140) を使います。

176

(○) The boy often **sneezes**.
その少年はよくクシャミをする
(→ 今クシャミをしてるかどうかは問題でない)

また、期間を限定する副詞が使われた場合にも、一時的な行為を表します。この時には、その期間全体を進行期間（もしくは反復期間）として表すので、必ずしも今その瞬間に、その動作をしているという意味にはなりません。

(○) Tom **makes** breakfast every day.
トムは毎日朝食を作る　（＝朝食を作るのはトムの仕事だ）
(○) Tom is **making** breakfast every day this month.
トムは今月、毎日朝食を作っている　（＝普段は朝食を作らない）

→ この「be + ing 形」は、**進行期間内**であることを表し、「いま朝食を作っている最中だ」という意味ではない

＊状態動詞の「be + ing 形」＊

状態動詞とは、永続的な状態や、ある行為が長期間継続することが前提となっている事を表す動詞でしたよね（☞ p.150）。つまり、動詞の表す内容に「始め」や「終わり」が認識されず、そもそも「どの段階か」を表す事に関心を持たない動詞です。そのため、状態動詞は「単純形」で使うのが基本です。

(○) Tom's aunt **lives** in Paris.
トムの叔母はパリに住んでいる

しかし、もし一時的な状態であることが認識されれば、「be + ing 形」になります。例えば、普段は一軒家に住んでいるのに、その家を改築するため、一時的にアパートに「仮住まいする」ことになった場合などです。

(○) Tom's aunt **is living** in an apartment now.
トムの叔母は今、アパートに仮住まいしている

ただし、自分の意思でその行為を始めたり終えたりできない場合、状態動詞を「be + ing 形」にすることはできません。これは、一時的な状態であると

177

いう解釈ができないからです。146ページで見た「アンナは母親に似ているところだ」という文が、日本語でも英語でも間違いになる理由がここにあります。「今は似ているけれども、5分後、10分後には似ていなくなる」というのは、あり得ない話ですよね。

（×）Anna **is resembling** her mother.

このように「be + ing 形」では、「一時的である」という事がカギになります。それでは、次の2つの文を比べてみましょう。意味にどんな違いがあるでしょうか。

（○）The boy **is** quiet.
（○）The boy **is being** quiet.

1番目の文では、述語動詞は単純形の is を取っています。これは、その少年の永続的な性質・性格を述べるものです。つまり、その少年は「おとなしい性格だ」と言っています。

一方、2番目の文では「be + ing 形」を取っているので、一時的な状態を表します。つまり普段はわんぱくなのに、何らかの理由で、今は「おとなしくしている」ということです。日本語にすると、それぞれ次のようになります。

（○）その少年は（性格が）おとなしい
（○）その少年は（今）おとなしくしている

| 発展 | **状態動詞 と テイル形** |

日本語の状態動詞は、「いる」や「ある」など、ごく一部の動詞を除けば**通常テイル形**で使われます。
　　（×）私はトムを知る
　　（○）私はトムを知っている

つまり、このテイル形は「状態動詞」を表すテイル形で、「進行中」を表すテイル形ではありません。そのため、和文英訳をする時には注意が必要です。

私はトムを知っている

(×) I am knowing Tom.

(○) I know Tom.

また、see（見える）や hear（聞こえる）など、「知覚」を表す動詞では、助動詞の can を使って進行中であることを表します。「be + ing 形」だと特別な意味が加わります（☞ p.187）。

（私には）ラジオが聞こえている　（主語を表す後置詞の「には」☞ p.59）

(×) I am hearing the radio.

(○) I can hear the radio.

＊「be + ing 形」の注意点＊

英語でも日本語でも、動詞は、「継続動詞・瞬間動詞」「変化動詞」「状態動詞」のどれか 1 つに必ず分類されるという訳ではありません。意味によって状態動詞の働きをしたり、継続動詞の働きをしたりします。つまり、これらの分類も、動詞の**用法**なのです。have の例を見てみましょう。

「所有する」の意味では状態動詞の用法　（→「be + ing 形」に**ならない**）

　　Tom **has** a cottage. （*トムは別荘を所有しています*）

「食べる」「飲む」の意味では継続動詞の用法　（→「be + ing 形」に**なる**）

　　Tom **is having** dinner. （*トムは夕食を取っているところです*）

「be + ing 形」の be は助動詞（☞ p.108）です。つまり、疑問文や否定文の作り方は、他の助動詞の場合と同じです。**疑問文**は、主語と be を入れ替えます。

(○) **Tom** is watching the movie now.

(○) Is **Tom** watching the movie now?

トムは今その映画を見ていますか？

否定文は、「be」と「ing 形」の間に否定語をサンドイッチさせます。

(○) Tom is **not** watching the movie now.

トムは今その映画を見ていません

「② 直前」の段階を表す「be + ing 形」

The baby is waking up.

まずは「日本語」の文で考えてみよう

 次の２つの文で、それぞれ「動詞の種類」と「段階」は何？

(○) 赤ん坊は目覚め**かけている**（＝目を覚ましかけている）
(○) 赤ん坊は泣き**かけている**

どちらの文も、「～しかけている」という語尾を取っています。これは、「ル形＋ところだ」(☞ p.174)で言い換えができます。つまり、「② 直前」の段階です。

(○) 赤ん坊は目覚め**るところだ**
(○) 赤ん坊は泣く**ところだ**

それでは、「目覚める」と「泣く」の動詞の種類は何でしょうか。動詞をテイル形にすると、その違いがハッキリとします。

(○) 赤ん坊は目覚め**ている**（＝目を覚ましている）
(○) 赤ん坊は泣い**ている**

「目覚めている」と言えば、赤ん坊は既に眠りから覚めていますよね。決して「目を覚ましている最中だ」という解釈にはなりません。つまり、このテイル形は「⑤ 結果」の段階です。一方、「泣いている」とは、泣いている最中を表します。つまり、「③ 実現」の段階です。

このように、テイル形にした時の意味の違いが、「目覚める」（＝変化動詞）と、「泣く」（＝継続動詞）の大きな違いです。

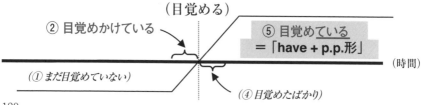

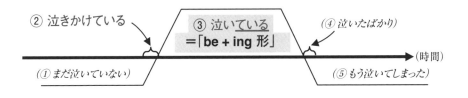

第2章

動詞と時制

そのため、日本語では同じテイル形でも、英語では（動詞の種類によって）「have + p.p. 形」と「be + ing 形」を使い分ける必要があります。

<u>変化動詞のテイル形</u> =「⑤ 結果」の段階 =「**have + p.p. 形**」

（○）The baby **has woken up**.

赤ん坊は目覚めている

<u>継続動詞のテイル形</u> =「③ 実現」の段階 =「**be + ing 形**」

（○）The baby **is crying**.

赤ん坊は泣いている

STEP 2 ⇒ 　「英語」の場合を見てみよう

変化動詞の「be + ing 形」

前課では、変化動詞以外の動詞が「be + ing 形」を取ると、「③ 実現」の段階を表すことを見ました。前ページのイメージ図からもわかるように、変化動詞には「③ 実現」の段階が時間的な幅を持ちません。そのため、変化動詞の「be + ing 形」が「③ 実現」の段階を表す事は基本的にありません（☞ p.183）。

その代わり、変化動詞の「be + ing 形」は、「② 直前」の段階を表します。これは、変化の実現に向けて徐々に「接近」していることを表します。ただし、「直前」というのは、5秒や5時間という実際の時間の長さとは関係がありません。話し手が「もうすぐ実現する」と認識しているかどうかです。

変化動詞の「be + ing 形」=「② 直前」の段階
　(○) The baby **is waking up**.
　　　赤ん坊は目覚めかけている

継続動詞の「be + ing 形」=「③ 実現」の段階
　(○) The baby **is crying**.
　　　赤ん坊は泣いている
　　　(→　180 ページと 181 ページのイメージ図を参照)

それでは、次の英語を日本語に訳した場合、どちらの文が適切か考えてみましょう。

　(○) The car **is stopping**.
　　　車が止まっている
　　　車が止まりかけている

「stop（＝止まる）」という動詞も、動いている状態から止まっている状態への変化を表す動詞ですよね。当然、「③ 実現」の段階を「be + ing 形」で表すことはありません。という事は、この「be + ing 形」は「② 直前」の段階です。そのため、「車が止まりかけている」という訳が適切です。

＊継続動詞・瞬間動詞で「② 直前」の段階を表す方法＊

継続動詞・瞬間動詞のように、「be + ing 形」が「③ 実現」の段階を表す動詞では、「② 直前」の段階を表すのに「be about + to 原形」という形を使うことができます。

　＜継続動詞の例＞
　(○) The baby **is about to cry**.
　　　赤ん坊が泣きかけている　(→　181 ページのイメージ図を参照)

<瞬間動詞の例＞

（○）The policeman **is knocking** on the door.
> 警官がドアをノックしている　（→　「③ 実現」の段階）

（○）The policeman **is about to knock** on the door.
> 警官がドアをノックしようとしている　（→　「② 直前」の段階）

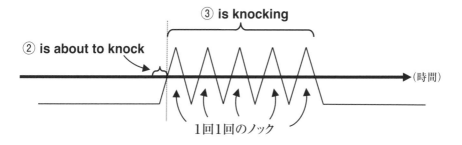

1回1回のノック

発展

時間的な幅を持つ変化動詞

変化動詞では、「③ 実現」の段階が時間的な幅を持ちません。つまり一瞬でその変化は達成されます。しかし中には、徐々に時間をかけて変化が達成されることを表す動詞もあります。例えば、「融ける」などです。これらの動詞では、「③ 実現」の段階が認識されるので、一時的に進行している出来事を「be + ing 形」を使って表すことができます。（1回の変化（☞ p.149）しか持たないので、継続動詞とは違います。「達成動詞」として区別することも可能ですが、本書ではこの用語は使わず、まとめて変化動詞として扱います。）

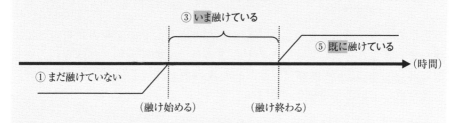

「③ 実現」の段階：　The ice is now melting.
　　　　　　　　　　　氷がいま融けている

「⑤ 結果」の段階：　The ice has already melted.
　　　　　　　　　　　氷が既に融けている

37 「be + ing 形」の その他の用法

I am leaving for London tomorrow.

STEP 1 ⇒ まずは「日本語」の文で考えてみよう

 次の2つの文で、電車の到着は終了している？

(○) 電車は駅に到着**している**

(○) 電車は駅に次々と到着**している**

日本語のテイル形には、主に「③ 実現」と「⑤ 結果」の2つの段階を表す働きがあります (☞ p.181)。上の例文の1番目は、特定の文脈が与えられない限り、「⑤ 結果」の解釈になるのが普通です。これは、「到着する」が変化動詞で、「③ 実現」の段階が時間的な幅を持たない動詞だからです。

しかし2番目の文を聞くと、電車の到着は終了しておらず、まだこれからも到着する印象を受けますよね。いわば「到着している最中である」という解釈ができます。これはなぜでしょうか。

STEP 2 ⇒ 「英語」の場合を見てみよう

＊「反復」を表す「be + ing 形」＊

1番目の文の「電車」とは、電車が1便だけあり、その1便の到着が既に実現していることを表します。しかし、2番目の文の「電車」とは複数の便を指しています。「1便到着しては、また次の便が到着し…」と、次々に到着を繰り返している事を表しています。

この解釈の違いを引き起こしているのが、「次々と」という副詞です。この副詞があることで、主語の「電車」が単数ではなく複数であり、別々の電車が到着を繰り返していることを表すのです。(次ページの図を参照。)

つまり、2番目の例文では、「到着する」という行為が、別々の電車によって**反復**されています。それによって、「③ 実現」の段階が形成されているのです。

英語ではこの反復を表すのに、「be + ing 形」を使います。つまり、「be + ing 形」には、176 ページで見た「一時的に進行中の行為」、181 ページで見た「変化の実現への接近」の他にも、「反復」を表す働きがあります。

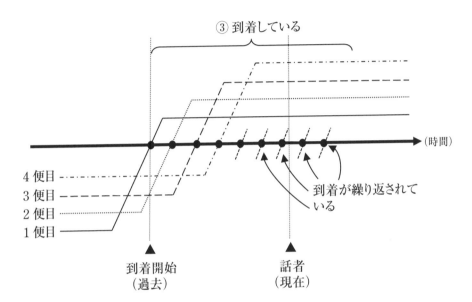

③ 到着している

到着が繰り返されている

4 便目
3 便目
2 便目
1 便目

（時間）

到着開始
（過去）

話者
（現在）

日本語では、どちらの例文も同じ「到着している」ですが、英語の場合、「③実現」の段階なら「be + ing 形」で表し、「⑤結果」の段階なら「have + p.p. 形」で表す必要があります。また、主語の数の違いにも注意が必要です。

電車は（既に）駅に到着し**ている** → 「⑤結果」＝「**have + p.p. 形**」

（○）The train **has arrived** at the station.

（→ 主語は単数形）

電車は駅に次々と到着し**ている** → 「③実現」＝「**be + ing 形**」

（○）The train**s are arriving** at the station one after another.

（→ 主語は複数形）

このように、「③ 実現」の段階が時間的な幅を持たない変化動詞ですが、複数の主語が同じ動作を反復する事で、「③ 実現」の段階を表すことができます。（瞬間動詞の場合には、主語が単数でも反復を表すという違いがあります。）

＊「未来」を表す「be ＋ ing 形」＊

「be ＋ ing 形」が持つもう１つの働きは、未来を表す事です。これは、実際にはまだ実現していない事でも、話し手の心の中では、その準備が着々と進行していると考えているからです (☞ p.409)。（この場合、日本語ではテイル形ではなく、未来を表すル形 (☞ p.139) を使います。）

（○）I **am leaving** for London tomorrow.
　　　私は明日ロンドンに向けて出発する

この用法では、明確に未来を表す副詞が一緒に使われている必要があります。そうでない場合には「③ 実現」の段階を指し、一時的に進行中の行為を表すのが普通です。

（○）Tom **is travelling** abroad next month.
　　　来月、トムは海外旅行をする
（○）Tom **is travelling** abroad.
　　　（現在）トムは海外旅行をしている

また、「雨が降る」などの非意図的な事や、不確かな未来について述べる場合には、「be ＋ ing 形」を使う事はできません。この時には、助動詞の will (☞ p.410) を使う必要があります。

　私たちのチームは次の試合に勝つでしょう
　　（×）Our team **is winning** the next match.
　　（○）Our team **will win** the next match.

発展

<h2 style="text-align:center;">「be + ing 形」の特別な用法</h2>

状態動詞は、単純形で使われるのが基本です（☞ p.177）。しかし、特に「知覚」に関する動詞では、反復の意味で「be + ing 形」が使われる場合があります。

例えば「聞こえる」という動詞の場合、意図的な動作を表す「聞く」という動詞とは違い、何かの音が聞こえている状態そのものを指す言葉です。そのため、この動詞では始まりも終わりも認識されることはなく、「be + ing 形」で使われることは普通ありません。

> 窓から波の音が（私には）聞こえる　（注：「波の音を聞いている」ではない）
>
> （×）I am hearing the sound of waves through the window.
> （○）I hear the sound of waves through the window.

しかし、何か「ゴトッ」という物音がして、しばらくするとまた「ゴトッ」という物音がし、それが断続的に繰り返され、「聞こえる」という状態の始まりだと認識されると、「be + ing 形」を使う事ができます。

> （○）I am hearing strange noises.
> *（さっきから）変な物音が聞こえてきた*

このように「be + ing 形」には、断続的に繰り返される出来事を表す働きがあります。そこから、「見れば見るほど」「何度試しても」「聞くたびに」というようなニュアンスが生まれ、「心理」に関する状態動詞が「be + ing 形」で使われるようになります。（次の表現は強い評価を表しますが、くだけた話し言葉で、特に女性言葉です。）

> （○）I am loving your dress!
> *（見れば見るほど）あなたのドレスってホント素敵ねぇ～！*

また、「be + ing 形」は一時的な出来事を表すため、丁寧な表現になることがあります。これは、話し手の思いが一時的なものであり、仮にその思いが叶わなくても大丈夫であるという、相手に対する配慮が込められるからです。

> （○）We are hoping that you will come to our party.
> *私たちのパーティーに来ていただければと思っているのですが*
>
> （注：　この that の働きについては、220 ページ参照）

日本語では、「～なのですが」や「～ですけれども」のような言葉で文を終わらせることで、丁寧さを出すことができます。これは前置き部分だけを述べて、後に来る部分を相手に察してもらう事によって、依頼内容や質問内容を直接言わずに済ませる手法です。これに近い働きが、この We are hoping... にはあります。

「動詞の段階」と「時間」の組み合わせ

Tom had <u>finished</u> the job before 10 o'clock.

まずは「日本語」の文で考えてみよう

 次の2つの文で、動詞はどの段階を表している？

（○）トムはその仕事を既に終え**ている**

（○）トムはその仕事を 10 時前に終え**ていた**

例文の1番目では、「既に終えている」と言っているので、「⑤ 結果」の段階ですよね。これは、現在までに実現している出来事で、「過去」と「現在」の両方にまたがる時間（☞ p.152）を表します。

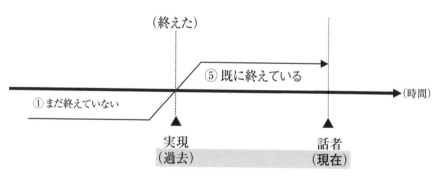

一方、2番目の文では、テイタ形を使っています。テイタ形は、テイル形とほぼ同じ働きをしますが、現在までに実現している事ではなく、**過去の一時点**までに実現していた出来事を表します。つまり、過去の一時点よりも更に前の過去（＝「大過去」と呼ばれます）と過去の両方にまたがる時間を表します。

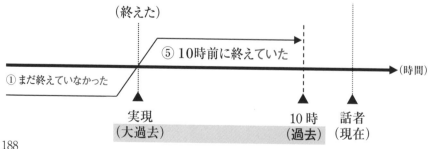

STEP 2 ⇒　「英語」の場合を見てみよう

英語で、「⑤ 結果」の段階を表す日本語のテイル形に対応するのは、「have + p.p. 形」です。一方、テイタ形に対応するのは「had + p.p. 形」です。

(○) Tom **has** already **finished** the job.
　　　トムはその仕事を既に終えてい<u>*る*</u>

(○) Tom **had finished** the job before 10 o'clock.
　　　トムはその仕事を 10 時前に終えてい<u>*た*</u>

このように、動作・状態・出来事などが「どの段階で起こったのか」という情報の他にも、過去・現在・未来のうち「いつ起こったのか」という「時間」も組み合わせて述語動詞 (☞ p.104) はできています。

「have + p.p. 形」は現在完了形と呼ばれますが、これは「現在 (＝時間)」と「完了 (＝段階)」を組み合わせた動詞の形です。(便宜上、本書ではこの組み合わせを、単に「時制」と呼ぶことにします。)　また、「had + p.p. 形」は過去完了形と呼ばれます。

＊様々な「時制」＊

述語動詞 (☞ p.103) は、過去・現在・未来という「時間」と、次の3つの「形」の組み合わせでできています。

　　単純形：　動詞の段階を特定しない　(＝事実関係だけを述べる)
　　　　　　　→　過去形・現在形・未来の表現
　　完了形：　「① 未実現」「④ (実現) 直後」「⑤ 結果」の段階
　　進行形：　「② (実現) 直前」「③ 実現 (中)」の段階

1)　単純形 (☞ p.140)

動詞の段階を特定しないのが単純形です。動詞が表す過去・現在・未来の時間によって、過去形／現在形／未来の表現があります。

過去形：Anna **practiced** the piano yesterday.
アンナは昨日ピアノを練習した

現在形：Anna **practices** the piano every day.
アンナは毎日ピアノを練習する

未来の表現：Anna **will practice** the piano tomorrow, too.
アンナは明日もまたピアノを練習するでしょう
（注： 「～もまた」の意味の too はその前をコンマで区切る）

2） 完了形（☞ p.154）

ある時までに実現している出来事を表すのが完了形です。否定であれば「① 未実現」の段階を表し、肯定であれば「④ 直後」と「⑤ 結果」の段階を表します。過去・現在・未来のいつを基準時にするかで、過去完了形／現在完了形／未来完了の表現があります。

過去完了形：Tom **had finished** the job before 10 o'clock.
トムはその仕事を 10 時前に終えていた

現在完了形：Tom **has** already **finished** the job.
トムはその仕事を既に終えている

未来完了の表現：Tom **will have finished** the job by tomorrow.
トムはその仕事を明日までに終えているでしょう

3） 進行形（☞ p.176）

「be + ing 形」は、「② 直前」と「③ 実現」の２つの段階を表します。進行形と呼ばれますが、「接近（☞ p.181）」も表すので注意が必要です。「時間」との組み合わせで、過去進行形／現在進行形／未来進行の表現があります。

過去進行形：Tom **was sleeping** then.
その時トムは眠っていた

現在進行形：Tom **is sleeping** now.

　　　　　　いまトムは眠っている

未来進行の表現：Tom **will be sleeping** this time tomorrow.

　　　　　　明日の今頃トムは眠っているでしょう

＊「完了形」と「進行形」を複合させた時制＊

次の日本語を英語にしてみます。述語動詞の時制はどうなるでしょうか。

　　（○）アンナは今ピアノを弾いている
　　（○）アンナは2時間ずっとピアノを弾いている

1番目の文では、「今弾いている」と言っているので、「be + ing 形」です。

　　（○）Anna |is playing| the piano now.

　　　　　　　　　↓

　　　　　　「進行中」の動作

この場合、弾くのがいつ始まったかには触れられておらず、単に現在行っている動作を述べているだけです。つまり、「③ 実現」の段階だけを表しています。

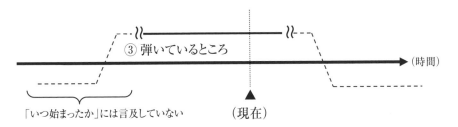

それに対して2番目の文では、「弾く」という行為が2時間ずっと続いていると言っています。つまり、2時間前に始まって現在に至り、しかも未だに

その動作が続いていることを表しています。

そのため、ただ単に現在進行中の動作 (＝「be＋ing形」) というだけでなく、「2時間前の過去」と「現在」がつながりを持っている (＝「have＋p.p.形」) ことを表さなければなりません。

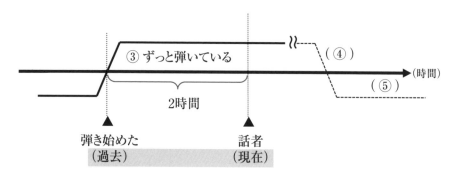

そこで、「have＋p.p.形」と「be＋ing形」の2つを複合させて、「have been＋ing形」を使います。この形を現在完了進行形といいます。

「be＋ing形」＝進行中

(○) Anna **has been** playing the piano for two hours.

「*have＋p.p.形*」＝過去と現在の両方にまたがる時間

この完了進行形にも、過去・現在・未来の3つの時間があります。

過去完了進行形：

Yesterday, Anna **had been playing** the piano for two hours before lunch.

昨日アンナは昼食前に2時間ずっとピアノを弾いていた

現在完了進行形：

Anna **has been playing** the piano for two hours.

アンナは2時間ずっとピアノを弾いている

未来完了進行の表現：

> In 10 minutes, Anna **will have been playing** the piano for two hours.
>
> *あと10分でアンナはピアノを2時間ずっと弾いていることになる*
>
> → 　未来完了進行は複雑なので、普通あまり使われない

＊完了進行形を使う時＊

そもそも完了形とは、ある時までに実現している動作や出来事を表す動詞の形でしたよね (☞ p.165)。肯定文であれば、「④ 直後」と「⑤ 結果」の段階を表すのが、主な働きです。

一方 173 ページでは、完了形に継続・経験・完了・結果の4つの働きがあることを見ました。しかし、この4つのうち、継続の用法は、どこか矛盾しているように思えませんか？　「完了」（つまり、動作の終了後）なのに、「継続」しているだなんて。

それもそのはずで、本来、「継続」の用法とは、完了進行形が持つ働きなのです。ただし、**状態動詞**は進行形にならないので、完了形が「継続」も表すのです。つまり、「完了形の継続の用法」とは、状態動詞や継続性を前提にする動詞 (☞ p.170) だけに当てはまる例外なのです。

継続動詞・瞬間動詞の場合、特定の副詞がなければ、「have + p.p. 形」は完了の意味になるのが基本です。継続を表すには「have been + ing 形」を使う必要があります。（変化動詞に関しては 405 ページ参照。）

(○) The baby **has slept** for 8 hours.

> *その赤ん坊は8時間眠った*
>
> → 　8時間の睡眠の後、今は目を覚ましているというニュアンス

(○) The baby **has been sleeping** for 8 hours.

> *その赤ん坊は8時間眠っている*
>
> → 　今後も眠り続けるというニュアンス

39 受動文

Lupin <u>was cornered</u> by Holmes.

 次の2つの文では、意味にどんな違いがある？

    （○）ホームズはルパンを追い詰め**た**
    （○）ルパンはホームズによって追い詰め**られた**

上の2つの例文はどちらも、名探偵シャーロック・ホームズが、怪盗アルセーヌ・ルパンを窮地に追い込んだ場面を描写しています。

1番目の文では、ホームズがルパンの動きを読んで、ルパンに迫っていく様子が想像されます。一方、2番目の文では、ルパンが逃げ場を失い、焦っていく様子が想像されます。

同じ出来事でも、「追いかけるホームズ」の視点から描写するのか、「逃げるルパン」の視点から描写するのか、という違いがありますよね。つまり、「追い詰める」という動詞の形は、ホームズの動作を描き、**ホームズを主役**にして話が語られています。一方、「追い詰められる」という動詞の形では、ルパンの置かれた状況を描き、**ルパンを主役**にしています。

このように、この「（ら）れる」という助動詞には、話の主役を切り変える機能があります。「話の主役」が変わるということは、「文の主語」が変わるということです。

＜主語＞	＜述語動詞＞
ホームズは	追い詰めた

＜主語＞	＜述語動詞＞
ルパンは	追い詰められた

また、1番目の文では、「ルパンを」と言っているのですから、この「ルパン」
は目的語 (☞ p.26) です。つまり、ホームズが追い詰めた対象です。

＜主語＞	＜目的語＞	＜述語動詞＞
ホームズは	ルパンを	追い詰めた

[追い詰める人]　　[追い詰める対象]
（＝行為をする側）　（＝行為を受ける側）

1番目の例文のように、「文の主語＝行為をする人」になるのが、普通の文です。

＊「文の主語≠行為をする人」＊

一方、1番目の例文では目的語だった「ルパン」という言葉を、主語にして作っ
たのが2番目の文です。この操作によって、話の主役はルパンになりました。
しかしその場合でも、「追い詰める」という行為をする人は、あくまでもホー
ムズですよね。つまり、2番目 の文では、「**文の主語≠行為をする人**」とい
う構図になっています。

動詞の行為をする人ではあるけれども、**文の主語ではない**場合、後置詞の「に
よって」で表します。

＜「文の主語≠行為をする人」の文＞

＜主語＞	＜修飾語＞	＜述語動詞＞
ルパンは	ホームズによって	追い詰められた

（＝行為を受ける側）　（＝行為をする側）

このように、述語動詞に「（ら）れる」という形を持ち、行為を受ける側が
主語になっている文の事を、**受動文**と言います。文字通り、**動作を受ける側
が主語になる文**ということです。

これは、もともと目的語だった言葉を「文の主語」に格上げして、話の主役
としてスポット・ライトを当てた文なのです。

一方、これまで見てきたような、行為をする側が主語になる文は、能動文と言います。これは、動作を能る側が主語になる文という意味です。「能」という字には、「能力」や「有能」という言葉に使われているように、「事をする」という意味があります。

STEP 2 ⇒ 「英語」の場合を見てみよう

＊英語の受動文の作り方＊

英語でも同じ現象が起こります。日本語の「（ら）れる」に当たるのが、「be＋p.p.形」です。（この be は、受動文を表す助動詞（☞ p.108）なので、「～である」などの意味は持っていません。また、人称・数・時間によって変化します。）

英語で受動文を作るには、次のような操作をします。

１） 元の文の目的語を、新しい文の主語の位置に移動させる。

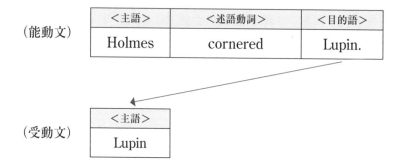

（能動文）

＜主語＞	＜述語動詞＞	＜目的語＞
Holmes	cornered	Lupin.

（受動文）

＜主語＞
Lupin

２） 元の文の動詞を p.p. 形に変え、その前に be を足す。この時に、主語の人称と数、動詞の表す「時間」に合わせて、be を変化させる。

（能動文）

＜主語＞	＜述語動詞＞	＜目的語＞
Holmes	cornered	Lupin.

＜主語＞	＜述語動詞＞
Lupin	**was cornered**

（受動文）

3） 元の文の主語を、新しい文の末尾に移動させる。この時に前置詞の by
を付ける。これによって、動詞の行為をする人ではあるけれども、文
の主語ではないことを表す。

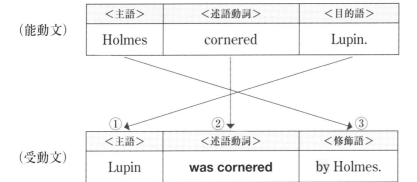

（能動文）

＜主語＞	＜述語動詞＞	＜目的語＞
Holmes	cornered	Lupin.

（受動文）

＜主語＞	＜述語動詞＞	＜修飾語＞
Lupin	**was cornered**	by Holmes.

補足

p.p. 形は多くの場合、過去形と同じ形をしています（☞ p.101）。しかし過去形は、それ1
語で述語動詞になれるので、助動詞を必要としません。つまり、be の後ろに過去形らしき
動詞があった場合、それは過去形ではなく、p.p. 形だと判断しなければなりません。

＊疑問文と否定文＊

疑問文と否定文の作り方は、他の助動詞を使った文の場合と同じです（☞ p.113
- 114）。疑問文は、主語と助動詞の be を入れ替えます。

（○）**Lupin** was cornered by Holmes.

（○）Was **Lupin** cornered by Holmes?
ルパンはホームズによって追い詰められましたか？

また、否定文は、助動詞の be と p.p. 形の間にサンドイッチさせます。

（○）Lupin was **not** cornered by Holmes.
ルパンはホームズによって追い詰められなかった

＊注意が必要な受動文＊

「自動詞＋前置詞」が、他動詞と同じ働きをすることがあります (☞ p.40 ～ p.41)。
この場合には、「自動詞＋前置詞」が１つのまとまりとして、述語動詞になります。

（○）

＜主語＞	＜述語動詞＞	＜目的語＞
Everyone in town	**looked for**	the treasure.

町のみんなが宝物を探した

この文を受動文にすると、自動詞とセットの「前置詞」と、「行為者を表す
by」が隣同士になります。違和感があるかもしれませんが、これで正しい
文です。

（○）

＜主語＞	＜述語動詞＞	＜修飾語＞
The treasure	**was looked for**	by everyone in town.

宝物が町のみんなによって探された

198

> **補足**
>
> ただ単に、自動詞と前置詞が隣同士になっただけでは、必ずしも他動詞の働きをしているとは限りません。下の例では、for a moment という前置詞句が、look（=「注目する」）という自動詞の後ろに続いています。しかし、look と for で 1 つのまとまりを作っているわけではありません。この場合には、目的語がないので、受動文を作ることはできません。
>
> （○）
>
> | ＜主語＞ | ＜述語動詞＞ | ＜修飾語＞ |
> |---|---|---|
> | Everyone in town | looked | for a moment. |
>
> *しばらくの間、町のみんなが注目した*

もちろん日本語と英語は、100％全てが同じではないので、英語の「be + p.p. 形」が、「（ら）れる」という日本語訳に合わないこともあります。（これらの場合については、296 ページで詳しく見ていきます。）

例えば、interested, excited, surprised など、心理を表す表現 （☞ p.296）に多く見られます。これらの表現では、by ではない前置詞が使われることが多いので、辞書で確認することが大切です。

The old man **was disappointed in** his son.
　　　（×）その老人は息子によって失望**させられた**
　　　（○）その老人は息子に失望**していた**

また、動作そのものよりも、その後に続く状態を表している表現でも、「～（ら）れる」という日本語訳が合わないことがあります（☞ p.403）。

Tom **is married** to Anna.
　　　（×）トムはアンナによって結婚**される**
　　　（○）トムはアンナと結婚**している**

The train **is crowded** with many students.
　　　（×）その電車は多くの学生によって混**まれる**
　　　（○）その電車は多くの学生で混**んでいる**

受動文が使える場合・使えない場合

(×) London is visited by me every year.

まずは「日本語」の文で考えてみよう

 次の2つの文で、2番目の文が間違っている理由は？

(○) 毎年私はロンドンを訪れ**ている**
(×) 毎年ロンドンは私によって訪れ**られている**

上の1番目の文は能動文で、それを受動文にしたのが2番目の文です。2番目の文は、言っている意味はわかりますが、もの凄く違和感のある文ですよね。母国語話者がこのように話す事は、現実にはあり得ません。文法的には正しい操作をして作った受動文なのに、どうして間違いなのでしょうか。

STEP 2 ⇒   「英語」の場合を見てみよう

＊いつ受動文を使うのか＊

受動文とは、能動文の語順を敢えて変えて作る文です。そのため、受動文を使うには、それだけの理由が必要になります。それには、次のようなものが挙げられます。

1）　能動文の目的語に、話し手の関心がある

受動文を使う事によって、能動文では脇役だった言葉を、主役に格上げすることができます。これは一般的に、文の主語に話の焦点が絞られるからです。

(○) Lupin **was cornered** by Holmes.
　　ルパンはホームズによって追い詰められた

2）「既知情報→新情報」の流れに合わせる

次の例で、文の後半部分に（△）が付いているのは、何か文法的な間違いがある訳ではありません。ただ、「既知情報→新情報」という情報の流れ（☞ p.130）に合っていないのです。そのため、文の前半部分とのつながりが不自然になります。どちらの文も内容的には、全く同じことを言っていますが、文体的に受動文のほうが好まれます。

> 私のお気に入りの本の１冊はハムレットであり、
> 　　（△）シェイクスピアがハムレットを書いた
> 　　（○）ハムレットはシェイクスピアによって書かれた

One of my favorite books is Hamlet and
　　（△）Shakespeare **wrote** Hamlet.
　　（○）Hamlet **was written** by Shakespeare.

3）行為者を述べない場合

行為者を、わざわざ述べる必要がない時には、受動文が好まれます。それには次のような場合が考えられます。

- ・行為者が特定されていない
- ・漠然とした一般の人を指す
- ・前後の文脈から、言わなくても明確である
- ・一人称を使うのを避けて、客観的な文を作る

このような場合には受動文を使い、行為者（= by で表される前置詞句）は省略することができます。（下の（△）は、文法的に間違ってはいないものの、不自然な文であることを表しています。）

> （△）Somebody **blockaded** this road yesterday.
> 　　　*昨日、誰かがこの道路を封鎖した*
> （○）This road **was blockaded** yesterday.
> 　　　*昨日、この道路は封鎖された*

第２章　動詞と時制

> （△）People **speak** English in many countries.
> 　　*人々は多くの国で英語を話す*
> （○）English **is spoken** in many countries.
> 　　*英語は多くの国で話される*

＊受動文を使わない場合＊

受動文とは、もともと能動文で表現できるものを、敢えてルールを曲げて作った文です。そのため、出来上がった文にそれだけの価値のある情報が含まれている必要があります。

つまり、その情報が受動文の主語の特徴を引き立てて、他の物との違いを浮かび上がらせるだけの力を持っていなくてはなりません。この課の最初に見た例文を、英語訳と一緒にもう一度見てみましょう。

> （×）London **is visited** by me every year.
> 　　*ロンドンは毎年私によって訪れられている*

日本語でも英語でも、文法的に間違ってはいませんが、実際にこのように話す母国語話者はいませんよね。それは、「ロンドンとは、どんな都市なのか？」という聞き手の関心に対して、「私に訪れられている」という情報は、あまりにも些細なことで、聞き手の興味を満足させるには不十分だからです。

つまりこの受動文は、わざわざ基本ルールを曲げてまでロンドンを主語にした文を作った割には、ロンドンの特徴や魅力が伝わらない、無駄骨の表現なのです。そのため、日本語であれ英語であれ、母国語話者はこのような無駄な作業はしません。無意識のうちに、基本通りの能動文を使うことを選ぶのです。

> （○）I **visit** London every year.
> 　　*私は毎年ロンドンを訪れている*

それでは、次の文はどうでしょうか。

(◯) London **is visited** by many foreign tourists every year.
ロンドンは毎年多くの外国人観光客によって訪れられている

今度は、日本語の文に違和感がなく、受け入れられる文になっています。これは、ロンドンを主語にして文を作っても、その作業に見合うだけの価値ある情報が文に含まれていると、私たちは認識するからです。(この事は英語でも同じです。)

[補足]

日本語では、「私は子供に泣かれた」の様に、自動詞に「～(ら)れる」という助動詞が付くことがあります。これは被害や迷惑などを受ける表現です。しかし英語の「be + p.p. 形」には、このような用法はありません。

(×) I was cried by a child.

＊動詞の意味と受動文＊

1つの動詞が、複数の意味を持つ事はよくあります。そのため、同じ動詞でも用法の違いによって、受動文が作れたり、作れなかったりします。

例えば、下の1番目の文の have は「所有する」という意味で、状態動詞の用法です。一方、2番目の have は「催す、開催する」という意味で、継続動詞の用法です。(日本語では、「ヨットを持っていた」と「ミーティングを持った」という違いになります <small>(☞ p.179)</small>。)

(×) A yacht **was had** by many people in this town.
ヨットがこの町の多くの人によって持たれていた

(◯) A brief meeting **was had** on site by all the members.
簡単なミーティングが全メンバーによってその場で持たれた

＊行為者の有無と受動文＊

受動文では必ずしも行為者を明確に示す必要はありません（☞ p.201）。しかしこの事は、行為者が存在しないという意味ではありません。文中で明示されるかどうかは別にして、何らかの意図をもって行為をする人が存在しなければ、（仮に能動文で他動詞が使われていても）受動文を作ることはできません。

(○) A white dress **suites** Anna very well.
　　　白いドレスがアンナによく似合う

(×) Anna **is suited** very well by a white dress.
　　　アンナは白いドレスによってよく似合われる

発展	間接目的語を使った文 と 受動文

受動文は、述語動詞のすぐ後ろにある目的語を主語にして作ります。「〜に…を」という2つの目的語を取る動詞（☞ p.117）では、動詞のすぐ後ろに来るのは間接目的語です。つまりこの文では、間接目的語を主語にして受動文が作られます。

(○) The mayor **gave** the boy a special prize.
　　　市長は、その少年に 特別な賞を与えた

(○) The boy **was given** a special prize by the mayor.
　　　その少年は、市長によって特別な賞を与えられた
　　　→ 能動文で動詞の直後にある間接目的語（= the boy）が、受動文の主語になっている

同じ文でも、動詞の直後にない直接目的語（= a special prize）を、受動文の主語にすることはできません。

(×) A special prize **was given** the boy by the mayor.

この場合には、前置詞句を使った文を受動文にします。

　　(○) The mayor **gave** <u>a special prize</u> to the boy.

→　(○) <u>A special prize</u> **was given** to the boy by the mayor.
　　　　特別な賞が、市長によって<u>少年に</u>与えられた

また、間接目的語を取る動詞の中には、前置詞句を使って書き換えた時に、for
を取る動詞（☞ p.119）があります。これらの動詞では、能動文で動詞の直後にあ
る間接目的語でも、受動文の主語にできない事が多くあります。

　　(○) A five-star chef **made** Anna <u>a special dish</u>.
　　　　五つ星シェフが、アンナ（のため）に <u>特別な料理を</u> 作った

　　(×) Anna **was made** <u>a special dish</u> by a five-star chef.

この場合には、前置詞句を使った文を使って、直接目的語を主語にした受動文
だけが作ることができます。

　　(○) A five-star chef **made** <u>a special dish</u> for Anna.

→　(○) <u>A special dish</u> **was made** for Anna by a five-star chef.
　　　　特別な料理が、アンナ（のため）に五つ星シェフによって作られた

同じ間接目的語を使った文でも、主語にして受動文を作れるかどうかの違いは、
間接目的語が直接的・全体的な影響を受けるかどうか（☞ p.121）にあります。

give の場合には、賞状かリボンかわかりませんが、何らかの賞を少年が実際に
受け取るので、直接的な影響を受けます。しかし make の場合には、シェフがア
ンナの好みなどを考慮に入れただけです。シェフの配慮が向けられた先がアン
ナではありますが、この事によってアンナ自身が何か直接的な影響を受ける訳
ではありません。

このように、間接目的語を主語にして受動文が作れるのは、間接目的語が直接的・
全体的な影響を受ける場合です。（下の例文は、121 ページで見た文を受動文に
したものです。）

　　(×) Scotland **was sent** the letter by Tom.

　　(○) Scotland **was sent** a message about the referendum by the Queen.
　　　　*スコットランド（全市民）は国民投票についてのメッセージを女王から送ら
　　　　れた*

41 受動文の時制

The gate <u>is being closed</u> by the guards now.

 次の3つの文は、動詞が持つ5つの段階のうち、それぞれ、どの段階のこと?

(○) 毎晩7時に守衛によって門が閉め**られる**
(○) いま守衛によって門が閉め**られている**
(○) 守衛によって門がちょうど閉め**られたところ**だ

受動文でも、「動詞の段階」(☞ p.147) を表す事ができます。日本語であれば、受動を表す「られ」という言葉に、「+る」「+ている」「+たところ」などを組み合わせます。受動文は、「動作を受ける側」を主語にした文だというだけで、時制の考え方は能動文の場合と全く同じです。

英語であれば、受動文を表す「be + p.p. 形」と、「be + ing 形」や「have + p.p. 形」を組み合わせて述語動詞を作ります。

上の1番目の例文では、「毎晩」と言っているので現在の習慣を表しています。これは、単純形 (☞ p.140) の働きですよね。つまり、受動を表す「be + p.p. 形」の be を現在形 (= is) にします。

(○) The gate **is closed** by the guards at 7 o'clock every night.

「be + p.p. 形」(=受動)

2番目の文では、「いま閉められている」と言っているので、「③ 実現」の段階 (=進行中) です。これを英語にするには、「be + p.p. 形」の be を「be + ing 形」にします。

「*be + ing 形*」（＝進行中）

（○）The gate **is** **being** **closed** by the guards now.

「be + p.p. 形」（＝受動）

3番目の文では、「ちょうど閉められたところだ」と言っているので、「④直後」の段階です。英語では、「be + p.p. 形」の be を「have + p.p. 形」にします。

「*have + p.p. 形*」（＝「④ 直後」の段階）

（○）The gate **has** just **be*en*** **closed** by the guards.

「be + p.p. 形」（＝受動）

このように受動文において、動詞の段階が特定される場合、段階を表す「be + ing 形」や「have + p.p. 形」が先に現れ、次に受動を表す「be + p.p. 形」が続きます。

＊助動詞 と 受動文＊

受動文が、助動詞（☞ p.108）と一緒に使われることもあります。下の例では、義務を表す助動詞の must と「be + p.p. 形」が複合されています。この時、must の後ろには動詞の原形が続くので、「be + p.p. 形」の be は原形にします。

（○）The gate **must be closed** by the guards in 10 minutes.
　　10 分後に守衛によって門が閉められなければならない

次の例では、「未来を表す will」と「完了を表す have + p.p. 形」と「受動を表す be + p.p. 形」の3つが一緒に使われています。

（○）The gate **will have been closed** by the guards at this time tomorrow.
　　明日の今頃、門は守衛によって（既に）閉められているでしょう
　　　　　　　（注：この形は複雑なので、実際にはあまり
　　　　　　　使われず、will be already closed で代用される）

「助動詞」と「動詞の変化形」の組み合わせ

He ought <u>to go</u> by taxi.

STEP 1 ⇒
まずは「日本語」の文で考えてみよう

 次の２つの文で、意味に違いはある？

（○）このビルの屋上からなら、打ち上げ花火が**見える**そうだ

（○）このビルの屋上からなら、打ち上げ花火が**見え**そうだ

上の２つの文では、どちらも動詞に「そうだ」という助動詞が付いています。ただし、「見えるそうだ」は、「見えると誰かが言っているのを聞いた」という伝聞を表します。一方、「見えそうだ」は、「見えるだろうという印象を受けた」という様態を表します。このように、同じ助動詞を使っていても、一緒に使われる動詞の変化形が違うと、表す内容が変わることがあります。

STEP 2 ⇒ **「英語」の場合を見てみよう**

この事は英語でも同じです。そのため、「助動詞」と「動詞の変化形」（☞ p.98）の組み合わせは、正しく整理して覚えておく必要があります。

ペアになる助動詞	変化形	働き
法助動詞	＋原形	話し手の意見や認識を表す　（☞ p.109）
do		疑問文・否定文、強調　（☞ p.113 〜 p.114）
be	＋ ing 形	「③ 実現」の段階　（☞ p.174） 「② 直前」の段階　（☞ p.180）
have	＋ p.p. 形	「① 未実現」「④ 直後」「⑤ 結果」の段階 （☞ p.160）
be		受動文　（☞ p.194）
be about	＋ to 原形	「② 直前」の段階　（☞ p.182）

発展　　**to 原形とペアになる助動詞**

話者の意見などを表す法助動詞は、多くの場合、原形と一緒に使われます。ただし中には、「to 原形」とペアになるものがあります。意味は様々なので辞書で確認することが大切です。（以下では、純粋な助動詞でないものも含む。）

have + to 原形
must と同じ意味ですが、must が現在しか表せないのに対して、「had + to 原形」や「will have + to 原形」などの形で、現在以外の時間も表す事ができます。否定には「do not have + to 原形」という形を使い、「～する必要がない」という意味になります。（ちなみに、must の否定形は「～してはいけない」という禁止を表します。）

　（○）You **have** to read this book.　*君はこの本を読まなくてはならない*

ought + to 原形
should と同じ意味を表しますが、should のほうが一般的です。

　（○）He **ought** to go by taxi.　*彼はタクシーで行くべきだ*

used + to 原形
「used + to 原形」は過去の習慣を表します。否定は「did not **used** to 原形」もしくは「did not **use** to 原形」になります。used は「ユース」と発音します。

　（○）I **used** to go to the library.　*私は図書館によく行ったものだ*

be + to 原形
「予定」「義務」「可能」「運命」「意図」など、様々な意味を表すので、辞書で詳しく調べる必要があります。また、形式ばった表現です。

　（○）We **are** to meet at 10 o'clock.　*私たちは10時に会うことになっている*

be able + to 原形
can と同じ意味を表します。助動詞は2つ使うことができないので、can と他の助動詞を一緒に使う時に be able to で代用します。can の否定形は、「～のはずがない」という意味になります。

　（○）You **will be able** to drive soon.　*君はすぐに運転できるようになるでしょう*

be going + to 原形
未来の表現です。ただし「be going + to 原形」は、あらかじめ考えられていた意思や確定的な予定を表すので、とっさの判断や不確定な未来を表すには will を使います（☞ p.410）。また過去形では、その事が実現しなかった事を表します。

　（○）She **is going** to visit her aunt tomorrow.
　　　彼女は明日叔母を訪ねます

　（○）She **was going** to visit her aunt yesterday.
　　　彼女は昨日叔母を訪ねるつもりだった（が、実際には行かなかった）

第 **3** 章

品詞の変換

第3章では、品詞の変換について見ていきます。これは主に、「文」と「動詞」を、どのようにして名詞・形容詞・副詞として機能させるか、という事です。あまり認識されることはありませんが、文法事項の半分は、実はこの変換作業なのです。（残りの半分は「時制」です。）

動詞を
「名詞」に変換する作業 ⇔ 動名詞／（名詞用法の）不定詞
「形容詞」に変換する作業 ⇔ 現在分詞／過去分詞／
　　　　　　　　　　　　　　　（形容詞用法の）不定詞
「副詞」に変換する作業 ⇔ 分詞構文／（副詞用法の）不定詞

文を
「名詞」に変換する作業 ⇔ that 節・疑問詞
「形容詞」に変換する作業 ⇔ 関係代名詞・関係副詞
「副詞」に変換する作業 ⇔ 従属接続詞

名詞化 （=「文」を「名詞」の単位に縮小）

(×) Everybody welcomed the Queen arrived.

STEP 1 ⇒ まずは「日本語」の文で考えてみよう

 次の2つの文で、1番目の文が間違っている理由は？

（×）みんなが**女王が**到着**した**を歓迎した
（○）みんなが**女王の**到着を歓迎した

上の例文はどちらも、「みんなが〜を歓迎した」というのが、文の基本構造です。この「〜を」の部分を目的語（☞ p.26）と言いましたよね。そして目的語になるのは「名詞」でした（☞ p.28）。

1番目の例文が間違っているのは、この目的語の部分（＝ ▨ の部分）に名詞ではなく、「女王が到着した」という別の文が入っているからです。正しくするには、「女王が到着した」という文を、何らかの方法で**名詞の単位に縮小**する必要があります。

そもそも「文」とは、述語動詞（☞ p.101）を含む言葉のまとまりの事です。逆に言えば、**述語動詞がなければ、「文」ではなくなる**のです。今課では、「文」を「名詞」に縮小する方法を見ていきます。

＊対応する「動詞」と「名詞」＊

多くの場合、動詞には対応する名詞があります。例えば、次のようなものを挙げることができます。

喜ぶ　　⇔　喜び
洗う　　⇔　洗浄
到着する　⇔　到着　　　など

動詞と同じ意味を持つ名詞を使えば、文が持つ意味は変えずに、述語動詞をなくすことができます。述語動詞がなければ、もはや「文」ではありません。日本語の場合、まず、動詞を対応する名詞に変えます。次に、主語 ^(☞ p.26)を表す「～が」を、「～の」に変えます。

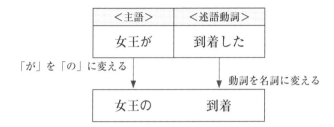

こうして「文」を「名詞」に縮小することができます。（この作業を名詞化といいます。） この「女王の到着」という言葉は名詞なので、**主語・目的語・補語** ^(☞ p.89) **として使える**ようになります。

(○)

＜主語＞	＜目的語＞	＜述語動詞＞
みんなが	女王の到着を	歓迎した

(×)

＜主語＞	＜目的語＞	＜述語動詞＞
みんなが	女王が到着したを	歓迎した

　　　　→　目的語の位置に、述語動詞を含む「文」を
　　　　　　置くことはできない

STEP 2　⇒　「英語」の場合を見てみよう

＊英語での名詞化＊

英語でも、目的語の位置にそのまま文を置くことは基本的にできません。

(×)

＜主語＞	＜述語動詞＞	＜目的語＞
Everybody	welcomed	the Queen　**arrived**. ［主語］　　［述語動詞］

そこで名詞化の作業が必要になります。それには次のような手順があります。

> 1）動詞を対応する名詞にする
>   arrive → arrival
>   （語尾が -al で終わっているが、形容詞ではなく名詞）
>
> 2）「主語」の名詞に、of という前置詞を付ける
>   The Queen → of the Queen
>
> 3）前置詞句は名詞の後ろに置かれるので (☞ p.61)、語順を変える
>
> 4）必要に応じて、名詞に冠詞 (☞ p.42) を付ける
>
>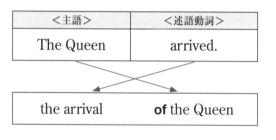

この状態にすれば、主語・目的語・補語として使う事ができるようになります。

(○)

＜主語＞	＜述語動詞＞	＜目的語＞
Everybody	welcomed	the arrival of the Queen.

＊「目的語」を取っている動詞の名詞化＊

例えば、「独立を達成する」と言った場合、他動詞が目的語を取っています。この文を名詞化する場合にも、まず、動詞を対応する名詞に変えて、「目的語」を表す「〜を」を、「〜の」に変えます。こうして、「独立の達成」という名詞化ができます。英語でも同様に、「目的語」の名詞に of を付けて、名詞化します。

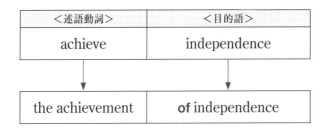

このように、日本語なら後置詞の「の」が、また英語なら前置詞の of が、名詞化した場合の「主語」も「目的語」も表します。主語と目的語の両方を取っている場合には、主語を「's（＝アポストロフィー・エス）」か、もしくは前置詞の by で表します。（197 ページで見たように、by には、動詞の行為を「する側」ではあるが、主語ではないことを表す働きがあります。）

一般的に、人や動物などの生き物や、India のように頭文字が大文字になる名詞（＝固有名詞）が主語の時には、「's」を使います。また、by を使った場合には、of 前置詞句の後ろに置きます。

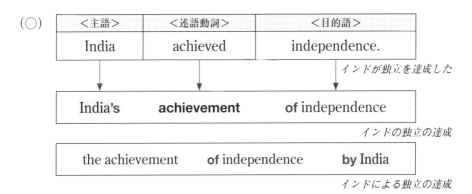

STEP 1 ⇒ **まずは「日本語」の文で考えてみよう**

 次の文を名詞化した表現として、正しいのはどっち？

「ドイツから撤退する」
　　ドイツの撤退
　　ドイツからの撤退

名詞化（☞ p.212）の作業では、文の主語（＝「〜が」）や目的語（＝「〜を」）は、「〜の」に変えます。

（○）女王が到着する　→　女王の到着
（○）独立を達成する　→　独立の達成

一方、「ドイツから撤退する」と言った場合、この「ドイツから」は、主語でも目的語でもありませんよね。そのため、「の」で置き換えることはできません。もし、「ドイツの撤退」と言うと、「ドイツが撤退する」という主語の関係を意味してしまいます。この時には、後置詞の「から」をそのまま引き継いで、「ドイツからの撤退」とします。

STEP 2 ⇒ **「英語」の場合を見てみよう**

英語でも同様に、もとの文で前置詞が使われている場合には、名詞化をしても同じ前置詞が受け継がれるのが基本です。

（○）　　　withdraw **from** Germany.
（○）　＝ withdrawal **from** Germany
　　　　≠ withdrawal **of** Germany

（○）　　　consult **with** a lawyer
（○）　＝ consultation **with** a lawyer
　　　　　弁護士との相談

216

(○)　　　succeed **in** business
(○)　= success **in** business
　　　　ビジネスでの成功

このように、「自動詞＋前置詞」を名詞化した場合、もともと使われていた前置詞は、そのまま受け継がれるのが基本です。

(○) Both parties **agreed on** a date.
　　　日付について双方が同意した

⇔　(○) the **agreement of** both parties **on** a date
　　　日付についての双方の同意

> **補足**
>
> 英語には「自動詞＋前置詞」でセットになって、他動詞のように働くものがあります（☞ p.40）。これらの動詞を名詞化した場合、英語では前置詞がそのまま引き継がれます。しかし、日本語訳では、他動詞を名詞化した時と同じように、後置詞の「の」を取ります。（つまり、前置詞を日本語に訳しません。）
>
> 　apply for the visa　⇔　application for the visa
> 　ビザを申請する　　　　　ビザの申請

＊目的語を後置詞の「に」などで表す動詞＊

英語の他動詞を日本語に訳す時に、目的語を、「～を」ではなく、「～に」と訳す場合があります。56ページで見た例を、もう一度見てみましょう。

The man approached Tom.
　　(×) その男がトム**を**近づいた
　　(○) その男がトム**に**近づいた

英語では、語順で目的語を決めています。他動詞の後ろの名詞が、目的語でしたよね。ただし、「どの言葉が目的語か」は特定しますが、日本語の「を」と「に」の区別（☞ p.56）までは、英語では表しません。しかし、英語にこの区別がない訳ではありません。名詞化された時には、その違いが表面化するのです。使われる前置詞が of ではなく、to など、別の前置詞になります。

The man approached Tom.

　その男がトムに近づいた

　　　　⇔　（×）the man's approach **of** Tom

　　　　　　（○）the man's approach **to** Tom

　　　　　　　　その男のトムへの接近　（→　この approach は名詞）

　　　　　　　　（注：　日本語では「にの」とは言わず、必ず「への」になる）

We discussed the environment.

　我々は環境について議論した

　　　　⇔　（×）our discussion **of** the environment

　　　　　　（○）our discussion **about** the environment

　　　　　　　　我々の環境についての議論

このように、これらの動詞では、見た目には普通に「目的語」を取っています。しかし、名詞化をする時の前置詞は、of ではありません。逆に言えば、名詞化された語句から、元の文を復元する時には、その前置詞を自動的に使える訳ではないのです。resist（＝「抵抗する」）を例に、確認してみましょう。

「主語」と述語動詞の関係

　the resistance **of** the enemies　　⇔（○）the enemies resist

　　敵の抵抗（＝敵が抵抗する）　　　　　　　→　元の文では「主語」

述語動詞と「目的語」の関係

　the resistance **to** the enemies　　⇔（×）resist **to** the enemies

　　敵への抵抗（＝敵に抵抗する）　　　　（○）resist the enemies

　　　　　　　　　　　　　　　　　　　　→　元の文で to を取らない

もちろん、英語と日本語は完全に一致する訳ではないので、これらは全て大まかな原則でしかありません。そのため、辞書を確認する必要があります。

（○）Tom visited Paris.

　　　トムがパリを訪れた

　　　⇔　（×）Tom's visit **of** Paris

　　　　　（○）Tom's visit **to** Paris

　　　　　　　トムのパリへの訪問　（→　この visit は名詞）

> **補足**
>
> 他動詞を名詞化した場合、「's」が主語の関係を表し、of が目的語の関係を表すのが基本です。しかし、名詞によっては、「's」が目的語の関係を表す場合もあります。
>
> the mother's education
>
> *母親の教育* $\Big\{$ (○) 母親が教育すること
> (○) 母親を教育すること

＊形容詞 と 名詞化＊

「形容詞」を名詞化した時にも、「動詞」の場合と同じ関係が見られます。この時にも、基本的には、同じ前置詞が受け継がれます。

(○) Anna was **present** <u>**at**</u> the party.
　　アンナはパーティーに出席していた
　⇔ (○) Anna's **presence** <u>**at**</u> the party
　　　　アンナのパーティーへの出席

(○) My nephew is **independent** <u>**from**</u> his parents.
　　私の甥は両親から自立している
　⇔ (○) my nephew's **independence** <u>**from**</u> his parents
　　　　私の甥の両親からの自立

発展　　　　**リンカーンの演説**

第16代アメリカ大統領のリンカーンが行ったゲティスバーグ演説では、「人民の、人民による、人民のための政治」という名言が生まれました。英語では government of the people, **by** the people, **for** the people となっています。government は、「治める」という意味の動詞 govern を名詞化したものです。government と、of the people は目的語の関係、by the people は主語の関係(☞ p.215)です。また for the people は「～のために」という利益を受ける人を表す修飾語の関係です。つまり、元の文を復元すれば、The people govern the people for the people となり、日本語訳は「人民が人民を人民のために治める」となります。

　　　　　　　　　　　　　　　（注：　解釈の仕方には様々な議論がある）

45　that 節の名詞用法

（=「～（する）こと」の意味の that）

Tom knows **that** the train arrived.

STEP 1　⇒　　まずは「日本語」の文で考えてみよう

 次の２つの文で、１番目の文が間違っている理由は？

（×）トムは電車が到着したを知っている
（○）トムは電車が到着した**こと**を知っている

通常、主語・目的語・補語には名詞がなります。そのため、例文の１番目のように、目的語の位置（=　　　　の部分）に「文」が入ると間違いになります。（文とは、「述語動詞」（☞ p.101）を持つ言葉のまとまりです。）

（×）

＜主語＞	＜目的語＞	＜述語動詞＞
トムは	電車が到着したを	知っている

→　目的語の位置に「文」を置くことはできない

そこで 212 ページでは、名詞化（= １つの文を「名詞」の単位に縮小）する方法を見ました。これは、動詞を同じ意味の名詞に変えて、述語動詞をなくしてしまう方法でしたよね。この方法を使って、上の１番目の例文を書き換えると、次のようになります。

（○）

＜主語＞	＜目的語＞	＜述語動詞＞
トムは	電車の到着を	知っている

→　「文」を名詞化して目的語の位置に置く

この課では、縮小するのではなく、文をそのまま名詞に変換する方法を見ます。「そのまま」とは、述語動詞を残したまま、名詞の働きを持たせるという事です。日本語でその働きをするのが、「こと」という言葉です。

日本語では、文の終わりに「こと」という言葉を足すと、主語・目的語・補語の位置に、そのまま「文」を埋め込むことができるようになります。（「こと」の他にも、「の」を使うこともできる。）

(○)	＜主語＞	＜目的語＞	＜述語動詞＞
	トムは	電車が　到着した　ことを [主語]　　[述語動詞]	知っている

STEP 2 ⇒　「英語」の場合を見てみよう

英語で同じ働きをするのが that です。that を「埋め込む文」の前に置けば、その文を、別の文の目的語の位置に埋め込むことができます。（辞書を引く時には、that の「接続詞」の項目の「名詞節」という部分を見ます。この that に「あれ」や「あの」という意味はありません。）

(○)	＜主語＞	＜述語動詞＞	＜目的語＞
	Tom	knows	**that**　the train　arrived. [主語]　　[述語動詞]

＊語・句・節とは＊

1つの文の中に、別の文が埋め込まれている場合、その埋め込まれた文のことを「節」と呼んで、「文」とは区別します。また、名詞の働きをする節の事を、**名詞節**と呼びます。（語・句・節のそれぞれが、どの品詞の働きをするかによって、名詞・名詞句・名詞節のように区別します。）　この違いは次の通りです。

語：単語1語のこと
句：2語以上の単語の集まりで、述語動詞を含まないもの
節：2語以上の単語の集まりで、述語動詞を含むが、別の文の一部に
　　埋め込まれているもの

英語で、文を名詞節に変換する働きのある言葉は that の他にもあるので、「that ＋ 文」でできている名詞節を、that 節と呼びます。この that 節は名詞の働きをしているので、**名詞用法の that 節**と言えます（形容詞用法 ☞ p.232 / p.242）、（副詞用法 ☞ p.305）。

発展	日本語の「文」と「節」

日本語では、「**文の主語**」には後置詞の「は」を使い、「**名詞節の主語**」には「が」を使います。

       ┌─▶「文」の主語
         └─▶「名詞節」の主語
（○）私は トムが ロンドンに住んでいること を知っている

「こと」の他にも、「の」が同様の働きをします。場合によっては、「という」を足して、「ということ」や「というの」とすることもできます。
    （○）トムは 電車が到着したの を知っている

日本語の**思考**や**伝達**に関する動詞では、引用を表す後置詞の「と」を使います。
    （×）私は 電車が到着したこと を思う
    （○）私は 電車が到着した と思う

＊主語・目的語・補語になる that 節＊

名詞節は、目的語以外にも、主語や補語にもなります。（下の 1 番目の例の understood は形容詞で、「了解済みの」という意味です。また 2 番目の例で too は副詞で、「必要以上に」という意味です。）

   ＜主語になっている例＞

   That we are in the midst of crisis is now well understood.
     我々が危機のまっただ中にいることは、いまや周知の通りだ
       〜米国オバマ大統領の就任演説より〜

   ＜補語になっている例＞

   The problem is **that** he spent too much money.
     問題は彼があまりにもたくさんのお金を使ったことだ

また、名詞は前置詞とも一緒に使えます。しかし that 節が前置詞と一緒に使える場合は限られていて、except that（〜ということを除けば）や in that（〜

という点で）などです。どの前置詞とでも一緒に使える訳ではありません。

（○）This restaurant is good except **that** the price is high.
　　　　値段が高いことを除けば、このレストランは良い

ただし、英語の全ての他動詞が、that 節を目的語に取れる訳ではありません。そのため、that 節を目的語に取れるかどうかは、辞書で確認することが必要です。例えば、delay（＝「遅らせる」）という動詞は、目的語に that 節を取れません。この場合には、「名詞化」の方法を使う必要があります。

　　嵐は電車が到着するのを遅らせた

（×）

＜主語＞	＜述語動詞＞	＜目的語＞
The storm	delayed	**that** the train arrived.

→　日本語文を、文字通りに英語にすることはできない。そこで名詞化をして、「嵐が電車の到着を遅らせた」と考える

（○）

＜主語＞	＜述語動詞＞	＜目的語＞
The storm	delayed	**the arrival of the train.**

補足

日本語とは違い、that 節が目的語になっている時、この that を省略することができます。

　（○）I know that Tom lives in London.
　（○）I know Tom lives in London.
　　　　私はトムがロンドンに住んでいることを知っている

また日本語では、「文」と「名詞節」の主語が同じ場合、名詞節の「主語」を省略できます。しかし英語では、語順で主語を特定するので、省略できません。

　（○）私は**私が**間違っていたことを認めます
　（○）私は　　間違っていたことを認めます

　（○）I admit that I was wrong.
　（×）I admit that was wrong.

「to 原形」と「ing 形」の名詞用法

(=不定詞と動名詞)

Running is my hobby.

STEP 1 ⇒ まずは「日本語」の文で考えてみよう

次の3つの文で、1番目と2番目の文が間違っている理由は？

（×）**私が走る**　　が私の趣味です

（×）**私が走る**<u>こと</u>が私の趣味です

（○）　　　走る<u>こと</u>が私の趣味です

前課では、「文」をそのまま主語・目的語・補語の位置に置くことはできないことを見ました。日本語では、「こと」や「の」などの言葉を補って、名詞節（☞ p.221）に変換する必要があります。しかし、上の2番目の例文では、「こと」を使って名詞節にしているのに間違いです。一方、3番目の文のように、「走る」の主語（=「私が」）をなくすと正しい文になります。これは、どういう事でしょうか。

「文」には、「いつ・どこで・誰が・何を・なぜ・どのように・どうした」という7つの構成要素（☞ p.21）があります。そのうち、「誰が・どうした」という2つの要素（=「主語」と「述語動詞」）は、基本的な「文」が成立するための必要最低条件です。

それに対して、「趣味は何ですか？」と聞かれた場合には、「走る」という一般的な動作を聞き手に伝えることが重要です。「**誰がその動作をするのか**」まで**特定するのは無意味**です。そのため、主語を持つ「文」を使って答えると不適切なのです。

この場合、「文」ではなく、ただ単に「動詞」を名詞に変換する作業が必要になります。日本語では、主語を表さずに、動詞に「こと」や「の」を足します。こうする事で、「動詞」を主語・目的語・補語の位置に置けるようになります。

STEP 2 ⇒ 「英語」の場合を見てみよう

この事は、英語でも同じです。ただし英語の場合、主語を表すことなく「動詞」を名詞に変換するには（動詞が持つ7つの変化形（☞ p.98）のうち）、to

原形か ing 形を使います。これを、to 原形と ing 形の名詞用法といいます。(この2つの違いについては、次課で見ていきます。)

（×）**That** I run is my hobby.

（○）**Running** is my hobby.

動詞の ing 形

多くの場合、原形に -ing を付ければ、ing 形ができます。

speak → speaking　　　　work → working

ただし、語尾によって綴りが変わるものもあります。

1）語尾が「子音字 + e」で終わる動詞：　e を消して -ing を付ける

smile → smiling　　　　make → making

2）語尾が「1母音字 + 1子音字」で終わる動詞：　最後の子音を重ねて -ing を付ける

get → getting　　　　begin → beginning

＊ただし単語の最後にアクセントがない場合は、そのまま -ing を付ける

visit → visiting　　　　enter → entering

3）語尾が「-ie」で終わる動詞：　ie を y に変えて -ing を付ける

lie → lying　　　　die → dying

＊目的語など他の要素を伴う動詞を、「名詞」に変換する場合＊

多くの場合、動詞は、目的語や修飾語など他の要素を伴っています。動詞を名詞に変換する時には、それらの語句も一緒にまとめて扱います。

＜他動詞＞	＜目的語＞
drink	coffee

drink coffee（＝「コーヒーを飲む」）で1つのまとまり

drink**ing** coffee

「コーヒーを飲むの」という名詞に変換して目的語の位置に入れる

（○）

＜主語＞	＜述語動詞＞	＜目的語＞
Tom	stopped	drink**ing** coffee.

トムはコーヒーを飲むのをやめた

第3章

品詞の変換

＊名詞用法の「to 原形」と「ing 形」の注意点＊

1）名詞用法の「ing 形」の中には、building（建物）、meeting（会議）、cooking（料理）のように、動詞の変化形というよりも、既に名詞として受け入れられているものもたくさんあります。

2）名詞用法の「to 原形」や「ing 形」が主語になった場合、述語動詞は三人称単数形を取ります。
   - （○）Seeing **is** believing.
     見ることは信じること　→　百聞は一見に如かず

3）「to 原形」は動詞を名詞に変換する働きがありますが、前置詞とは一緒に使えません。この場合には、「ing 形」だけが使えます。
   - （×）without **to talk**
   - （○）without **talking**
     話すことなしに

   また、間接目的語 (☞ p.116) になれるのも「ing 形」だけです。
   - （×）I gave **to sing** another try.
   - （○）I gave **singing** another try.
     私は歌うことにもう一度挑戦した
     （直訳：歌うことに もう1度の努力を与えた）

4）「to 原形」や「ing 形」を、否定の意味で使うこともできます。その場合には、not を「to 原形」や「ing 形」の前に置きます。
   - **not** to talk　／　**not** talking
     話さないこと

補足

数は少ないですが、(to の付かない) 原形が動詞の目的語の位置にくる場合があります。let go of（〜から手を離す）、make do with （〜で間に合わせる）、make believe（ふりをする）などの熟語です。また、go see（見に行く）など2つの動詞の間の and が省略された形もあります。これらの表現は、理屈抜きに覚えてしまいましょう。

発展　　　　**否定語の位置**

「to 原形」の場合、否定語を使うことで文の意味が曖昧になる恐れがある時には、語順が入れ替わることがあります。下の例は、文の区切り方によって2つの意味に解釈できます。

A key to good health is **not** to sleep a lot.

<解釈1>

<主語>	<述語動詞>	<補語>
A key to good health	is	**not** to sleep a lot.

　　　　健康の秘訣は たくさん寝ないこと だ

<解釈2>

<主語>	<述語動詞>	<補語>
A key to good health	is **not**	to sleep a lot.

　　　　健康の秘訣は たくさん寝ること ではない

このような場合、曖昧さを避けるために、「not + to 原形」は語順を入れ替えて「to not 原形」にします。また、「is not」は短縮形を使います。

<解釈1の場合>

　　(○) A key to good health is to **not** sleep a lot.

<解釈2の場合>
　　(○) A key to good health **isn't** to sleep a lot.

「ing 形」でも同じことが言えますが、否定語と「ing 形」を入れ替えることはできないので、話す時には動詞と否定語の間で少し合間を入れたり、短縮形を使ったりします。

　　(○) The important thing is ｜ **not** spending money.
　　　　重要な事は お金を使わないこと だ

　　(○) The important thing **isn't** spending money.
　　　　重要な事は お金を使うこと ではない

| STEP 1 ⇒ | まずは「日本語」の文で考えてみよう |

 次の２つの文は、正しい文？　間違った文？

彼の夢は有名な俳優になる**こと**です
彼の夢は有名な俳優になる**の**です

日本語の「こと」や「の」は、文や動詞を「名詞」に変換する働きがあります。しかし、この２つは全く同じものではありません。「〜です」や「〜だ」という文では、「こと」しか使えず、「の」は使えません。

| STEP 2 ⇒ | 「英語」の場合を見てみよう |

英語でも同様に、「to 原形」や「ing 形」には、「動詞」を「名詞」に変換する働きがあります。しかしこの２つも、全く同じ訳ではありません。

（○）His dream is **to become** a famous actor.
（×）His dream is **becoming** a famous actor.

ただし、上に挙げた例は、日本語の「の」が英語の ing 形に相当し、「こと」が to 原形に相当する、という意味ではありません。ただ単に、「こと」と「の」では、使える場合と使えない場合がある、という１つの例を紹介したまでです。その事は英語でも同じです。それでは、英語の「to 原形」と「ing 形」の違いについて、次に見ていきましょう。

＊ to 原形と ing 形の基本的な違い ＊

この２つの違いは、大雑把に次のようにまとめられます。

> to 原形： 「未来のこと」「仮想的なこと」「1 回の出来事」
> ing 形： 「過去のこと」「一般的なこと」「永続的な出来事」

例えば、明日の予定のように、まだ実現していない未来のことを言う時には to 原形を使います。一方、趣味のように、1 回の行為ではなく一般的なことを言う場合には ing 形を使います。

私の明日の予定は**映画に行くこと**です
- (○) My plan for tomorrow is **to go** to the movies.
- (×) My plan for tomorrow is **going** to the movies.

私のお気に入りの時間の過ごし方は**買い物をすること**です
- (○) My favorite pastime is **shopping**.
- (×) My favorite pastime is **to shop**.

また、それぞれの動詞は、目的語に to 原形を取るのか、ing 形を取るのかが決まっています。目的語に「to 原形」を取る動詞は、これから何かする事を表すのが特徴です。例えば、want（＝「〜したい」）や decide（＝「〜するのを決定する」）などの動詞では、「何をするのか」という内容はこれからの事で、仮想的です。このような動詞は、目的語に to 原形を取ります。

> 目的語に to 原形を取る動詞には、次のようなものがあります。
>
> | | |
> |---|---|
> | agree （同意する） | choose （決める） |
> | decide （決心する） | expect （期待する） |
> | hope （望む） | learn （できるようになる） |
> | promise （約束する） | wish （〜したいと思う） |
>
> など

一方、目的語に「ing 形」を取る動詞は、既成の事や一般的な事に対する態度を表すという特徴があります。例えば、finish（＝「〜し終える」）や enjoy（＝「〜するのを楽しむ」）というのは、既に「何かをしている」ので、それを終えたり、楽しいという感想を持ったりできるのです。

目的語に ing 形を取る動詞には、次のようなものが挙げられます。

deny （否定する）	enjoy （楽しむ）
excuse （許す）	finish （終える）
mind （気にする）	postpone （延期する）
consider （考える）	

など

＊ to 原形と ing 形の両方を目的語に取る動詞 ＊

1）to 原形と ing 形で、意味に大きな違いのないもの

begin （始める）	cease （やめる）
continue （続ける）	hate （憎む）
like （好む）	start （始める）

など

補足

ただし、これらの動詞でも微妙なニュアンスの違いはあります。例えば、hate to lie （＝「嘘を付くのは嫌だ」）と hate lying の場合、文脈によって、「(何かの事で、これから) 嘘をつかなくてはならないのは気が引ける」という意味と、「(経験上、一般的に) 嘘をつくのは嫌だ」という意味に、使い分ける事も可能です。しかし通常、意味にそれほど大きな違いはありません。

2）to 原形と ing 形で意味の変わるもの

(○) She **remembered to see** him that day.
彼女はその日彼に会うことを覚えていた

(○) She **remembered seeing** him that day.
彼女はその日彼に会ったことを覚えていた

$\left\{\begin{array}{l}\end{array}\right.$ (○) I will not **forget to lend** you money.
  僕は君にお金を貸すのを忘れやしない
(○) I will not **forget lending** you money.
  僕は君にお金を貸したのを忘れやしない

$\left\{\begin{array}{l}\end{array}\right.$ (○) The man **tried to open** the door.
  その男はドアを開けようと努力した
(○) The man **tried opening** the door.
  その男は試しにドアを開けてみた

発展	**もう1つの名詞化**

日本語では、動詞に「こと」や「の」などを付け足すと、その動詞を「名詞」に変換できます。しかし、これらの言葉を付け足さなくても、名詞に変形できる動詞があります。

  遊ぶ　→　遊び　　動く　→　動き　終わる　→　終わり　　　など

これらの語を使ったほうが、動詞に「こと」や「の」を足すよりも、日本語として適切になる場合もあります。

  Playing with fire is dangerous.
   (△) 火で遊ぶことは危険だ
   (○) 火遊びは危険だ

また、動作の開始・継続・終了などを表す動詞では、複合語を作ります。

  They started **to fish** for trout.
   (△) 彼らはマスを釣ることを始めた
   (○) 彼らはマスを釣り始めた　→　「釣り始める」という複合動詞のほうが
              自然
        (注：この trout は複数形。単複同形の名詞)

また、「to 原形」や「ing 形」と、その動詞に対応する「名詞」とでは、「～する」という動的なニュアンスがあるかないかという違いがあります。

$\left\{\begin{array}{l}\end{array}\right.$ a **solution** to the problem
  問題の解決策
solving the problem　／　**to solve** the problem
  問題を解決すること　（＝その行為そのもの）

that 節の形容詞用法①（＝内容節）

（＝「〜という」の意味の that）

Tom has heard the rumor that his friend bought a car.

STEP 1 ⇒ まずは「日本語」の文で考えてみよう

 次の2つの文で、1番目の文が間違っている理由は？

（×）トムは、友人が車を買ったの噂を聞いた

（○）トムは、友人が車を買ったという噂を聞いた

日本語では、文に「こと」や「の」という言葉を足すと、名詞節を作ることができます（☞ p.220）。名詞節とは、別の文の一部（＝主語・目的語・補語の位置）に埋め込まれる部分のことでしたよね。

しかし上の1番目の例文では、「友人が車を買ったの」という名詞節の後ろに「噂」という別の名詞が続いています。名詞を修飾するのは形容詞の働きです。当然、名詞節は形容詞ではないので、他の名詞を修飾することはできません。

一方、2番目の文では、「友人が車を買った」という文に、「という」という言葉を付け足しています。そうすると、「友人が車を買ったという噂」のように、「噂」という名詞を修飾できるようになります。つまり、日本語の「という」には、文を形容詞に変換する働きがあると言えます。こうしてできた形容詞節は、別の文の形容詞の位置に埋め込むことができます。

STEP 2 ⇒ 「英語」の場合を見てみよう

＊「という」と同じ働きをする that（＝内容節）＊

英語では、この日本語の「という」と同じ働きをするのが that です。つまり日本語とは違い、英語では that が「文」を名詞にも形容詞にも変換します。

辞書を調べる時には、that の「接続詞」の項目の「同格」という部分に載っています。（内容節は、同格節とも呼ばれます。）　また、この時の that にも、「あれ」や「あの」という意味はありません。

（注：　「名詞」に説明を加えるのは形容詞の働きであるという観点から、内容節を形容詞節として本書では扱う）

英語の形容詞は多くの場合、他の語句を伴って 2 語以上のまとまりを作ります。この時には、名詞の後ろに置かれるのが基本です（☞ p.63）。例えば、「謎の多い」という意味の full of mystery は、この 3 語で 1 つのまとまりを作るので、名詞の後ろに置かれます。

（☞ p.63）

＜主語＞	＜述語動詞＞	＜目的語＞
Tom	has heard	the rumor full of mystery. 名詞を後ろから修飾

トムは 謎の多い（その）噂を聞いている

英語で文を形容詞に変換するには、文の前に that を置きます。こうしてできた形容詞用法の that 節を、名詞の後ろに置きます。ちょうど上の英文の形容詞句 full of mystery の位置に、この節を埋め込みます。

＜主語＞	＜述語動詞＞	＜目的語＞
Tom	has heard	the rumor **that** his friend bought a car. 名詞を後ろから修飾

トムは 友人が車を買ったという 噂を聞いている

修飾関係の現れ方の違い

「名詞を、後ろから修飾する」とは、「形容詞が、名詞の後ろに置かれる」と言うのと同じことです。それではなぜ、一々そんな断り書きをするのかと言うと、日本語と英語で修飾関係の現れ方に違いがあるからです。

日本語では横書きの場合、文の「左」から「右」に修飾関係が現れます。つまり必ず、「修飾をする言葉」→「修飾を受ける言葉」の語順で並びます。しかし英語では、必ずしも左から右に修飾関係が現れるとは限らず、上の例文のように、「修飾を受ける言葉」→「修飾する言葉」の順番に文中で現れることもあるのです。

このような場合、日本語を母国語とする私たちからすると、「一度、後ろ（＝右）まで読んでから、再び前（＝左）に戻って読み直す」という作業をしないと、修飾関係を正しく把握できません。

その事を表したのが、「右（＝後ろ）」から「左（＝前）」方向の矢印であり、「名詞を後ろから修飾する」という言葉の意味なのです。つまり、日本語に訳す時には、後ろの部分を先に訳してから、前の部分を訳すということです。

＊形容詞節を含む英文を訳す手順＊

1）that 節以外の部分を訳す

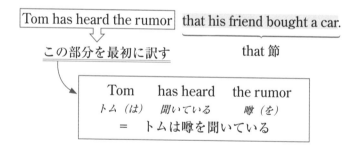

2）that 節の内容を訳す

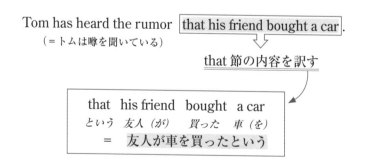

234

3）that 節の前にある名詞（＝修飾を受ける名詞）を確認し、その名詞の日本語訳を見つけます（例外 ☞ p.236 〜 p.237）。

Tom has heard **the rumor** that his friend bought a car.

「噂」

4）これまでの工程で得られたのが、次の３つです。

> ・ that 節以外の部分 （＝１）
> 　　トムは噂を聞いている
> ・ that 節の内容 （＝２）
> 　　友人が車を買ったという
> ・ 修飾を受ける名詞 （＝３）
> 　　　噂

5）that 節以外の部分の日本語訳（＝１）の中から、修飾を受ける名詞の日本語訳（＝３）を見つけます。

> ・ that 節以外の部分 （＝１）
> 　　トムは 噂 を聞いた
> 　　　　　└that 節の修飾を受ける名詞 （＝３）

6）修飾を受ける名詞の前に、that 節の内容の日本語訳（＝２）を挿入します。

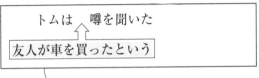

トムは 噂を聞いた
友人が車を買ったという

＝トムは友人が車を買ったという噂を聞いた

英文が短かったり、単純な構造をしている時には、このような手順を踏まなくても正しい和訳ができるかもしれません。しかし、文が長く複雑になった時には、この手順に沿って訳すことで、誤訳を防ぐことができます。

補足

日本語では、「文」全体の主語（＝上の例であれば「トム」）には後置詞の「は」を付け、「節」の主語（＝「友人」）には「が」を付けるのが基本です（☞ p.222）。
　（○）トムは友人が車を買ったという噂を聞いた

＊内容節を取る名詞＊

内容節が、どの名詞を修飾しているかを判断する時に、1つ手助けになる事があります。それは、内容節は「車」や「少年」など、具体的な名詞を修飾しないということです。内容節が修飾するのは、抽象名詞に限られます。内容節を取る英語の名詞には、次のようなものがあります。

discovery（発見）	assumption（仮定）	conclusion（結論）
promise（約束）	thought（考え）	instruction（指示）
argument（議論）	explanation（説明）	knowledge（知識）
fear（不安）	suggestion（提案）	decision（決定）
fact（事実）	possibility（可能性）	truth（真実）
rumor（噂）	opinion（意見）	impression（印象）　　など

発展　　　　　　**内容節の注意点**

英語で、that 節が主語の「名詞」を修飾している場合、主語が長くなることを避けるために、that 節が名詞から分離して、文末に移動することがあります。

　（○）The idea was accepted unanimously that we should change our sales strategy.
　　　　我々の販売戦略を変えるべきだという考えが全会一致で受け入れられた

また、修飾を受ける名詞と that 節は、必ずしも隣り合わせになる訳ではなく、他の語句がその間に割り込むこともあります。つまり、that の直前にある名詞が必ずしも、that 節の修飾を受ける名詞だとは限らないという事です。そのため、that 節がどの名詞を修飾しているかは、日本語に訳してみて自分で判断する必要があります。

次の文は、先の例と同じ文ですが、rumor と that の間に from his secretary（＝「秘書から」）という言葉が割り込んでいます。

(○) Tom has heard **the rumor** <u>from his secretary</u> that his friend bought a car.

仮に that 節が直前にある名詞 secretary を修飾していると考えた場合、日本語訳はどうなるでしょうか。p.234 ～ p.235 で紹介した手順に沿って、訳を考えてみます。

1）that 節以外を全て訳す
　　＝トムは噂を秘書から聞いている

2）that 節の内容を訳す
　　＝友人が車を買ったという

3）secretary の日本語訳
　　＝秘書

4）「秘書」という日本語の前に2）の内容を挿入する
　　(×) トムは噂を 友人が車を買ったという 秘書から聞いている

このように、that の直前にある名詞が必ずしも修飾を受ける名詞だとは限りません。そのため、日本語訳を考える時には、どの名詞を修飾しているかを正確に判断することが重要です。その意味で、内容節が修飾するのは**抽象名詞に限られる**というのは、大きな手助けになります。上の例文では、「噂」を修飾しているので、次のように訳します。

(○) トムは 友人が車を買ったという 噂を秘書から聞いている

STEP 1 ⇒ 　まずは「日本語」の文で考えてみよう

次の２つの文で、１番目の文が間違っている理由は？

（×）トムは、<u>アンナにプロポーズした**という**</u><u>公園</u>を覚えている
（○）トムは、<u>アンナにプロポーズした</u><u>公園</u>を覚えている

前課では、「という」を使って、「文」を形容詞に変換する方法を見ました。この「という」には、次の大切な２つの決まりがあります。

---

1 ）この形容詞節（＝内容節）が修飾する名詞は、「車」や「少年」などの具体的な名詞ではなく、抽象的な概念を表す名詞に限られる

2 ）この形容詞節は、修飾を受ける名詞の内容を表していなければならない

上の例文の１番目のように「という」を使うと、公園の内容が「(トムが)アンナにプロポーズした」という事になってしまいます。そのため、言いたい意味はわかりますが、この文にはどこか違和感があるのです。その理屈を知っているかどうかは別にして、日本人が実際にこのように話すことは、まずありませんよね。

この例文の主要な構成要素（＝「誰が・何を・どうした」）を見ると、「トムは公園を覚えている」です。そこに、「トムはどこの公園を覚えているのか」という限定が加えられています。それが「アンナにプロポーズした」という形容詞節の部分です。（この例文では、「文」と「節」の主語が、両方とも同じ「トム」なので、「節」の主語が省略されています。(☞ p.223)）

つまり、話し手が言いたい事は、「アンナにプロポーズした」という出来事が、どこの公園で起こったのかという事です。その場合、日本語では例文の２番

目のように、「という」を使わずに、節をそのまま形容詞の位置に埋め込みます。ある出来事が起こった場所の他、時・理由・方法を限定する場合にも、同じ修飾の仕方をします。

（×）トムは、アンナにプロポーズをした**という**日を覚えている
（○）トムは、アンナにプロポーズをした<u>日</u>を覚えている

（×）トムは、アンナにプロポーズをした**という**理由を覚えている
（○）トムは、アンナにプロポーズをした<u>理由</u>を覚えている

（×）トムは、アンナにプロポーズをした**という**方法を覚えている
（○）トムは、アンナにプロポーズをした<u>方法</u>を覚えている

第３章

品詞の変換

STEP 2 ⇒ 「英語」の場合を見てみよう

＊時・場所・理由・方法を限定する形容詞節（＝関係副詞節）＊

ある出来事が起こった時・場所・理由・方法を限定する形容詞節を作る場合、日本語では「という」を使いません。同様に、英語でも that を使いません。ただし日本語とは違い、ただ単に that を使わないのではなく、that の代わりに他の言葉を使って、「文」を形容詞節に変換します。

ある出来事が起こった時　を限定する場合：	when
ある出来事が起こった場所を限定する場合：	where
ある出来事が起こった理由を限定する場合：	why
ある出来事が起こった方法を限定する場合：	how

この when・where・why・how を関係副詞といいます。これらは、「文」を「形容詞」に変換する働きを持っています。（形容詞節を作るのに、なぜ関係副詞と呼ばれるかについては第 53 課を参照。）　これら wh- で始まる語が作る節のことを wh 節と呼びます。（how も、wh 節にまとめて扱います。）

形容詞節を作る that に「あれ」や「あの」という意味がないのと同様に、これらの when・where・why・how にも、「いつ」「どこで」「なぜ」「どのように」という意味はありません。そのため、英文和訳をする時には、これらの wh 語を**日本語には訳しません**。

<主語>	<述語動詞>	<目的語>
Tom	remembers	<u>the park</u> **where** he proposed to Anna.

トムは、アンナにプロポーズした公園を覚えている

<主語>	<述語動詞>	<目的語>
Tom	remembers	<u>the day</u> **(when)** he proposed to Anna.

トムは、アンナにプロポーズした日を覚えている（→ この when は、普通、省略される）

<主語>	<述語動詞>	<目的語>
Tom	remembers	<u>the reason</u> **(why)** he proposed to Anna.

トムは、アンナにプロポーズした理由を覚えている（→ why も省略するのが普通）

このように英語では、形容詞節の内容が全く同じであっても、修飾を受ける名詞の種類によって、when・where・why を使い分ける必要があります。例えば、year、morning、night、month、time など、出来事が起こった「時」を限定する場合、when を使います。同様に、park、station、town、room など、出来事が起こった「場所」を限定するには where を使います。（ただし how は、名詞と一緒に使いません (☞ p.241)。）

＊修飾を受ける名詞の省略＊

英語の場合、修飾を受ける名詞が「公園」や「日」などの具体的な言葉でなく、漠然と「時」「場所」「理由」「方法」を表している場合には、これらの名詞を省略することができます。それは、後ろに続く when・where・why・how という言葉から、意味が十分に伝わるからです。（wh 語の名詞用法 ☞ p.326）

（○）Tom remembers **when** he proposed to Anna.
　　トムは、アンナにプロポーズした時を覚えている

（○）Tom remembers **where** he proposed to Anna.
　　トムは、アンナにプロポーズした場所を覚えている

（○）Tom remembers **why** he proposed to Anna.
　　トムは、アンナにプロポーズした理由を覚えている
　　　→　修飾を受ける名詞は reason と決まっているので、省略
　　　　するのが普通

（○）Tom remembers **how** he proposed to Anna.
　　トムは、アンナにプロポーズした方法を覚えている
　　　→　how は修飾を受ける名詞（＝ the way）とは一緒に用い
　　　　られず、名詞を省略した形で使う

＊関係副詞の注意点＊

1）where は場所だけでなく、「状況」や「場合」などを表す言葉にも使わ
　れます。例えば、situation（状況）、point（点）、case（場合）などの
　名詞を修飾する時です。

　　（○）I am in a <u>situation</u> **where** I can't sleep at all.
　　　　私は、全く眠れない状況にある

2）関係副詞が省略される場合もあります。

　　（○）I will not forget the <u>day</u> I met him.
　　　　私は彼に会った日を忘れないだろう
　　　　　→　where 以外の関係副詞は、省略されるのが普通

3）when の関係副詞節が、修飾を受ける名詞から離れて文末に移動する場
　合があります。

　　（○）The <u>time</u> ____ will come **when** we can go into space.
　　　　私たちが宇宙に行ける時が来るでしょう

STEP 1　⇒　まずは「日本語」の文で考えてみよう

次の 2 つの文で、形容詞節（＝ ▨▨ の部分）には文法的な違いがある？

（○）トムが育った家は湖の向こうにある

（○）トムが買った家は湖の向こうにある

上の例文ではどちらも、「家」という名詞の前に、主語と述語動詞を持つ節があります（＝ ▨▨ の部分）。名詞の前に置かれているのですから、どちらも形容詞節ですよね。

2 つの形容詞節の中を比べると、違いは、「育った」と「買った」という動詞だけです。ただし、「育った」は、「トムが〜を育った」とは言えないので、目的語を取らない自動詞（☞ p.22）です。一方、「買った」は、「トムが〜を買った」と言えるので、目的語を取る他動詞（☞ p.22）です。つまり、2 つの形容詞節の文法的な違いは、「動詞が、自動詞か他動詞か」ということです。

ここでもう一度、2 番目の例文を見てみましょう。「買った」は他動詞なので目的語を必要とします。しかし、この形容詞節には目的語がありませんね。「トムが買った」だけでは、「何を」の部分が欠落しています。

つまり、この「節」は不完全です。しかし、この「文」全体を聞いても何の違和感も覚えず、正しい文だと認識してしまいます。これは、なぜでしょうか。

「文」を形容詞に変換する方法として、これまでに次の 2 つを見ました。

内容節（☞ p.232）：　　形容詞節が、抽象名詞の内容を説明

関係副詞節（☞ p.238）：　形容詞節が、時・場所・理由・方法を限定

そして３つ目の方法が、今課で見ていく関係代名詞節です。これは、修飾を受ける名詞が、形容詞節と直接的な関係を持っている場合です。

STEP 2 ⇒   「英語」の場合を見てみよう

＊名詞と直接的な関係を持つことを示す that ＊

例文の１番目で、文の主要な構成要素（☞ p.21）は、「その家は湖の向こうにある」という事です。ただし、単に「その家」とだけ言ったのでは、あまりにも漠然としていますよね。そこで、「それはどこの家の話なのか」と、場所を限定するのが、「トムが育った」という形容詞節の部分です。

それでは、この日本語文を英語に訳してみましょう。ある出来事が起こった場所という限定を名詞に与えるのですから、関係副詞節の働きです。英語では where を使って、「トムが育った」という文を形容詞節に変換します。

＜主語＞	＜述語動詞＞	＜必須語＞
The house **where** Tom grew up ▲ └───────────┘ 名詞を後ろから修飾（☞ p.233）	is	across the lake.

トムが育った家は湖の向こうにある

一方、２番目の例文の「トムが買った家」とは、どういう意味か考えてみましょう。これは、「トムが何かの買い物をした場所が家（の中）だった」という意味でしょうか？　もちろん、そうではありませんよね。「トムが家そのものを買った」と言っているのです。

つまり、ある出来事が起こった場所ではなく、その家自体に対して「買う」という直接的な行為をした事を言っています。ある出来事が起こった時・場所・理由・方法を限定しているのではないので、関係副詞は使えません。この場合には、再び that を使って形容詞節を作ります。

＜主語＞	＜述語動詞＞	＜必須語＞
<u>The house</u> **that** Tom bought	is	across the lake.

トムが買った家は湖の向こうにある

形容詞節の部分を見ると、Tom bought となっています。日本語と同様、buy
は他動詞であるにも関わらず、目的語が欠落しています。しかし、これで正し
い英文です。どうしてこのような事が起こるのか、次で詳しく見てみましょう。

＊文の構成要素が欠落している形容詞節（＝関係代名詞節）＊

関係代名詞節とは、もともと１つの文であったものを、変形させて作った修
飾関係です。主語・目的語・補語など、文中で使われている名詞を１つ取り
出して作ります。

取り出した名詞　→　**修飾を受ける名詞**

　　　　　　　　　　（＝英語では「先行詞」と呼ぶ）

後に残った部分　→　**修飾する形容詞節**

名詞を取り出した後に「残った部分」が形容詞節なのですから、他動詞なの
に目的語が欠落しているなど、節の中に何か足りない要素があって当たり前
です。また、もとは１つの文だった訳ですから、修飾を受ける名詞が、形容
詞節と直接的な関係を持つのも当然ですよね。

それでは、どのようにして、この種類の形容詞節が作られるのかを見てみま
しょう。（例文中の下線は、それぞれ「名詞」を表しています。）

　　例文）　<u>ドローン</u>が<u>荷物</u>を<u>その家</u>に配達した

日本語でこの形容詞節の構造を作るには、名詞を１つ取り出して、文末に移
動させれば、この修飾関係が成立します。

（注：　この時、それぞれの名詞と一緒に使われ
ている後置詞は消えて見えなくなる（☞ p.252））

244

1）例文から「ドローン」という名詞を取り出して、文末に移動させた場合：

ドローン が荷物をその家に配達した

荷物をその家に配達した ドローン

＝ 荷物をその家に配達したドローン

　　　　形容詞節　　　修飾を受ける名詞

2）例文から「荷物」という名詞を取り出して、文末に移動させた場合：

ドローンが 荷物 をその家に配達した

ドローンが　　　　その家に配達した 荷物

＝ ドローンがその家に配達した荷物

　　　　　　　形容詞節　　　修飾を受ける名詞

3）例文から「その家」という名詞を取り出して、文末に移動させた場合：

ドローンが荷物を その家 に配達した

ドローンが荷物を　　　　配達した その家

＝ ドローンが荷物を配達したその家

　　　　　　形容詞節　　　修飾を受ける名詞

第3章

品詞の変換

英語でも同じようにして、文中の名詞を1つ取り出して、文を形容詞節に変換することができます。ただし日本語の場合と違う事が2つあります。

1つは、英語の場合、取り出した名詞は、残った文の最後ではなく、先頭に移動させます。2つ目は、名詞を取り出した後で、残った文の最初に that を付け足します。（この that にも「あれ」や「あの」の意味はありません。）

例文） <u>The drone</u> delivered <u>a package</u> to <u>the house</u>.

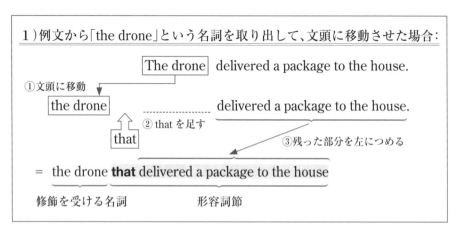

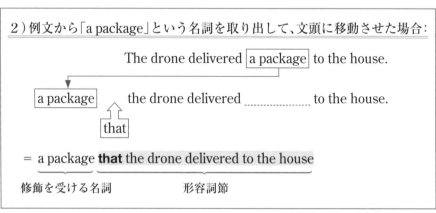

3）例文から「the house」という名詞を取り出して、文頭に移動させた場合：

The drone delivered a package to the house.

the house　the drone delivered a package to _____.

that

= the house **that** the drone delivered a package to

修飾を受ける名詞　　　　　　形容詞節

→　前置詞の to だけが最後に残るので違和感があるかもしれないが、これで正しい
　　表現。あくまでも名詞（句）だけを取り出す

ここで、今課の最初に見た2つの例文を、もう一度比べてみましょう。

（○）The house **where** Tom grew up is across the lake.
　　　トムが育った家は湖の向こうにある

（○）The house **that** Tom bought is across the lake.
　　　トムが買った家は湖の向こうにある

関係副詞（where）を使った1番目の文の特徴：
　　1）形容詞節の中は完全な文　（＝欠落している要素はない）
　　2）「家」は、「どこでトムは育ったのか」という場所を表す
　　3）「家」と形容詞節は、場所の関係でつながっている

関係代名詞（that）を使った2番目の文の特徴：
　　1）形容詞節の中は不完全な文　（＝他動詞 buy の目的語が欠落）
　　2）「家」は、「何をトムは買ったのか」という目的語を表す
　　3）「家」と形容詞節は、目的語の関係でつながっている

名詞節 と 形容詞節

I can't believe the reason he admitted his guilt.

 次の３つの文では、それぞれの節（＝　　の部分）にどんな違いがある？

（○）私は彼が罪を認めた**こと**　　を信じられない
（○）私は彼が罪を認めた**という**噂を信じられない
（○）私は彼が　　認めた　　　　噂を信じられない

例文の１番目は、「私は～を信じられない」というのが、文の基本構造です。この文の「目的語」の位置に、「彼が罪を認めた」という別の文が埋め込まれています。ある文を、別の文の**主語・目的語・補語の位置**に埋め込むためには、日本語では「こと」や「の」を使って、名詞節に変換するのでしたよね（☞ p.220）。つまり、例文の１番目の節（＝　　の部分）は、名詞節です。

同じ「彼が罪を認めた」という文に「という」を足すと、形容詞節（＝内容節）に変換できます（☞ p.232）。形容詞節は、別の文の形容詞の位置に埋め込むための物でしたね。２番目の例文では、「噂」という名詞を修飾して、噂の内容を説明しています。そのため、この節は形容詞節（＝内容節）です。

一方、３番目の節の中を見ると、「何を認めたのか」という目的語が欠落しています。このように、本来必要な要素を削除することで、文を形容詞節（＝関係代名詞節）に変換することもできます（☞ p.244）。この形容詞節も２番目の例と同じように、「噂」という名詞を修飾しています。ただし、噂の内容を説明しているのではなく、噂に対して「彼がどうしたのか」という直接的な行為を述べています。つまり、この節は形容詞節（＝関係代名詞節）です。

＊ that 節の「名詞用法」と「形容詞用法」 ＊

英語の場合には that が、文を「名詞節」にも「形容詞節」にも変換します。

名詞用法の that 節 （= that は、「こと」や「の」と日本語に訳す （☞ p.222））

(○) I can't believe **that** he admitted his guilt.

→ that 節は、believe の目的語になっている

形容詞用法の that 節

内容節 （that は、「という」と日本語に訳す （☞ p.232））

(○) I can't believe the rumor **that** he admitted his guilt.

→ that 節は、名詞の rumor を修飾している

関係代名詞節 （that は、日本語に訳さない （☞ p.246））

(○) I can't believe the rumor **that** he admitted.

→ この that 節も、名詞の rumor を修飾している

名詞用法の that 節の場合、that の前に名詞がありません。（believe という他動詞がある。） 一方、**形容詞用法**の that 節では、that の前に「修飾を受ける名詞」があります。この名詞の有無が、2つの用法の違いの1つです。

＊関係副詞節＊

上の2つの他に、文を「形容詞節」に変換する方法が、もう1つあります。それが関係副詞です。内容節や関係代名詞節と同じように、**名詞を修飾**します。

関係副詞節 （関係副詞は、日本語に訳さない （☞ p.239））

(○) I can't believe the reason **(why)** he admitted his guilt.

私は彼が罪を認めた理由が信じられない

関係代名詞節との違いは、大きく2つあります。関係副詞節では、修飾を受ける名詞が、形容詞節の出来事が起こる時・場所・理由・方法という関係でつながっているという事です。もう1つの違いは、関係副詞節の場合、節の中に不足する構成要素はなく、完全な文になっているという事です （☞ p.242）。

目的語が欠落

(○) I can't believe the rumor **that** he admitted ⬚.

→ 時・場所・理由・方法とは関係ない名詞

(○) I can't believe the reason **(why)** he admitted his guilt.

理由を表す名詞 ◄ （欠落している要素はない）

52　代名詞 と 格

(×) The man saw I.

STEP 1 ⇒　まずは「日本語」の文で考えてみよう

　次の文は、どういう意味？

　　　(大人たちの会話を聞いていた子供が言った言葉)
　　　「その人、僕、見たよ」

上の文は、「僕はその人を見た」という解釈になるのが普通ですよね。しかし、よく考えてみると、これはすごい事です。と言うのも、例文では、「が」や「を」などの後置詞が使われていません。更に、「目的語→主語→述語動詞」の語順で並んでいます。それにも関わらず、文の意味が正しく伝わるのですから…。日本語とは、本当に不思議な言語だと思いませんか？

STEP 2 ⇒　「英語」の場合を見てみよう

英語では、**語順で主語や目的語を決めている**ので、語順を変えると、文の意味が変わってしまいます。27ページで見た例を、もう一度見てみましょう。

　　(○) **Tom** called Anna.　(トムがアンナを呼んだ)

≠　(○) Anna called **Tom**.　(アンナがトムを呼んだ)

それではここで、「僕はその人を見た」という文を英語にしてみます。そして語順を入れ替えてみます。どうなるでしょうか。

　　(○) **I** saw the man.

　　(×) The man saw **I**.

「トム」の例文では、語順を入れ替えた場合、意味は変わっても、文法的に間違いではありませんでした。しかし「僕」の例文では、入れ替えた文そのものが間違いになってしまいます。

これは、**英語には純粋に「私」という意味の単語がないからです。**英語の「I」という代名詞 (☞ p.96) は、「私」という意味ではなく、正確には、主語を表す後置詞の「が」を含んだ、「私が」という意味の言葉なのです。

＊英語の代名詞＊

英語の代名詞には、日本語の後置詞の働きが**既に含まれている**のです。そのため、96 ページで見たよりも、実はずっと数が多くなります。

		単数				複数		
		～が	～の	～を		～が	～の	～を
一人称	私	I	my	me	私たち	we	our	us
二人称	あなた	you	your	you	あなたたち	you	your	you
三人称	彼	he	his	him	彼ら	they	their	them
	彼女	she	her	her	彼女ら			
	それ	it	its	it	それら			
	誰	who	whose	whom	誰ら	who	whose	whom

I や they のように、日本語の後置詞「が」の意味を含んでいる形を、**主格**といいます。主格とは、主語の資格を持つ形という意味です。つまり、代名詞を主語の位置に置くには、「主格」を使う必要があります。

同様に、上の表にある「の」の意味を含む形を所有格といい、主に所有などの関係を表す資格を持つ形です。名詞を修飾する時には、この形を使います。また、「を」の意味を含む形を目的格といい、目的語の資格を持つ形のことです (☞ p.58)。目的語の位置に置くには、この形を使います。

これが、先の英文が間違っている理由です。「I」は主格です。つまり「主語」になる資格は持っていますが、「目的語」になる資格を持っていません。そのため、目的語の位置に置けません。正しくは、「私を」を意味する「me」を使います。

　　（×）The man saw **I**.
　　（○）The man saw **me**.

> **補足**
>
> これまで本書では、英語には日本語の「が」や「を」に当たる言葉はないと説明してきました。しかし、より正確には、「が」や「を」に当たる機能は、（代）名詞の中に既に含まれているのです。そのため、日本語の後置詞のように、単語として目に見える形で表に現れないのです。

関係代名詞 と 格

＊主格の関係代名詞＊

244 ページでは、文から名詞を 1 つ取り出して作る修飾関係を見ました。日本語では、名詞を文末に移動させた時に、一緒に使われていた後置詞が消えて見えなくなります。次の例を見てみましょう。「女優がその少年を褒めた」という文から、「女優」という名詞を取り出して関係代名詞節を作ります（＝その少年を褒めた女優）。それを、「～を私は知っている」という文に埋め込みます。この作業の中で、「女優が」の「が」が、どこかに行ってしまいます。

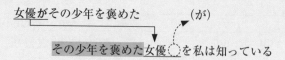

英語でも同じことが起こります。（ただし、英語には「が」や「を」に当たる単語がないので、その変化が日本語のように目には見えません。） 代わりに英語の場合には、「が」や「を」の機能が関係代名詞の that に吸収されます。

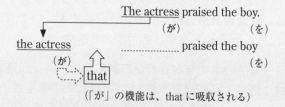

（「が」の機能は、that に吸収される）

→ （○）I know the actress **that** praised the boy.
その少年を褒めた女優を私は知っている

    （→ この that は、「が」の機能を含んでいる）

関係代名詞も、代名詞の一種です。つまり、that に「が」の機能が含まれているという事は、この that は「主格」だという事です。（＝ actress は、元の文では「主語」だった事を表します。） この事が重要な意味を持つのは、that を他の関係代名詞で代用する時です。先行詞（＝修飾を受ける名詞）が「人間」の時には、that よりも who が好まれます。

 （○）I know the actress **that** praised the boy.
= （○）I know the actress **who** praised the boy.

このwhoも関係代名詞で、主格（＝「〜が」の機能）を持っています。関係代名詞なので、このwhoに「誰が」の意味はなく、日本語に訳しません。（今課で見たように、英語では、日本語の「が」や「を」に当たる語が目に見えません。しかし、その機能がない訳ではありません。同様に、日本語にも関係代名詞はありますが、目に見えません。そのため、後置詞がどこかへ行ってしまうように見えるのは、見えない関係代名詞に吸収されるからなのです。）

＊目的格の関係代名詞＊

目的語の名詞を取り出して修飾関係を作れば、thatは「を」の機能を吸収します。つまり、目的格の関係代名詞になります。

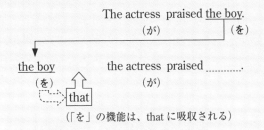

The actress　praised　the boy.
　　　　　（が）　　　　　　（を）

the boy　　　　　the actress　praised ＿＿＿＿＿.
（を）　　　　　　　　　（が）
　　that
（「を」の機能は、that に吸収される）

→　（○）The boy **that** the actress praised is my brother.
　　　女優が褒めたその少年は私の弟です
　　　　　　　（→　この that は、「を」の機能を含んでいる）

thatに「を」の機能が含まれているという事は、**この that** は「**目的格**」です。**先行詞が「人間」の時には、**thatよりも**whom** が好まれます。このwhomも関係代名詞で、目的格を持っています。（このwhomに「誰を」という意味はなく、日本語には訳しません。）

　　（○）The boy **that** the actress praised is my brother.
＝　（○）The boy **whom** the actress praised is my brother.

Tomやmanなどの名詞と同じように、**関係代名詞の that は、主格と目的格で同じ形をしています。**そのため、これまで格を考えずに使うことができました。しかし、whoとwhomの場合には、格の違いが目に見える形で現れるので、どちらを使うのか注意が必要です。

また、「前置詞＋名詞」の名詞は、目的格を取ります。代名詞ならば、例えば、with he ではなく with him です。そのため、「前置詞＋名詞」の名詞を先行詞にした場合、それが「人間」ならばwhomを使います。

（○）I know <u>the student</u> **that** the teacher spoke **to**.
= （○）I know <u>the student</u> **whom** the teacher spoke **to**.
　　　私は<u>先生が話しかけたその生徒</u>を知っている

＊所有格の関係代名詞＊

文から所有格の名詞を取り出して修飾関係を作った場合を見てみます。下の日本語の例では、「少年」という名詞を取り出して、修飾関係を作っています。

　　　　<u>少年の</u>叔母がパリに住んでいる　　　　（の）
　　→　叔母がパリに住んでいる<u>少年</u>◯がフランスについて話した

英語ではこの場合、日本語の「の」に当たる「's」を that が吸収して、whose に変わります。whose は修飾を受ける名詞が、主に「人間」の時に使います。（堅い書き言葉では、人間以外にも使われることがありますが、一般的には不自然に聞こえます。）

　　　　　The boy's aunt lives in Paris.
　　　　　　　（→　that が「's」を吸収して whose に変わる）
→　（○）<u>The boy</u> **whose** aunt lives in Paris talked about France.
　　　　　→　whose に「所有格」の機能が吸収されるため、先行詞の boy には、もう「's」が付かなくなる

＊関係代名詞の注意点＊

1 ）先行詞
　　関係代名詞節は、文中の名詞を１つ取り出し、文頭に移動させて作る修飾関係です。つまり、「取り出して、文の先に移行した名詞」なので、この名詞を**先行詞**といいます。先行詞とは、「修飾を受ける名詞」の事です。

2 ）関係代名詞の <u>which</u>
　　先行詞が人間以外の場合、that の代わりに which を使う事もできます。（この which に、「どちらの」という意味はありません）。

（○）Anna is reading the book **that** Tom bought for her.

＝ Anna is reading the book **which** Tom bought for her.

アンナはトムが（彼女のために）買ってくれた本を読んでいる

3）先行詞と関係代名詞の格

関係代名詞の that は、先行詞が「人間」と「人間以外」の両方で使うことができます。which は、先行詞が「人間以外」の時に使い、who, whom, whose は先行詞が「人間」の時に使います。これをまとめると、次のようになります。（「wh 節（☞ p.239）」には、関係副詞節だけでなく、wh 語で始まる関係代名詞節も含まれます。）

先行詞	＜主格＞	＜目的格＞	＜所有格＞
人間	who	whom	whose
人間以外	which	which	whose
両方	that	that	(whose)

4）「前置詞＋名詞」のセットから名詞を取り出した場合

「前置詞＋名詞」のセットから名詞を取り出した場合、前置詞だけが後に残ります。この前置詞を関係代名詞の前に置くこともできます。ただし、これは書き言葉などの堅い表現です。（また、that の場合には、前置詞を前に置くことはできません（☞ p.261）。）

（○）I know <u>the man</u> **whom** the teacher spoke **to** on the bus.

＝ I know <u>the man</u> **to whom** the teacher spoke on the bus.

私は先生がバスで話しかけた男性を知っている

5）目的格の whom

「人間」が先行詞の場合、目的格には whom を使うのが正式です。しかし、現代の話し言葉では、whom の代わりに who を使うことが普通になっています。（ただし「前置詞＋関係代名詞」の語順で使う時には、who は使えません。）

日本語でも、話し言葉で「すごい嬉（うれ）しい」と言ったりします。しかし「すごい」は形容詞です。本来なら「すごい<u>雨</u>」のように名詞を修飾します。「嬉しい」という形容詞を修飾するには、「すご<u>く</u>嬉しい」のように、副詞を使う必要があります。英語でも日本語でも、母国語話者が文法的に間違った表現を受け入れてしまっている事は、よくあるのです。

下の2つの文で、それぞれ下線部に入る後置詞は何?

少年はいつもの時刻＿＿＿テレビを見た
先生は学生たち＿＿＿話しかけた

上の例文の1番目では、「少年はいつもの時刻にテレビを見た」と言えるので、下線部に入る後置詞は、「に」ですよね。2番目の文では、「先生は学生たちに話しかけた」と言えるので、下線部に入るのは同じく「に」です。

2つの文の下線部に入るのはどちらも「に」ですが、この「に」の働きは同じでしょうか? この事を考える時、「いつ・どこで・誰が・何を・なぜ・どのように・どうした」という文の構成要素 (☞ p.21) を分析することは、良い手助けになります。

上の例文の1番目を、文の要素ごとに仕分けると次のようになり、「いつもの時刻に」の「に」は、「いつ」という副詞の働きをしていることがわかります。

少年はいつもの時刻にテレビを見た

いつ	いつもの時刻に
どこで	
誰が	少年は
何を	テレビを
なぜ	
どのように	
どうした	見た

補足

「いつ・どこで・誰が…」という、文を構成する主要な7つの要素は、文字通りに当てはめるのではなく、柔軟性が必要です。例えば、「誰が」は主語を表しますが、もちろん、物であれば「何が」です。同様に、「何を」は目的語を表しますが、人であれば「誰を」です。

また、動詞の種類によっては、**主語を表す後置詞**として「が」だけではなく、「は」や「には」が使われます（☞ p.27 / p.59）。また、**目的語を表す後置詞**には、「を」の他にも、「に」「と」「が」があります（☞ p.58）。同様に、「いつ・どこで・なぜ・どのように」は修飾語（＝副詞）ですが、これも様々な後置詞を持っています。

そのため、「が」だから主語、と決めつけるのではなく、行為を「する側」なのか「受ける側」なのか、また、時・場所・理由・様態のどれかなど、文中での「機能」を考えることが大切です。

それでは同じように、2番目の例文も要素ごとに仕分けしてみます。

　　先生は学生たちに話しかけた

いつ	
どこで	
誰が	先生は
誰に	学生たちに
なぜ	
どのように	
どうした	話しかけた

「話しかける」という動詞は、「～に近づく」や「～に感謝する」などと同じように、その動作が向けられる方向（＝対象）を、後置詞の「に」で表します（☞ p.56）。つまり、目的語に「を」ではなく、「に」を取る動詞です。そのため、「学生たちに」の「に」は、目的語を表します。

この分析（もしくは理屈）を理解することは、英語の関係詞（＝関係代名詞と関係副詞）を学ぶ上で重要です。この分析ができないと、**関係代名詞と関係副詞の違い**や、**主格と目的格の関係代名詞の違い**などがわからないからです。

STEP 2 ⇒ 「英語」の場合を見てみよう

＊「関係代名詞」と「関係副詞」の見分け方＊

次の例文を見てみましょう。関係詞の部分（＝下線部分）は空欄になっています。どの関係詞を補えば良いでしょうか。

　　（○）The school ＿＿＿＿＿ Anna works was established in 1871.
　　（○）The school ＿＿＿＿＿ Anna saw was established in 1871.

上の例文では、どちらも先行詞は the school で、関係詞節は ___ の部分です。244 ページで見たように、関係代名詞の場合、節の中は、（主語や目的語がないなど）不完全なものになります。一方、関係副詞では、節の中は足りない要素はなく、完全なものになります。それでは、節の中を見てみましょう。

（○）Anna works.
　　→　work は自動詞。主語と述語動詞が揃っている

（×）Anna saw ___ .
　　→　see は他動詞。目的語が不足している

1番目の例文では、節の中に不足している要素はありません。つまり、下線部には関係副詞が入ります。この場合、「どこの学校なのか」という場所を限定する解釈が適切です。そのため、where を選びます。

一方、2番目の例文では、節の中が不完全になっています。つまり、下線部には関係代名詞が必要になります。目的語が不足しているという事は、関係代名詞は目的格でなければなりません（☞ p.253）。先行詞は「人間以外」なので、which か that を選びます。そのため、上の2つの文は次のように完成できます。

（○）<u>The school **where** Anna works</u> was established in 1871.
　　　アンナが働いている<u>学校</u>は 1871 年に創立された
（○）<u>The school **which** Anna saw</u> was established in 1871.
　　　アンナが見た<u>学校</u>は 1871 年に創立された

＊「関係代名詞」と「関係副詞」の違い＊

ここで、今見た2つの例文で、先行詞（＝修飾を受ける名詞）と関係詞節には、どんなつながりがあるかを考えてみます。まず先に、日本語で見てみましょう。

アンナが見た<u>学校</u>
アンナが働いている<u>学校</u>

244 ページで見たように、関係代名詞節は、文から名詞を 1 つ取り出して作っ
た修飾関係です。当然、その名詞を元の場所に戻せば、最初の文が復元でき
ます。また関係副詞節でも、実は同じことができます。

（○）アンナが学校**を**見た
（○）アンナが学校**で**働いている

前ページの日本語の例では、どちらも「学校」という言葉が修飾を受けてい
ます。しかし、元の文を復元した時には、文を構成する 7 つの基本要素のう
ち、どこに仕分けされるかに違いが出ます。その事は、「で」や「を」など、
付け加えた後置詞の違いにも現れていますよね。

いつ	
どこで	
誰が	アンナが
何を	学校を
なぜ	
どのように	
どうした	見た

いつ	
どこで	学校で
誰が	アンナが
何を	
なぜ	
どのように	
どうした	働いている

このように、関係代名詞節も、関係副詞節も、文から要素を 1 つ取り出して
作った事に変わりはありません。ただ、それが名詞なのか、時・場所・理由・
方法という副詞の働きをする要素なのか、という違いだけなのです。そこで
関係詞節の定義（☞ p.243 / p.247）を、次のように書き加えることができます。

関係代名詞節：　ある文から**主語・目的語・補語**などの名詞を 1 つ取り
　　　　　　　　出して作る修飾関係
関係副詞節：　　ある文から**時・場所・理由・方法**などの副詞を 1 つ取
　　　　　　　　り出して作る修飾関係
　　　　　　　　　（ただし日本語の場合、この副詞は、「とても」や「すごく」
　　　　　　　　　のような純粋な副詞ではなく、「**学校で**」のように「**名詞＋後
　　　　　　　　　置詞**」の形で、時・場所・理由・方法を表すもの）

247 ページでは、関係代名詞を使った節の中は不完全だという事を見ました。主語・補語・目的語は、なくては文が成立しない必要不可欠な要素だからです。（ただし、補語や目的語が必要かどうかは、使われている動詞によって決まります。）これらの要素は、もし欠けると、不完全な文になります。

また、同じ 247 ページでは、関係副詞の場合、不足する要素はなく、節の中は完全だという事を見ました。これは、副詞が「なくても文の成立に影響しない修飾語」（☞ p.84）だからです。修飾語とは、あれば、より詳しい説明ができますが、なくても「文」は成立します。そのため、修飾語を取り出した後に「残った部分」を見ても、文自体は完成しているのです。

このように、関係代名詞や関係副詞とは、ある文からどの要素（＝品詞）を取り出して作った修飾関係なのかを表します。取り出す要素が「名詞」か「副詞」か、という違いがあるとは言え、どちらの「節」も、**名詞を修飾する**ことに変わりはありません。

名詞を修飾するのは形容詞の働きなので、どちらも「形容詞節」を作ります。形容詞節とは、その節がどの要素（＝品詞）を修飾する働きをしているかを表します。いきなり、「関係代名詞や関係副詞は、形容詞節を作る」と聞くと（☞ p.239）、「なんで代名詞や副詞が、形容詞なの⁉」と、頭が混乱しそうですが、こういう事なのです。

発展　　　　　　**「関係代名詞」と「関係副詞」の書き換え**

英語の関係代名詞では、252 ページで見たように、取り出した名詞が元々持っていた「格（☞ p.251）」の機能が関係代名詞に吸収されます。

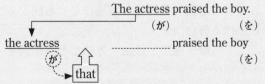

（「が」という格の機能は that に吸収され、主格の関係代名詞になる）

同じ事が関係副詞でも起こります。ただし、この場合には、格の機能は前置詞が担っているので、**前置詞が that に吸収**されます。この時に、関係副詞に変化します。

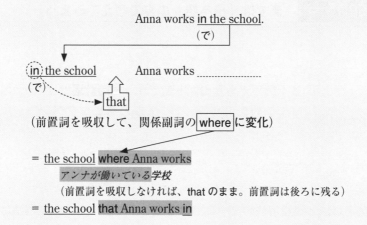

= <u>the school where Anna works</u>
    アンナが働いている学校
      （前置詞を吸収しなければ、that のまま。前置詞は後ろに残る）
= <u>the school that Anna works in</u>

また、that の代わりに which を使った場合、which には前置詞を吸収する能力がありません。そのため、行き場を失った前置詞は、which の前に取り残されます。

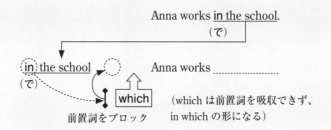

= <u>the school in which Anna works</u>
    アンナが働いている学校
     → that の場合、前に前置詞を置けないので、in that の形は不可

このように関係副詞は、「前置詞 + which」で書き換えることができます（注意点 ☞ p.270）。ただし、どの前置詞を使って書き換えられるかは、今課で見てきたように、先行詞が元の文でどんな働きをしていたのかによって決まります。

STEP 1 ⇒ **まずは「日本語」の文で考えてみよう**

次の２つの文で、形容詞節（＝　　の部分）の働きに違いはある？

（○）多くの観光客がロンドンで訪れる**時計塔**はビッグベンです

（○）多くの観光客がロンドンで訪れる**ビッグベン**はテムズ川の
岸に立っています

形容詞とは、名詞を修飾する言葉です。その働きは、76 ページで見たように、更に限定用法と叙述用法の２つに分けることができます。限定用法は、幾つかある同種類のものの中から、１つを限定する働きをします。叙述用法は、あるものの状態や性質を描写するなど、補足説明を加える働きをします。

同じことが形容詞節にも言えます。この２つの違いを見るために、上の例文から、形容詞節（＝　　の部分）を取り除いてみます。そうすると、どうなるでしょうか。

（×）時計塔はビッグベンです

（○）ビッグベンはテムズ川の岸に立っています

「時計塔はビッグベンです」とだけ言うと、どこか違和感のある文になりますよね。これは、どの時計塔の話をしているのか、という限定がされないため、「世界中にある全ての時計塔はビッグベンだ」とか、「時計塔というものはビッグベンだ」という解釈になってしまうからです。

つまり、「どの時計塔か」が限定されて初めて、１番目の文は正しい文として成立することができるのです。そのため、「この時計塔はビッグベンです」と言ったり、最初の例文にあるような形容詞節を使う必要があります。

それに対して、「ビッグベンはテムズ川の岸に立っています」という文では、何も問題は起こりません。これは、「ビッグベン」が固有名詞であり、世の中に１つしかないものなので、既に限定を受けているからです。

そのため、２番目の例文で形容詞節の部分は、あくまでもビッグベンに対する補足説明にすぎません。決して、ビッグベンが幾つもあって、その１つに限定を加えるという働きをしているのではありません。

このように、見た目にその違いは現れませんが、形容詞節には、いわば限定修飾の用法と、補足説明の用法の２つがあります。（ただし、上の例のように、日本語で形容詞節を取り除いた文が、それだけで成立するかどうかだけで、用法の違いが必ずしも区別できる訳ではありません。）

STEP 2 ⇒ 「英語」の場合を見てみよう

＊英語の関係代名詞の場合＊

英語の関係代名詞にも、「限定修飾」と「補足説明」の用法があります。ただし日本語とは違って、英語の補足説明の用法では、関係詞節をコンマ（＝「,」）で区切ります。そのため、２つの用法の違いは見た目に明らかです。

限定修飾の用法 （コンマで区切らない）：

The clock tower which many tourists visit in London is Big Ben.
多くの観光客がロンドンで訪れる時計塔はビッグベンです

補足説明の用法 （コンマで区切る）：

Big Ben, which many tourists visit in London, stands on the bank of the Thames River.
多くの観光客がロンドンで訪れるビッグベンはテムズ川の岸に立っています

（注： 限定修飾の用法は、一般的に「限定用法」もしくは「制限用法」と呼ばれる。一方、補足説明の用法は、「継続用法」や「非制限用法」と呼ばれる。しかし本書では、限定修飾の用法・補足説明の用法という用語を使う）

補足説明の用法で使われる関係詞節では、先行詞が**固有名詞**であったり、一般的に１つしかないと考えられる物や、**文脈から特定**できる物である事が多いです。

ただし、補足説明の用法で that は使えないので、注意が必要です。
> (×) Big Ben, **that** many tourists visit in London, stands on the bank of the Thames River.

＊英語の関係副詞の場合＊

関係副詞にも、「限定修飾」と「補足説明」の２つの用法があります。しかし、補足説明の用法があるのは when と where だけです。

> 限定修飾の用法　（コンマで区切らない）：
> (○) Tom entered **the room** where Anna was playing the piano.
> *トムはアンナがピアノを弾いている部屋に入った*

> 補足説明の用法　（コンマで区切る）：
> (○) Tom entered **the room**, where Anna was playing the piano.
> *トムがその部屋に入ると、アンナがピアノを弾いていた*
>
> （訳し方については次ページ参照）

＊文全体に対してコメントを述べる働き＊

関係代名詞の補足説明の用法には、１つの名詞ではなく、前に現れた文全体に対してコメントを述べる働きもあります。日本語では、「そしてその事は…」のように訳されることが多いです。

> (○) Tom went to his office by taxi today, **which** is unusual for him.
> *今日トムは事務所にタクシーで行ったが、それは彼には珍しい事だ*

また、会話などでは、相手の言った内容を受け継いで話を展開させる時にも
使われます。

Anna： I bought this French wine yesterday.
昨日このフランス産ワインを買ったの

Tom： **Which** reminds me of the time (when) we visited the vineyard in
France.
それを聞くと僕たちがフランスのブドウ園を訪れた時のことを思い出すよ

第３章
品詞の変換

＊「補足説明の用法」の訳し方＊

補足説明の用法は、日本語では挿入文や、接続詞で結ばれた別の文のように
訳すことができます。その時には、必要に応じて何らかの言葉を補います。
主に、次のように訳すことができます。

１）挿入文として割り込ませる

Big Ben, which many tourists visit in London, stands on the bank of
the Thames River.
*ビッグベンは、多くの観光客がロンドンで訪れるのだが、テムズ川の岸に立って
いる*

２）「〜して、…する」

Tom received a message, which he responded to immediately.
トムはメッセージを受け取ると、すぐに返信した

３）「〜なので、…する」

That photo, which was taken by a professional, was really powerful.
プロによって撮られたので、あの写真は本当に迫力があった

４）「〜なのに、…する」

The boy, who is all well, is still absent from school.
その少年は、すっかり元気なのに、未だに学校を休んでいる

STEP 1 ⇒　まずは「日本語」の文で考えてみよう

 次の２つの文で、「会った」と「書いた」の主語は、それぞれ誰？

（○）私が昨日**会った**学生はその老人に手紙を**書いた**

（○）その学生は私が昨日**会った**老人に手紙を**書いた**

上の例文では両方とも、「会った」のは「私」で、「書いた」のは「学生」です。文の本体と、形容詞節を分けると、次のようになります。

　　＜１番目の文＞

　　　　文の本体：　　　　<u>学生</u>はその老人に手紙を書いた

　　　　形容詞節：　<u>私が昨日会った</u>

　　＜２番目の文＞

　　　　文の本体：　その学生は　　　　<u>老人</u>に手紙を書いた

　　　　形容詞節：　<u>私が昨日会った</u>

日本語では、文の主語には後置詞の「は」を使い、節の主語には後置詞の「が」を使うのが基本です（☞ p.222）。そのため、どちらの文でも、文の主語は「学生（は）」で、節の主語は「私（が）」です。

それでは今度は、文の述語動詞と、節の述語動詞は何でしょうか。日本語では、**文末にある動詞が文の述語動詞**です。そのため、どちらの例文でも、「書いた」が文の述語動詞です。一方、**動詞の後ろに名詞が続く場合**、それが節の述語動詞です。１番目の例文では「会った（学生）」、２番目では「会った（老人）」となっているので、「会った」は、節の述語動詞です。

つまり、上の例文ではどちらも、文本体の主語と述語動詞は、「学生は＋書いた」です。その一部に「私が＋会った」という形容詞節が、**異なる場所に埋め込まれている**のです。仮に、後置詞の「は」と「が」を入れ替えてしまうと、文は成立しなくなります。

（×）私**は**昨日会った学生**が**その老人に手紙を書いた

（×）その学生**が**私**は**昨日会った老人に手紙を書いた

STEP 2 ⇒ 「英語」の場合を見てみよう

＊英語の「文の述語動詞」と「節の述語動詞」＊

英語では、日本語と違って、文の述語動詞は文末に現れるというような規則はありません。そのため、1つの文に2つ（以上）の動詞がある場合、どれが文の述語動詞で、どれが節の述語動詞なのかを的確に判断しなくてはなりません。

その判断の手助けをしてくれるのが、関係詞です。次の英文を見てみましょう。

（○）The student <u>whom</u> I **met** yesterday **wrote** a letter to the old man.

（○）The student **wrote** a letter to the old man <u>whom</u> I **met** yesterday.

上の例文からわかるように、関係詞の後に現れる最初の動詞が、「節」の述語動詞です。こうして文の本体と、その中に埋め込まれている節を区分けすることができます。あとは234〜235ページで見た訳し方の基本手順に従って和訳をしていくことができます。ここでも重要な事は、例えば、上の1番目の英文を、「私は昨日学生に会って、老人に手紙を書いた」のようなコジツケをしない事です。

＊関係詞節内の挿入語句＊

次の例文を見てみましょう。目的格の関係代名詞節 <small>（☞ p.253）</small> が埋め込まれています。

（○）<u>The man</u> **whom** she respects is her father.
  彼女が尊敬している<u>男性</u>は父親だ

この文に、次の日本語のような付け足しを加えてみます。

（○）彼女が尊敬していると私が思う男性は父親だ

この場合、英語では関係詞の後ろに挿入語句が置かれます。

（○）The man whom **I think** she respects is her father.
> → これは、I think that she respects the man. という文から the man という名詞を
> 取り出して作った修飾関係。that が省略されている

補足

このような挿入に使われるのは、次のような動詞が挙げられます。
hear, think, believe, fear, find, know, remember　　　　　　　　　など

関係代名詞が主格（☞ p.252）の場合には、動詞が2つ続く事になるので違和感があるかもしれませんが、これで正しい形です。

（○）She called the man **who** bought this house.
　　彼女はこの家を買った人に電話した

（○）She called the man who **I think** bought this house.

　　彼女はこの家を買ったと私が思う人に電話した

➤ 動詞が2つ並ぶ

あくまでも、who bought の間に、I think が割り込んで来ているので、このような形になります。

その他、話し手の「判断」や「反応」を表す副詞なども、関係詞の後ろに挿入されます。この場合、コンマで区切られるのが普通です。

（○）The man whom, **consequently**, she respects is her father.
　　必然的に、彼女が尊敬している男性は父親だ

＊関係詞の省略＊

限定修飾の用法で使われている関係詞は、しばしば省略されます。

1） 関係副詞の場合、where 以外の関係副詞は、省略されるのが普通です。
（where は、特にくだけた会話で省略される場合もありますが、一般的には省略しません。）

　（△）I will not forget **the morning when** my son was born.
　（○）I will not forget **the morning** my son was born.
　　　私は息子が生まれた朝を忘れないだろう

2） 目的格の関係代名詞は、普通、省略できます。

　（○）**The man whom** she respects is her father.
　（○）**The man** she respects is her father.

> 補足
> ただし、関係詞の後ろに副詞などが挿入されてコンマが置かれた場合には、目的格であっても省略できません。
> 　（○）<u>The man</u> whom, consequently, she respects is her father.
> 　（×）<u>The man,</u> consequently, she respects is her father.

3） 主格の関係代名詞は省略できないのが普通です。

　（○）She called **the man who** bought this house.
　（×）She called **the man** bought this house.

＊関係詞の書き換えができない場合＊

「前置詞＋関係代名詞」は、関係副詞で書き換えられる場合があります。それは、先行詞と関係詞節が、時・場所・理由・方法という「副詞」の関係で結ばれている場合です。

   （○）the room **which** the boy watched the TV **in**
= （○）the room **in which** the boy watched the TV
= （○）the room **where** the boy watched the TV
     少年がテレビを見た部屋

しかしこれは、「前置詞＋関係代名詞」が「関係副詞」と自動的に書き換えられるという意味ではありません。「副詞」の関係で結ばれていない場合には、書き換えることはできません。次の例を見てみましょう。

   （○）the room **which** the boy is interested **in**
     少年が興味のある部屋

この例では、the boy is interested in ～という文が元になっています。これは、「少年が何に興味があるのか」という興味の対象を、前置詞の in で表しています。決して、少年が何かに興味を持った場所が「その部屋（の中）」だったのではありません。

この in は、場所を表していないので、前置詞を関係代名詞の前に置くと、不自然になります (☞ p.276)。当然、関係副詞で書き換えることもできません。

   （△）the room **in which** the boy is interested
   （×）the room **where** the boy is interested

起点と着点

発展

日本語で、後置詞の「から」や「まで」は、それぞれ起点と着点を表し、厳密には場所を表す後置詞ではありません。英語でも同じで、これらは関係副詞で書き換えられません。

The airplane flew away from the airport.
 (○) the airport **from which** the airplane flew away
 (×) the airport **where** the airplane flew away
   飛行機が飛び立った空港

＊その他の注意点＊

1) 関係代名詞の what

what（☞ p.334）には、関係代名詞の働きもあります。これは the thing which と書き換えることができ、「〜する事」や「〜する物」と訳します。

(○) I can't understand **what** he is saying.
 私には彼が言っている事がわかりません

2) 補語の名詞を取り出して作った修飾関係

補語（☞ p.84）として使われ、人そのものよりも、人の性質などを表している時には that を使います。日本語に訳す時には、少し工夫が必要です。また、この that は省略されるのが普通です。

(○) I knew **the man (that)** he was before.
 私は以前の彼を知っていた

3) that が好まれる場合

他の関係代名詞よりも that が好まれる場合があります。ただし、これは絶対的な規則という訳ではありません。

 ・先行詞が first、only、最上級（☞ p.341）などで修飾された場合
 ・nothing など、「-thing」で終わる言葉が先行詞の場合
 ・all、much、little などが先行詞の場合

56　「to 原形」の形容詞用法

（＝不定詞の形容詞用法）

I am looking for a place to work.

STEP 1　⇒　まずは「日本語」の文で考えてみよう

次の２つの文で、１番目の文が間違っている理由は？

（×）私には**私が**寝る<u>時間</u>がない

（○）私には　　　寝る<u>時間</u>がない

> （注：　文中の下線は修飾を受ける名詞
> であることを表している）

上の例文の本体部分は、「私には時間がない」という事ですよね。ただ、「時間」という名詞に、形容詞の働き（＝　　　の部分）がプラスされています。

１番目の文では、「私には私が…」と同じ主語を繰り返しているので、シツコク聞こえますよね。この時の「時間」とは、「誰か別の人」の時間であるはずがなく、もちろん「私」の時間のことです。つまり、誰が寝る時間なのかを特定するのは無駄なのです。そのため、形容詞節の主語を明示せず、単に「寝る時間」とした２番目の文が正しくなります。（224 ページでは、名詞節の主語を明示しない場合を見ました。）

このように、単純に「動詞」を形容詞に変換することが必要になる場合があります。これによって、例えば、「食べる時間」「遊ぶ時間」「本を読む時間」など、誰がするのかには焦点を当てず、単に何をする時間なのかを表すことができます。

STEP 2　⇒　「英語」の場合を見てみよう

英語でこの働きをするのが、7つある変化形（☞ p.98）のうちの「to 原形」「ing 形」「p.p. 形」の３つです。今課では、to 原形について見て行きます。

> **補足**
>
> 「to 原形」「ing 形」「p.p. 形」は、動詞を別の品詞に**変換**したものです。その働きによって、名詞用法・形容詞用法・副詞用法があります。（224 ページでは、「to 原形」と「ing 形」の名詞用法を見ました。） これらの変化形は、それ１語だけでは述語動詞になれません。述語動詞として使うには、助動詞とセットにする必要があります（☞ p.208）。

272

＊「関係副詞」と「to 原形」＊

形容詞節の「主語」を表す必要がない場合、「to 原形」を使って書き換えることができます。これは、例えば「寝る時間」「働く場所」「家を買う理由」「そこへ行く方法」など、関係副詞 (☞ p.239) を使って表現できる修飾関係に多く当てはまります。

例えば、ただ単に「働く場所」と言った場合、これは「職場」と言うのと同じことです。「誰が働くのか」を特定する必要はありませんよね。このような場合、英語では「to 原形」を使います。この時、to 原形は、「修飾を受ける名詞」の後ろに置きます。（下の矢印の意味については 233 ページ参照。）

(○) I am looking for a place **to work**.

　　　私は**働く場所**を探している

これに対して、具体的に誰が動詞の行為をするのかを特定する場合には、形容詞節を使って主語を明示します。

(○) I am looking for a place where **my brother** can work .
　　　私は**弟が働ける場所**を探しています　　＜主語＞　　＜述語動詞＞

このように、「形容詞用法の to 原形」と「形容詞節」の違いは、主語を明示するかどうかにあります。

ただし、文の中で「動詞の主語を表さない」ということは、現実世界で「その行為をする人がいない」という意味ではありません。to 原形が表す行為を実際に誰がするのかは、**文脈から判断**します。

(○) I helped my brother in finding a place **to work**.
　　　私は、**働く場所**を弟が見つけるのを手伝った
　　　　（直訳：　働く場所を見つける過程で、私は弟を手伝った）
　　→　働くのは「弟」

＊「関係代名詞」と「to 原形」＊

関係代名詞（☞ p.244）で表される修飾関係でも、同じ事が言えます。つまり、具体的に誰が動詞の行為をするのかを明示する必要がない場合、to 原形を使います。（多くの場合、その行為をするのは、**主節**（☞ p.302）**の主語**や、**不特定の一般の人**ですが、違う事もあるので文脈から判断する必要があります。）

　（○）Tom made a list of <u>things</u> **to do** before the trip.

　　　　　*トムは旅行前に**する**ことのリストを作った*

　（○）Tom made a list of <u>things</u> that | **the children** | should do | before the trip.　　　　　　　　　　　　　　　　　　＜主語＞　　＜述語動詞＞
　　　　　*トムは旅行前に**子供たち**がすべきことのリストを作った*

ただし、関係副詞とは違い、関係代名詞には格（☞ p.251）があります。例えば、主格の関係代名詞とは、「修飾を受ける名詞（＝先行詞）」が、関係代名詞節の主語に当たることを意味しましたよね（☞ p.252）。同様に、「to 原形」でも、「主語の関係」や「目的語の関係」が成立します。

次の例を見てみましょう。to help は他動詞であるにも関わらず、help の目的語が抜けています。これは、関係代名詞であれば、文から目的語の名詞を抜き出して作った修飾関係と同じです（☞ p.253）。そのため、下の１番目の文は、目的格の関係代名詞を使った２番目の文と、書き換えができます。

> 目的語の関係
> 　（○）I have found <u>a person</u> to help.
> 　　　*私は (私が) 手伝える人を見つけた*　（＝「私が**人を**手伝う」という関係）
> 　→　修飾を受ける名詞（＝ a person）は、to help の目的語に当たる。to 原形の行為をするのは主節の主語（＝ I）
> ＝　（○）I have found <u>a person</u> **whom** I can help.

一方、次の文では、to help の**目的語**の位置が、me で埋められています。これは、関係代名詞を使って書き換えれば、主格の関係代名詞を使う場合と同じです。つまり今度の a person は、to help と主語の関係にあります。

主語の関係

(○) I have found <u>a person</u> to help **me**.

　　私は私を手伝える人を見つけた　(=「人が私を手伝う」という関係)

　　→　修飾を受ける名詞（= a person）は、to help の主語に
　　　　当たる。to 原形の行為をするのは a person

= (○) I have found <u>a person</u> **who** can help **me**.

また、「修飾を受ける名詞」と「to 原形」の間に、前置詞の目的語の関係がある場合もあります。

　　(○) I have found <u>a person</u> **whom** I can play tennis **with**.
= 　(○) I have found <u>a person</u> to play tennis **with**.

　　　　私はテニスをしてくれる人を見つけた　(=私が人とテニスをする)
　　　　→修飾を受ける名詞（= a person）は、with の目的語に当たる

発展　　**「副詞」の意味合いが強い名詞・弱い名詞**

time や place など、「いつ・どこで・なぜ・どのように」という副詞の意味合いが強い名詞が to 原形の修飾を受ける場合、関係副詞を使った文を書き換えたのと同じことになります。

　　(○) We are looking for <u>a place</u> **to dance**.

　　= We are looking for <u>a place</u> **where** we can dance.

　　　　私たちは踊れる場所を探している

しかし、副詞の意味合いが弱い名詞では、関係副詞を使った文を書き換えたものだとは認識されません。例えば上と同じ文でも、修飾を受ける名詞が restaurant だと、間違いになります。

(×) We are looking for a restaurant to dance.

restaurant という言葉は、「レストランが開店する」や「レストランを経営する」など、「場所」よりも「物」という、**名詞としての働き**を強く持ちます。そのため、place の場合とは違い、関係副詞を使った文を、to 原形を使って書き換えたのだと断定できないのです。

このような場合は、**前置詞を使って**、restaurant が「物（＝名詞）」ではなく「場所（＝副詞）」であることを明確に示してあげる必要があります。つまり、関係副詞ではなく、「前置詞＋関係代名詞」を使った文 (☞ p.270) を、to 原形を使って書き換えたのと同じにします。

(○) We are looking for a restaurant to dance in.
= We are looking for a restaurant which we can dance in.
　　　私たちは中で踊れる*レストラン*を探している

＊ 「動詞の名詞化」と「to 原形」 ＊

動詞の中には、目的語に「to 原形」を取るものがあります (☞ p.229)。この動詞が名詞化 (☞ p.212) された場合には、その to 原形をそのまま引き継ぐのが基本です。（この時、主語は所有格で表されます (☞ p.215)。）

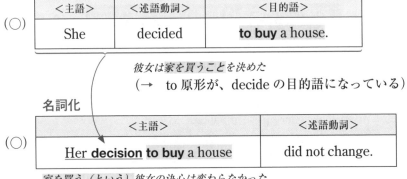

	＜主語＞	＜述語動詞＞	＜目的語＞
(○)	She	decided	**to buy** a house.

彼女は家を買うことを決めた
（→　to 原形が、decide の目的語になっている）

名詞化

	＜主語＞	＜述語動詞＞
(○)	Her **decision to buy** a house	did not change.

家を買う（という）彼女の決心は変わらなかった

ただし、数は極めて少ないですが、名詞化をした時に「to 原形」を受け継がず、「前置詞 + ing 形」を取るものがあります。これらの動詞には、hope、prefer、intend などがあります。

	＜主語＞	＜述語動詞＞	＜目的語＞
(○)	We	hope	**to win** the game.

私たちは試合に勝つことを期待している

名詞化

	＜主語＞	V	＜修飾語＞
(○)	<u>Our hope **of winning** the game</u>	grew	day by day.

試合に勝つ（という）<u>私たちの期待</u>は日に日に高まった

発展

不定詞とは

「食べる物」と「食べ物」は、同じでしょうか。意味の違いについては、ここで触れませんが、文法的にこの 2 つは大きく違います。「食べる」は述語動詞になれる動詞の形なので、主語を取ることができます。下の 1 番目の例文では、「子供たちが食べる」が主語と述語動詞を持つ形容詞節で、「物」という名詞を修飾しています。一方、「食べ」は主語を取れません。

（○）家に子供たちが食べる物がたくさんある
（×）家に子供たちが食べ物がたくさんある

また、「食べる」は述語動詞として機能できるので、時制があります。例えば、「アンナは子供たちが食べた物をメモした」と言えます。しかし、「食べ」に時制はありません。

このように、日本語の「食べ」というのは、主語や時制を取ることができない「動詞の変化形」です。この事は、英語の to 原形も同じです。to 原形も、述語動詞にはなれず、「主語や時制を特定することが不可能な詞」です。そのため、to 原形は**不定詞**とも呼ばれます。

そのため、文法的に言えば、英語の many things to eat は、「たくさんの食べる物」ではなく、「たくさんの食べ物」ということになります。しかし、日本語と英語は 100％ 同じではないので、無理やり日本語訳を当てはめる必要はありません。「家に食べる物がたくさんある」で構いません。

 次の2つの文では、意味にどんな違いがある？

(○) 私は<u>この家に住ん**でいる**人</u>を探している
(○) 私は<u>この家に住ん**でくれる**人</u>を探している

（注： 文中の下線は修飾を受ける名詞
であることを表している）

「住んでいる人」というのは、いま実際にその家で生活している人がいるという**客観的な事実**に基づいた表現です。それに対して「住んで・くれる人」というのは、現在その家で生活している人は誰もなく、**仮想の話**ですよね。

つまり、「住んで・くれる人」とは、ある意味、「誰かに住んでほしい」という話し手の希望を述べただけであって、事実ではありません。このような話し手の意見や認識を表すのは、法助動詞 （☞ p.109） の働きです。

上の2つの例文の違いは、客観的な事実か、話し手の意見や認識を述べているか、の違いです。言い換えれば、法助動詞が使われているかどうかですよね。つまり、「動詞」を形容詞に変換した時に、法助動詞の意味を含むのが to 原形で、客観的な事実を述べるのが ing 形です。

(○) I am looking for <u>a person</u> **living** in this house.
= (○) I am looking for <u>a person</u> who **lives** in this house.
私は、この家に住んでいる人を探している
→ 近所の人に、その家の住人が近くにいないか聞いている状況

(○) I am looking for <u>a person</u> **to live** in this house.
= (○) I am looking for <u>a person</u> who **can live** in this house.
私は、この家に住んでくれる人を探している
→ 大家が、家を借りてくれる人を探している状況

to 原形も ing 形も、「動詞」を形容詞に変換しますが、このような違いがあります。当然、法助動詞の意味を含まない場合に、ing 形は使えません。

（×）I am <u>the person</u> **to need** help.
（○）I am <u>the person</u> **needing** help.
　　　私が助けを必要としている者です
　　　→　日本語でも、「私は助けが必要でなければならない人だ」や、「助けが必要であるべき人だ」など、法助動詞の意味を持たせようとすると、どれも文として不自然になる

> 補足
>
> 文の述語動詞が、「〜がある」という意味を表す have の時や、there 構文（☞ p.344）では、to 原形が**義務**や**必要性**の意味を表すのが普通です。
>
> 　　（○）Tom has <u>some work</u> to do.
> 　　　　*トムにはしなければならない仕事がいくらかある*
> ＝　（○）Tom has to do some work.

＊ ing 形は「主語」の関係だけを表す ＊

to 原形と「修飾を受ける名詞」の間には、主語と目的語の両方の関係が成り立ちます（☞ p.274）。しかし形容詞用法の ing 形は、主語の関係しか表しません。つまり、ing 形で書き換えられるのは、**主格の関係代名詞**を使った節だけです。

（○）I have <u>friends</u> **who** believe in me.
（○）I have <u>friends</u> **believing** in me.
　　　僕には、僕（の能力）を信じている友達がいる　（＝友達が僕を信じる）
　　　→　修飾を受ける名詞（＝ friends）は、believing の主語に相当

（○）I have <u>friends</u> **whom** I believe in.
（×）I have <u>friends</u> **believing** in.
　　　僕には、僕が（能力を）信じている友達がいる　（＝僕が友達を信じる）
　　　→　修飾を受ける名詞（＝ friends）は、in の目的語に相当

* 「動詞の名詞化」と「ing 形」*

276 ページでは、目的語に「to 原形」を取る動詞が名詞化 (☞ p.212) されると、その to 原形は、基本的にそのまま引き継がれることを見ました。

  (○) She decided **to buy** a house.
→ (○) Her <u>decision</u> **to buy** a house did not change.

「ing 形」を目的語に取る動詞 (☞ p.230) では、名詞化された場合、ing 形はそのままではなく、前置詞が必要になります。

  (○) He avoided **driving** in rush hour.
    彼はラッシュ時に運転することを避けた
→ (○) His <u>avoidance</u> *of* **driving** in rush hour was smart.
    彼のラッシュ時の運転の回避は賢かった

* 「形容詞用法の ing 形」を関係代名詞で書き換える時の時制 *

形容詞用法の ing 形は、基本的に「be + ing 形」(☞ p.174) と同じ働きをします。継続動詞・瞬間動詞であれば「③ 実現」の段階 (☞ p.147) を表し、変化動詞であれば「② 直前」の段階を表します。また、一緒に使われる副詞によっては、「未来」や「反復」を表します (☞ p.184)。ing 形を、関係代名詞を使って書き換えれば、述語動詞は「be + ing 形」になるのが基本です。

  (○) I know <u>the man</u> **reading** a book over there.
= (○) I know <u>the man</u> who **is reading** a book over there.
    私はあそこで本を読んでいる<u>男性</u>を知っています

  (○) <u>The train</u> **arriving** next is from London.
= (○) <u>The train</u> which **is arriving** next is from London.
    次に到着する<u>電車</u>はロンドンからです

ただし状態動詞は、基本的に「be + ing 形」にならないので ^(☞ p.177)、関係代名詞を使った書き換えでは、述語動詞を単純形 ^(☞ p.140) にします。

$\begin{cases} = \end{cases}$ (○) That lady **resembling** a famous actress is my sister.

(○) That lady who **resembles** a famous actress is my sister.
　　　*有名な女優に似ている*あの女性*は私の妹です*

発展

「to 原形」と「ing 形」の叙述用法

英語の形容詞には、名詞の前後に置かれる**限定用法**と、動詞を飛び越えて名詞を修飾する**叙述用法**の2つがあります ^(☞ p.77)。to 原形と ing 形の「形容詞用法」でも同じです。これまで見てきたのは全て限定用法です。

補語を取る動詞 ^(☞ p.73) は、形容詞用法の to 原形を補語に取ることがあります。ただし、補語を取る全ての動詞にこの用法がある訳ではないので、辞書を確認する必要があります。

(○) The man seemed happy.
　　　*その男性は*幸せそうに*見えた*

(○) The man seemed to love his wife profoundly.
　　　*その男性は*奥さんを深く愛している*ように見えた*

他にも形容詞には、文の表す出来事が起こった時の「主語の様子」を描写する働きもあります ^(☞ p.372)。形容詞用法の ing 形が、この働きをすることがあります。

(○) The man returned home safe.
　　　*その男性は*無事に*家に戻った*
　　　（＝帰宅時、その男性は無事だった）

(○) The man returned home smiling.
　　　*その男性は*笑顔で*家に戻った*
　　　（＝帰宅時、その男性は笑顔だった）

＊完全に形容詞になっている ing 形＊

英語には、interesting（面白い）や exciting（わくわくさせる）など、完全に形容詞になっている ing 形もたくさんあります。

---

amazing　（驚くべき）	boring　（退屈させる）
disappointing　（がっかりさせる）	charming　（素敵な）
pleasing　（楽しい）	loving　（愛情のある）
terrifying　（ぞっとする）	shocking　（衝撃的な）　など

＊受動を表す「to 原形」と「ing 形」＊

to 原形と ing 形を、受動(☞ p.194)の意味で使うこともできます。その場合には、「to be + p.p. 形」や「being + p.p. 形」になります。

（○）Tom made a list of <u>applicants</u> **to interview**.
　　　トムは（トムが）面接する応募者のリストを作った
（○）Tom made a list of <u>applicants</u> **to be interviewed**.
　　　トムは面接を受ける応募者のリストを作った

（○）<u>The lady</u> **following** that man is a police officer.
　　　あの男を尾行している女性は警察官だ
（○）<u>That man</u> **being followed** is a suspect of some case.
　　　尾行されているあの男はある事件の容疑者だ

to 原形の行為を「する側」に焦点が当たる文では、「能動の to 原形」を使います。特に文の述語動詞が have の時です。（この場合、受動は不可。）

（×）Anna has many <u>things</u> **to be done**.
（○）Anna has many <u>things</u> **to do**.
　　　アンナにはすべき事がたくさんある

また、行為を「受ける側」に焦点が当たる文では、「受動の to 原形」を使います。ただし、日本語では能動のように訳したほうが自然になることが多くあります (☞ p.361)。

(△) The laundry basket is full of <u>clothes</u> **to wash**.

(○) The laundry basket is full of <u>clothes</u> **to be washed**.

洗濯物入れは洗う服でいっぱいだ

| 発展 | 「学ぶ事」と「学ぶこと」 |

日本語の「学ぶ事」と「学ぶこと」の違いをご存知ですか？ ただ、「こと」という字を漢字で書くか、ひらがなで書くかだけの違いに見えます。しかし、漢字で書く「事」は名詞で、**事柄**や**出来事**などの意味です。「見た事を話す」や「大変な事が起こった」のように使います。一方、ひらがなで書く「こと」は、これまで本書で何度と出てきた、「**動詞**」を名詞に変換する働きを持つ言葉です。「歩くことは健康に良い」などのように使い、多くの場合、「の」で書き換えることができます。

それではここで、次の日本語を英語にするとどうなるか、考えてみましょう。

(○) 私には彼から**学ぶ事**がたくさんある

(○) 間違いから**学ぶこと**は大切だ

上の1番目の文は、「学ぶべき事柄がたくさんある」という意味です。「〜すべき」という法助動詞の意味を含み、また「事柄」という名詞で言い換えられます。そのため、**形容詞用法の to 原形**を使って「事（= things）」という名詞を修飾させます（＝目的語の関係）。

(○) I have many <u>things</u> to learn from him.

(= I have to learn many things from him.)

これに対して、2番目の文の「学ぶこと」は、「学ぶ」という行為そのものを指しています。つまり、動詞を名詞に変換する「こと」です。また、1回の行為ではなく、一般的な行為 (☞ p.229) を表しています。そのため、**名詞用法の ing 形**を使って主語の位置に置きます。

(○) Learning from mistakes is important.

「学ぶ事」と「学ぶこと」。ただ単に「こと」という字を漢字で書くか、ひらがなで書くかだけの違いに見えますが、英語にすると、大きな違いがあることがわかります。

58 前置修飾 と 後置修飾
"spoken language" or "language spoken"?

次の3つの文で、2番目の文が間違っている理由は？

（○）老人は**生きている**昔の仲間を探した
（×）老人は**住んでいる**昔の仲間を探した
（○）老人は**ロンドンに住んでいる**昔の仲間を探した

なぜ、「生きている仲間」とは言えるのに、「住んでいる仲間」には違和感を覚えるのでしょうか。また、同じ「住んでいる」でも、「ロンドンに住んでいる仲間」のように、他の言葉を足すと正しくなるのは、どうしてでしょうか。

形容詞には主に、名詞を分類する機能と、描写（＝説明）する機能の2つがあります（☞ p.76）。動詞が形容詞に変換された場合にも、この違いが生まれます。つまり、「生きている」というのは、「亡くなっている」と対をなす言葉で、いわば、生死の分類を表しています。

これに対して「住んでいる」というのは、人を分類する言葉にはなりませんよね。しかし、人を説明することはできます。ただし「住んでいる」だけでは、情報が不足し、描写が不完全なので、上の2番目の例文には違和感があるのです。そこで、「ロンドンに」などの情報を追加することで、正しい文になります。（この「ロンドンに」は必須語（☞ p.94）です。）

STEP 2 ⇒ 「英語」の場合を見てみよう

この事は英語でも同じです。動詞 live には、「生きる」と「住む」の両方の意味があります。しかし live の ing 形を使って、「a living friend」と言った場合、「**生きている仲間**」という解釈はできますが、「**住んでいる仲間**」という解釈にはなりません。

基本的に英語では、**分類機能を持つ形容詞は名詞の「前」に置かれます**（＝前置修飾）。一方、描写機能を持つ形容詞は名詞の「後ろ」に置かれます（＝

後置修飾）。（詳しくは 82 ページ参照。） 次の２つの文を比べてみましょう。

(○) The **spoken** language was unfamiliar to me.
　　（書き言葉に対して） 話し言葉は私にはよくわからなかった

(○) The language **spoken** was unfamiliar to me.
　　（その場で） 話された言葉は私にはよくわからなかった

そのため、284 ページの例文の１番目と３番目を英語にすると、次のように
なります。（下の矢印の意味については 233 ページ参照。）

(○) The old man looked for a **living** friend from the old days.

　　*老人は**生きている**昔の仲間を探した*

(○) The old man looked for a friend from the old days **living** in
London.

　　*老人はロンドンに**住んでいる**昔の仲間を探した*

＊「分類機能」と「描写機能」＊

> 次の２つの表現で、　　　　部分の働きには、どんな違いがある？
>
> (○) 肉食動物
> (○) 肉を食べている動物

「肉食動物」というのは、草食動物と対になる言葉で、何を食べるかによっ
て動物を分類したものです。そのため、例えばライオンが、ただ寝そべっ
ているだけで、実際にいま肉を食べていなくても、「ライオンは肉食動物だ」
と言えます。

一方、「肉を食べている動物」とは、ある動物の今の実際の行動を描写して
います。そのため、いま肉を食べていないのに、「（あそこで）肉を食べてい
る動物はライオンだ」のように言うことはできませんよね。

この分類機能と描写機能の違いを、英語では前置修飾と後置修飾の違いで表
します。そのため、上の２つの表現は英語で次のようになります。

（○）A lion is a flesh-**eating** animal.
ライオンは肉食動物だ

(注： 「新鮮な」という意味の形容詞は fresh)

（○）The animal **eating** flesh over there is a lion.
あそこで肉を食べている動物はライオンだ

補足

後置修飾をした時には、eating flesh のように「動詞→目的語」という原則に沿った語順です。しかし、前置修飾の時には、flesh-eating のように目的語が動詞よりも前に現れ、ハイフン（＝「-」）で結ばれます。副詞でも同じことが言えます。

---

to 原形にも、前置修飾と後置修飾の違いがあります。

（○）I have a few books **to read**.
私には読まなければならない本が数冊ある

（○）This is the **to-read** list.
これがその必読書リストだ

＊関係代名詞を使った書き換え＊

前置修飾の形容詞は、分類機能を持ち、恒常的な性質を表します。一方、後置修飾の形容詞は、描写機能を持ち、一時的な状況を表します。

（○）a hard-**working** man 　（＝分類）
勤勉な男性

（○）a man **working** hard 　（＝状況の描写）
一生懸命に働いている男性

上の例の work は継続動詞（☞ p.147）です。特定の「時の副詞」が使われていない場合、形容詞用法の ing 形は、「be ＋ ing 形」の意味を持つのが基本です（☞ p.176）。後置修飾は主に一時的な状況を表すので、関係代名詞を使っ

て書き換えた時には、基本通り、述語動詞を「be + ing形」にします。意味としては「いま一生懸命に働いている男性」ということです。

（○）<u>a man</u> working hard　＝　<u>a man</u> who **is working** hard

一方、前置修飾は分類機能を持ちます。つまり、「どういう性格の人なのか」という恒常的な性質（☞ p.144）を述べています。これは一時的な事ではないので、関係代名詞を使って書き換えた場合、述語動詞は単純形にします。

（○）a hard-working <u>man</u>　＝　<u>a man</u> who **works** hard

---

| 発展 | ## 前置修飾でも「進行中」の意味を含む場合 |

分類機能を持つ前置修飾であっても、その分類自体に進行中の意味が含まれている場合があります。（日本語では多くの場合、テイル形とル形の違いに現れます。）

a **moving** car
- （○）**動いている**車　（＝走行中の車）
- （×）**動く**車

a **moving** walkway
- （○）**動く**歩道　（＝可動式の歩道）
- （×）**動いている**歩道

「動いている車」と言った時には、「走行中」か「停車中」か、という**分類**を表します。この時には分類でありながら、進行中の意味を含みます。実際に動いていなければ、「走行中の車」とは言えないからです。

一方、「動く歩道」とは空港などで見られる水平式のエスカレーターのことです。これは「可動式である」という**性質**を表しています。そのため、整備中などで実際に動いていなくても、可動式であることに違いはありません。つまり、実際に動いていなくても、「あそこに動く歩道がある」と言うことができます。次の例でも同様です。

（○）a **sleeping** baby
眠っている赤ん坊　（＝睡眠中の赤ん坊）　→　進行中の意味を含む
（○）a **working** mother
働く母親　（＝子育てをしながら働く女性）　→　進行中の意味を含まない

59　「ing 形 ＋ 名詞」の組み合わせ

"building the walls" or "building of the walls"?

STEP 1 ⇒　まずは「日本語」の文で考えてみよう

次の２つの言葉で、「眠り」という言葉の働きに違いはある？

（○）眠り姫
（○）眠り薬

まず、上の２つの言葉を、テイル形を使って言い換えられるか見てみます。

　　眠り姫　→　（○）眠っている姫　（＝　姫が眠っている）
　　眠り薬　→　（×）眠っている薬　（＝　薬が眠っている）

同じ「眠り」という言葉でも、その働きは同じではありませんよね。眠り薬というのは、「眠りのための薬」という意味ですから、この「眠り」は、薬の目的を表しています。

　　眠り姫　→　（×）眠りのための姫　（＝　眠りを促進する姫）
　　眠り薬　→　（○）眠りのための薬　（＝　眠りを促進する薬）

STEP 2 ⇒　「英語」の場合を見てみよう

このように、見た目には同じでも、言葉の働きが違うという事は、英語にもあります。特に「ing 形 ＋ 名詞」の組み合わせでは、ing 形がどの働きをしているかを正確に判断しないと、**正しい日本語訳を作ることができません**。

　　（○）Sleeping Beauty　＝　Beauty **who is** sleeping
　　（○）sleeping pills　＝　pills **for** sleeping

（注：　この beauty は「美女」のこと。魔法
によって眠らされたおとぎ話の美しい王女）

＊ ing 形の働き＊

これまで本書では、次の ing 形の働きを見てきました。

1） 完全な「名詞」になっている ing 形　(☞ p.226)

meeting（会議）　　cooking（料理）　　building（建物）　　など

2） 完全な「形容詞」になっている ing 形　(☞ p.282)

interesting（面白い）　　exciting（ワクワクさせる）　　　など

3） 動詞を「名詞」に変換する ing 形　(☞ p.225)

going to the movies（映画に行くこと）

4） 動詞を「形容詞」に変換する ing 形　(☞ p.278)

a person living in this house（この家に住んでいる人）

＊２つの性質を持つ「名詞用法の ing 形」＊

次の各組の文で、それぞれ１番目の文が間違っている理由は？

（×）健康のために、**速い歩くこと**を心がける　　（速い＝形容詞）
（○）健康のために、**速い歩行**を心がける

（×）健康のために、**速く歩行**を心がける　　（速く＝副詞）
（○）健康のために、**速く歩くこと**を心がける

日本語では、動詞に「こと」を足すと、その動詞を「名詞」に変換できますよね (☞ p.225)。しかし、こうして作られた言葉は、名詞の働きをするものの、動詞の性質を強く残しています。そのため、純粋な名詞とは、少し使い方が違います。上の例にあるように、「歩くこと」と言った場合には、形容詞ではなく、副詞で修飾します。

一方、「歩行」とは、「歩く」と「行く」という動詞から作られた言葉です。しかし、名詞の性質を強く持っています。そのため、副詞ではなく、形容詞で修飾します。

このように、名詞の働きをする言葉でも、「名詞の性質」を強く持つものと、「動詞の性質」を強く持つものの2つがあるのです。

英語の ing 形でも、同じ事が言えます。名詞用法の ing 形には、名詞の性質が強い場合と、動詞の性質が強い場合があります。この2つには、次のような使われ方の違いがあります。（便宜的に、名詞の性質が強い ing 形を「名詞的 ing 形」、動詞の性質が強い ing 形を「動詞的 ing 形」と呼ぶことにします。）

	名詞的 ing 形	動詞的 ing 形
of	あり（＝2つの名詞を前置詞で結ぶ） （○）building **of** walls *（壁の建造）*	なし（＝目的語を取れる） （○）building walls *（壁を造ること）*
冠詞	可 （○）**the** building of walls	不可 （×）the building walls
所有格	可 （○）**city's** building of walls	可 （○）**city's** building walls
形容詞	可 （○）**rapid** building of walls	不可 （×）rapid building walls
副詞	不可 （×）rapidly building of walls	可 （○）**rapidly** building walls ＝ building walls **rapidly**
have + p.p. 形	不可 （×）having built of walls	可 （○）**having built** walls

このように同じ ing 形でも、「名詞的 ing 形」は、冠詞や形容詞と一緒に使えるなど、名詞と同じ使い方をします。それに対して「動詞的 ing 形」は、目的語や「have + p.p. 形」を取ったりするなど、動詞と同じ使い方をします。

「名詞的 ing」と「動詞的 ing」のどちらを使うかは、文中での機能や、他の言葉との関係で決まります。そのため、辞書で確認をすることが大切です。

（○）The people welcomed **the building of** the walls.
（×）The people welcomed **building** the walls.
　　　人々は壁の建造を歓迎した
　　　→　welcome は、「動詞的 ing 形」を目的語に取らない

また、「名詞的 ing 形」とは多くの場合、完全な名詞になっています。そのため、どんな動詞でも、名詞的 ing 形として扱える訳ではありません。

(×) I like **the eating of** an apple for breakfast.
(○) I like **eating** an apple for breakfast.
　　　私は朝食にリンゴを食べるのが好きだ

> ### 補足
> 状態動詞（☞ p.150）は、名詞的 ing 形では使われません。その場合には対応する名詞（☞ p.212）を使います。（ただし、形容詞用法の ing 形（☞ p.281）であれば可能です。）
> 　　(×) the boy's resembling to his father
> 　　(○) the boy's resemblance to his father
> 　　　　*少年が父親に似ていること*

＊「ing 形 + 名詞」の訳し方＊

見た目には同じ「ing 形 + 名詞」でも、様々な組み合わせが可能です。ing 形がどの働きをしているかによって、意味（＝訳し方）も変わってきます。そのため、使われている ing 形が、名詞の働きをしているのか、もしくは、形容詞の働きをしているのかを区別する必要があります。また、その ing 形は、他動詞の ing 形なのか、自動詞の ing 形なのか等も、辞書で確認することが大切です。（完全な接続詞や前置詞になっている ing 形については p.317 参照。）

1）「名詞用法の ing 形」＋目的語
　　　この組み合わせは、目的語を取る他動詞を名詞に変換した物で、「〜すること」という意味を表します（☞ p.225）。
　　　　(○) cooking dinner
　　　　　　夕食を料理すること
　　　　(○) reading books
　　　　　　本を読むこと

2）「名詞になっている ing 形」＋名詞

これは、street lights（＝「街灯」）と同じ、名詞が他の名詞を修飾する構造です (☞ p.125)。下の例では、「用途」を表し、for（＝「〜のための」）で言い換えることができます。

（○）cooking appliances　（＝ appliances for cooking）
調理器具

（○）a reading room　（＝ a room for reading）
読書室

3）「形容詞になっている ing 形」＋名詞

完全に形容詞になっている ing 形が、名詞を修飾しているものです。これは、easy books（＝「簡単な本」）と同じ構造です。

（○）interesting books
面白い本

（○）exciting news
ワクワクさせる知らせ

4）「形容詞用法の ing 形」＋名詞

自動詞を形容詞に変換した ing 形で、分類機能を表します。主格の関係代名詞を使って書き換えることができます (☞ p.286)。

a moving car　（＝ a car that is moving）
（○）走行中の車

a talking machine　（＝ a machine that talks）
（○）喋る機械

先に見た1）や2）の ing 形では、関係代名詞を使って書き換えることはできません。

1）　cooking dinner　（≠ dinner that cooks）
（×）料理する（行為をする）夕食

2）　cooking appliances　（≠ appliances that cook）
（×）料理する（行為をする）道具

＊「名詞」と「名詞的 ing 形」＊

多くの場合、「名詞的 ing 形」は完全な名詞になっています。しかし、元は動詞です。という事は、その動詞に**対応する名詞**がある場合もあります。その場合、純粋な「名詞」と、動詞から作った「名詞的 ing 形」では、違う意味を持つのが普通です。

＜名詞＞	＜名詞的 ing 形＞
a cook （料理人）	cooking （料理）
a talk （話し合い）	talking （私語）
a report （報告書）	reporting （報告）
a drink （飲み物）	drinking （飲酒）
a camp （キャンプ地）	camping （キャンプすること）
a plant （植物）	planting （種まき）
a record （記録）	recording （録画）
	など

そのため、文脈によって、どちらを使わなければならないのか適切に判断する必要があります。

（×）He wrote a **reporting** of the accident.
（○）He wrote a **report** of the accident.
  彼は事故の報告書を書いた
  → ing 形の reporting は、報告するという行為自体を指すので、この文脈では不適切

（○）**Camping** is a popular activity for summer.
（×）A **camp** is a popular activity for summer.
  キャンプは夏に人気の活動だ
  → 名詞の camp は、行為ではなく、キャンプする場所を指すので、この文脈では不適切

まずは「日本語」の文で考えてみよう

次の文の「今〜している」は、現在進行形で良い？

（○）私のコンピューターは、**今壊れている**（ので使えない）

日本語で「今〜している」と言うと、多くの場合、進行中の動作を表します。しかし上の例文では、「コンピューターの破壊が、今、進行中だ」という意味にはなりませんよね。コンピューターの破壊は既に終了していて、今ではもう作動しなくなっています。「今〜している」と言っているのに、なぜ、進行中を表さないのでしょうか。

実はこれには、動詞の種類が関係しています。「今〜している」が進行中を表すのは、継続動詞・瞬間動詞（☞ p.176）の場合です。それに対して「壊れる」は、変化動詞（☞ p.149）です。変化動詞のテイル形は、ある変化が起こり、その結果、今どんな様子なのかという現在の状態を描写します。

つまり、上の例文の「壊れている」は、**主語の状態を描写**（＝叙述）しているのですから、動詞というよりも**形容詞**の働きをしているのです。そのため、この「壊れている」は、動詞から作った形容詞だと言えます。このようにテイル形には、「動詞」を形容詞に**変換**する働きがあるのです。

「英語」の場合を見てみよう

＊変化動詞の p.p. 形＊

英語でも同じ事が言えます。ただし英語の「変化動詞」の場合、「p.p. 形」を使って形容詞に変換します。この時に重要なのは、「be」＋「p.p. 形」が「受動」の意味を持っていないという事です。

<主語>	<述語動詞>	<補語＝形容詞>
My computer	is	**broken.**

(○)

私のコンピューターは壊れている （＝結果状態の描写）

<主語>	<述語動詞＝動詞>
My computer	**broke.**

(○)

私のコンピューターは壊れた （＝変化そのもの）

＊「形容詞用法の p.p. 形」と「受動文」＊

「be」＋「形容詞用法の p.p. 形」は、受動文（☞ p.196）を表す「be + p.p. 形」と混同しやすいので、注意が必要です。受動文の場合には、「be + p.p. 形」で１つの述語動詞を作って、「〜（さ）れる」という動作を表します。

<主語>	<述語動詞>	<修飾語>
The gate	**is closed**	by the guards.

(○)

門は守衛によって閉められる （＝動作）

<主語>	<述語動詞>	<補語＝形容詞>
The gate	is	**closed.**

(○)

門は閉まっている （＝現在の様子・状態）

どちらの意味かは、受動文の行為者（＝ by 〜）があるかや、文脈（＝動作なのか状態なのか）で判断する必要があります。また、形容詞用法の p.p. 形は述語動詞の一部ではないので、be 以外の動詞の補語（☞ p.84）にもなります。

<主語>	<述語動詞>	<補語>
The gate	looks	**closed.**

(○)

門は閉まっているように見える

また、述語動詞に be ではなく、get を使うと、変化そのものを表現できます。

（○）Tom's watch **is** broken.

　　トムの腕時計は壊れている （＝結果状態の描写）

（○）Tom's watch **got** broken.

     トムの腕時計が壊れた　（＝変化）

ただし全ての変化動詞の p.p. 形に、このような使い方がある訳ではないので、辞書で確認する必要があります。例えば、die という動詞の場合には、dead という形容詞がもともとあるので、そちらを使います。（この使い方ができるのは、基本的に「他動詞」の変化動詞です (☞ p.298 / p.402)。）

    その老婆は亡くなっている
    （×）The old lady is **died**.
    （○）The old lady is **dead**.

＊「心理」に関する動詞の「p.p. 形」＊

「心理」に関する動詞には、excite（ワクワクさせる）、please（喜ばせる）、interest（興味を持たせる）、scare（怖がらせる）などたくさんあります。これらの動詞の p.p. 形は完全な形容詞になっていて、very などで修飾することができます。（この場合も「be」＋「p.p. 形」を、「〜（さ）れる」という受動の訳し方にはしません。）

    （○）I am very **surprised** at the news.

       私はその知らせにとても驚いている

また、このタイプの p.p. 形には、ペアになる形容詞用法の「ing 形」があります (☞ p.282)。主語がこれらの心理を引き起こす原因の場合、補語は ing 形を取ります。

（○）

＜主語＞	＜述語動詞＞	＜補語＞
His story	is	boring.

    彼の話は退屈だ　（→　この「be」＋「ing 形」は進行形ではない）

一方、主語がこれらの心理を受ける人の場合、補語は p.p. 形を取ります。

(○)

＜主語＞	＜述語動詞＞	＜補語＞	＜修飾語＞
We	are	**bored**	with his story.

私たちは彼の話に退屈している　（→　この「be」+「p.p. 形」は受動ではない）

＊「他動詞 ＋ 〜 self」で、自動詞のように働く動詞の「p.p. 形」＊

英語の動詞の中には、他動詞しかなく、対応する自動詞を「他動詞 + 〜 self」で代用するものがあります。（現在では〜 self が省略されて、完全な自動詞として働くものもあります。） 例えば seat は「座らせる」という意味の他動詞ですが、〜 self を目的語に取ると、自動詞のように「座る」という意味になります。

これらの動詞も「p.p. 形」を使うことで、動作自体ではなく、その結果の状態を描写する形容詞の働きをします。（この時に〜 self は失われます。）

「seat ＝ 他動詞」の文

(○)

＜主語＞	＜述語動詞＞	＜目的語＞	＜必須語＞
The mother	**seated**	the child	on a chair.

母親が椅子に子供を座らせた

「seat + 〜 self ＝ 自動詞的」な文

(○)

＜主語＞	＜述語動詞＞	＜目的語＞	＜必須語＞
The child	**seated**	him**self**	on a chair.

子供が椅子に座った

「seated ＝ 形容詞」の文

(○)

＜主語＞	＜述語動詞＞	＜補語＞	＜必須語＞
The child	is	**seated**	on a chair.

子供が椅子に座っている

このタイプの p.p. 形には、be involved in（〜に携わっている）、be dressed in（〜を着ている）、be engaged in（〜に従事している）、be associated with（〜と関係している）、be occupied with（〜に夢中になっている）などたくさんあります。（全て、受動の訳し方では不自然になります。）

発展　　　　　　　**日本語の「対応する自動詞と他動詞」**

日本語では、自動詞と他動詞で違う形をしているのが普通です。

1）　対応する自動詞と他動詞がある場合

割れる	（自動詞）：	皿が割れる
割る	（他動詞）：	子供が皿を割る
閉まる	（自動詞）：	ドアが閉まる
閉める	（他動詞）：	トムがドアを閉める

2）　対応する自動詞と他動詞がない場合

－	（自動詞）：	監査役が置かれる　（＝「他動詞＋られる」で代用）
置く	（他動詞）：	会社が監査役を置く
歩く	（自動詞）：	犬が歩く
－	（他動詞）：	子供が犬を歩かせる　（＝「自動詞＋させる」で代用）

日本語では珍しいですが、自動詞と他動詞で同じ形を取るものも、幾つかあります。

はねる	（自動詞）：	泥がはねる
はねる	（他動詞）：	車が泥をはねる
開く（ひらく）	（自動詞）：	未来への扉が開いた
開く	（他動詞）：	その勝利が未来への扉を開いた
増す	（自動詞）：	速度が増す
増す	（他動詞）：	飛行機が速度を増す

＊自動詞の「p.p. 形」＊

変化動詞の自動詞が p.p. 形で使われて「完了」を表す場合があります。（日本語ではタ形で表す。）　同じ動詞が ing 形で使われると「接近」の意味を表します。（日本語ではル形で表す。）　これらの多くは、固定表現です。

298

$\left\{\begin{array}{l}(\bigcirc) \text{ a \textbf{retired} professor} \\ \quad \text{退職した教授} \\ (\bigcirc) \text{ a \textbf{retiring} professor} \\ \quad \text{（近々）退職する教授}\end{array}\right.$ $\left\{\begin{array}{l}(\bigcirc) \text{ an \textbf{expired} passport} \\ \quad \text{期限の切れたパスポート} \\ (\bigcirc) \text{ an \textbf{expiring} passport} \\ \quad \text{（近々）期限の切れるパスポート}\end{array}\right.$

＊それ以外の動詞の「p.p. 形」＊

これまで見てきた以外の動詞の p.p. 形は、受動の意味を表します。これは、主格の関係代名詞節を ing 形で書き換えたのと同じ考え方です (☞ p.278)。ただし、関係代名詞節が「受動文」の場合に、p.p. 形を使います。この時 p.p. 形は、「〜している」ではなく、「〜（さ）れる」という受動の訳し方をします。

(○)　Hebrew is <u>the language</u> **which is spoken** in Israel.

＝　　Hebrew is <u>the language</u> **spoken** in Israel.
　　　ヘブライ語が イスラエルで *話される* <u>言語</u>です

＊「形容詞用法の p.p. 形」のまとめ＊

p.p. 形には、「動詞」を形容詞に変換する働きがありますが、to 原形や ing 形の場合と比べて複雑です。「〜（さ）れる」という**受動の意味だけではな**いからです。また、同じ動詞でも、複数の用法を持つことがあるので、その動詞が文中でどの意味で使われているのか、辞書で確認することが大切です。

1) 　変化動詞：　　　　a **broken** watch
　　　　　　　　　　　　壊れている腕時計 （＝変化後の状態）

2) 　「心理」の動詞：　an **excited** audience
　　　　　　　　　　　　興奮している聴衆 （＝心理の受け手）

3) 　〜 self の動詞：　a well-**dressed** gentleman
　　　　　　　　　　　　立派な身なりをしている紳士 （＝自動詞的）

4) 　自動詞：　　　　　a **fallen** tree
　　　　　　　　　　　　倒れた木 （＝完了）

5) 　それ以外：　　　　**repeated** requests
　　　　　　　　　　　　繰り返される要求 （＝受動）

第3章

品詞の変換

従属接続詞 （=「文」を「副詞」に変換）

Tom called Anna <u>after</u> he had lunch.

STEP 1 ⇒ まずは「日本語」の文で考えてみよう

 次の2つの文を、意味が通るように結ぶには、下線部にどんな言葉が入る？

室温が下がった。_____アンナは暖房をつけた。

上の文の下線部には、次のような言葉が入ると考えられますよね。

（○）室温が下がった。**だから**アンナは暖房をつけた。

「だから」の他にも、同じような意味を持つ、「なので」や「そのため」なども可能です。どれも、原因や理由を表す言葉です。原因や理由を表すのは、**副詞の働き**です （☞ p.46）。それでは、次の例文を考えてみましょう。

> 次の文で、節（=   の部分）を完成させるためには、どんな言葉が入る？
> 室温が下がった_____アンナは暖房をつけた

今度は、2つの独立した文ではなく、1つの文にまとめて表現しています。この場合、次のような言葉を入れることができます。

（○）室温が下がった**ので**アンナは暖房をつけた

「ので」の他にも、「から」や「ため」なども可能ですが、やはりどれも、原因や理由を表しています。このように、「ので」を使うと、同じ意味を保ちながらも、2つの文を1つにまとめることができます。このような言葉を接続詞と言います。　　　　　　　　（注：　助動詞の場合と同じように、本書では英文法での用語を日本語文法にも当てはめる）

英語の接続詞については、既に132ページで**等位接続詞**について見ました。今回見るのは、従属接続詞と呼ばれるものです。これは、ある文の一部（=副詞の位置）に別の文を埋め込む働きをします。

＊「節」の復習＊

先に進む前に、「節」について、ちょっと思い出してみましょう。これまで見てきたように、「節」とは、ある文の一部に埋め込まれた別の文のことです（☞ p.221）。文中での働きによって、「名詞節」と「形容詞節」がありましたよね。

名詞節とは、ある文を「名詞」に変換したもので、別の文の名詞の位置（＝主語・目的語・補語）に埋め込むことができます。日本語の場合、文に、「こと」や「の」を付け足すと、その文を「名詞」に変換できます（☞ p.220）。

　　（○）トムは電車が到着した**こと**を知っている

一方、形容詞節とは、ある文を「形容詞」に変換したもので、別の文の形容詞の位置（＝名詞の前）に埋め込むことができます。これには２つの方法がありました。１つは、抽象名詞の内容を説明する場合に、日本語の「という」を使って、文を「形容詞」に変換します（☞ p.232）。

　　（○）トムは友人が車を買った**という**噂を聞いている

もう１つは、「こと」「の」「という」などの言葉は使わずに、文を直接、形容詞の位置（＝名詞の前）に埋め込む方法です（☞ p.239 / p.242）。

　　（○）トムは、アンナにプロポーズした<u>公園</u>を覚えている
　　（○）トムが買った<u>家</u>は湖の向こうにある

＊副詞節＊

副詞節とは、ある文を「副詞」に変換したもので、別の文の「副詞の位置」に埋め込むことができます。

次の例では、「すぐに」という副詞１語が使われています。その副詞の位置に、「文」をそのまま置くと間違いになります。

	<修飾語＝副詞１語>	<主語>	<目的語>	<述語動詞>
（○）	すぐに	アンナは	暖房を	つけた

	<修飾語＝文>	<主語>	<目的語>	<述語動詞>
（×）	室温が下がった	アンナは	暖房を	つけた

→ 文をそのまま副詞の位置に置くことはできない

そこで、「ので」を使って文を「副詞」に変換すると、副詞の位置に埋め込むことができるようになります。これを副詞節といいます。

	<修飾語＝副詞節>	<主語>	<目的語>	<述語動詞>
（○）	室温が下がったので	アンナは	暖房を	つけた

このように、文を「副詞」に変換するのが従属接続詞の働きです。この時、「室温が下がったので」という部分は何かの理由や原因を述べていて、「だから何なのか」という結論、もしくは話し手が最終的に伝えたい事（＝主旨）が、後半部分に続きます。

この「主旨に当たる部分」を主節といいます。そして、主旨ではない、「別の文の一部に埋め込まれている部分」を従属節といいます。つまり、名詞節も形容詞節も副詞節も、文の主旨ではなく、別の文の一部に埋め込まれているという点で、全て従属節です。

STEP 2 ⇒ 「英語」の場合を見てみよう

英語でも、従属接続詞を使って、文を「副詞」に変換します。ただし日本語では、「文」の後ろに従属接続詞を置きますが、英語では、「文」の前に従属接続詞を置きます。また、「従属節」→「主節」の順番になる時には、2つの節を「コンマ（＝「,」）」で区切ります。

（○）**Because** the room temperature dropped, Anna turned on the heater.
室温が下がったので、アンナは暖房をつけた

日本語では文の述語動詞が文末に置かれるので、必ず「従属節」→「主節」の順番になります。しかし**英語**では、「**主節**」→「**従属節**」の順番になることもあります。この時にはコンマを置かなくても構いません。

(○) Anna turned on the heater **because** the room temperature dropped.

ただし日本語とは違い、英語では従属節を、主節の内部に割り込ませることは、（as や though など）限られた接続詞の場合を除き普通はできません。

(○) アンナは、**室温が下がったので**、暖房をつけた
(×) Anna, **because the room temperature dropped**, turned on the heater.

＊「等位接続詞」と「従属接続詞」＊

等位接続詞は、文法的に対等な要素であれば、単語と単語を結ぶこともできます。しかし従属接続詞は、文と文しか結べません。

(○) happy **and** successful
(×) happy **because** successful

また、等位接続詞は、2つの文にサンドイッチされる形でしか使えません。一方、従属接続詞は、文頭に置くこともできます。

(○) I am successful **and** I am happy.
　　私は成功しており、また私は幸せだ
(×) **And** I am happy, I am successful.

(○) I am happy **because** I am successful.
　　私は成功しているので、私は幸せだ
(○) **Because** I am successful, I am happy.

従属接続詞の中には、接続詞と前置詞の両方の働きを持つものもあります。違いは、接続詞は文とペアになり、前置詞は名詞（句）とペアになることです。

（○）Tom called Anna **after** he had lunch.
(トムが) 昼食を取った後、トムはアンナに電話した　（after＝接続詞）

（○）Tom called Anna **after** lunch.
昼食の後、トムはアンナに電話した　（after＝前置詞）

＊従属接続詞の種類＊

主な従属接続詞には、次のようなものがあります。（これ以外の種類もありますが、ここでは取り上げません。）　意味の似ているものもあるので、細かな違いについては、辞書で確認する必要があります。

1）時に関するもの

when （〜する時）	while （〜する間）
after （〜した後で）	before （〜する前に）
until （〜するまで）	since （〜して以来）
once （いったん〜したら）	など

2）原因・理由に関するもの

| because （〜なので） | since （〜である以上） |
| as （〜だから） | など |

3）条件・譲歩に関するもの

| if （もし〜なら） | unless （もし〜でなければ） |
| although （〜だけれども） | while （〜の一方で）　など |

4）場所・範囲に関するもの

where （〜する所に、〜の限りでは）
→　固定表現以外では、ほとんど使われない

補足

名詞や、複数の語が集まって、1つの接続詞と同じ働きをする言葉もあります。

as soon as　（〜するとすぐに）	the moment　（〜するとすぐに）
every time　（〜する時はいつでも）	now that　（今はもう〜だから）
even if　（たとえ〜でも）	for fear that　（〜しないように）
in case　（〜の場合に備えて）	as long as　（〜である限り）　　など

発展　「副詞用法」の that 節

that には、名詞節（☞ p.221）や形容詞節（☞ p.232 / p.242）だけでなく、副詞節を作る働きもあります。この that 節は、「心理」に関する**形容詞を修飾**して、その心理を引き起こす原因や理由を表します。

- （○）The old man is content with his son's success.
  - その老人は息子の成功に満足だ　（= with ＋**名詞句**）
- （○）The old man is content that his son is successful.
  - その老人は息子が成功していることに満足だ　（= that ＋**文**）

このタイプの形容詞には、次のような物があります。（この他にも、「心理」に関する動詞の p.p. 形（☞ p.296）もあります。）

angry　（怒って）	glad　（喜んで）	happy　（嬉しくて）
lucky　（運が良くて）	sad　（悲しくて）	afraid　（心配して）
proud　（誇って）	hopeful　（期待している）	など

また、「so 〜 that 節」の形で、「〜なくらい」や「とても〜なので」という「程度」を表します。この場合には、so と that 節の間に、形容詞や副詞をサンドイッチさせる形になります。

- （○）The boy runs very fast.
  - その少年はとても速く走る
- （○）The boy runs so fast that nobody can believe it.
  - その少年は誰もその事を信じることができないくらい速く走る

so と that 節がくっ付いた場合には、「目的」や「結果」を表します。この「so that」と、「so 〜 that」の形を混同しないように注意が必要です。

- （○）Tom goes home directly after work so that he can spend time with his family.
  - トムは家族と一緒に時間を過ごせるように、仕事の後はまっすぐ家に帰る

「to 原形」の副詞用法

（＝不定詞の副詞用法）

He is quick to respond.

次の文の「気が」は、どんな働きをしている？

（○）彼は**気が**早い

（×）彼は早い

ただ単に、「彼は早い」とだけ言ったのでは、起床が早いのか、出社が早いのか、食事が早いのか（＝「一般的な時刻よりも前」なのか）、何が早いのか分かりませんよね。そこで例文の1番目のように、「気が」という言葉を使えば、「早い」という形容詞の意味を限定することができます。

つまり、上の例文の「気が」は、「〜が」と言っていますが、文の主語ではありません。形容詞を修飾しているのですから、「副詞」の働き（☞ p.46）です。このように後置詞の「が」には、「名詞」を副詞に変換する働きがあります。

（注： 助動詞や接続詞と同様に、ここでも英文法の考え方を、日本語文法に対応させている）

一方、英語には、「気が早い」という、既に限定を受けた形容詞が初めから存在します。そのため、上の1番目の例文は、次のように表現できます。

（○）He is **hasty**.

それでは、「彼は声が穏やかだ」と言った場合の英訳は、どうなるでしょうか。さすがに声に限定した「穏やかさ」を表す形容詞は、英語にもありません。それではこの日本語文を、英語ではどうやって表現するのでしょうか。

＊日本語では「名詞＋が」で、形容詞の意味を限定する場合＊

「気が早い」や「声が穏やかな」というのは、「気」や「声」という名詞に、「が」

を付けて、副詞に変換しています。しかし英語には、同じ表現方法がありません。そのため、このような日本語文を英語にするには、**別の表現**に言い換える必要があります。これには、主に次の3つの方法があります。

元になる文：「彼は、声が穏やかだ」
　　　　　＝「主語は、[名詞]が[形容詞]だ」の構造

1）「主語の[名詞]は、[形容詞]だ」と言い換える
　　（＝　日本語の主語を、英語では所有格に変える）
　　　　　　彼は声が穏やかだ　→　**彼の声は**穏やかだ
　　　　　（○）**His voice** is soft.

2）「主語は、[形容詞]な[名詞]をしている」と言い換える
　　（＝　形容詞を限定用法（☞ p.76）に変えて、名詞を修飾させる。
　　この時、英語では述語動詞が be から have に変わる）
　　　　　　彼は声が穏やか**だ**　→　彼は穏やか**な声**をしている
　　　　　（○）He has a **soft voice**.

3）「主語は、[形容詞]な[名詞]の人だ」と言い換える
　　（＝　2で作った「形容詞＋名詞」の形を、さらに複合語の形容詞
　　に変えることができる場合、その複合語を person に修飾させる）
　　　　　　彼は声が穏やかだ　→　彼は穏やかな**声の人**だ
　　　　　（○）He is a **soft-voiced** person.
　　　　　　　　（注：　voice の場合は、-(e)d という語尾を付けると形容詞にできる。
　　　　　　　　この時、2語をハイフン（＝「-」）で結ぶ）

＊日本語では「動詞＋のが」で、形容詞の意味を限定する場合＊

更に日本語では、動詞を使って形容詞の意味を限定する事もできます。その時には、「のが」という言葉を使って、動詞を「副詞」に変換します。

　　　（○）彼は応答する**のが**早い

こうする事で、彼は「決めるのが早い」のでも、「気づくのが早い」のでも
ない事がわかりますよね。英語でこの働きをするのが、副詞用法の「to 原形」
です。そのため、上の日本語文は、次のように英語で表せます。

（○）He is quick **to respond**.

（→ 「to 原形」が、形容詞の quick を修飾している）

ただし、to 原形を取れる形容詞は決まっているので、辞書で確認する必要
があります。例えば、「彼は話すのが穏やかだ」と日本語では言えますが、
英語の soft は、この意味で to 原形を取れません。その時には、やはり、**別
の表現に言い換える必要があります。**

彼は話すのが穏やかだ

（×）He is soft **to speak**.

（○）He **speaks** softly.

（= 彼は穏やかに話す）

副詞用法の to 原形は、次のような形容詞と一緒に使われます。（下の日本語
訳の分類は、ヒント程度のもので、絶対的なものではありません。）

1）　日本語訳に、「〜するのが」を取る形容詞

convenient　（便利な）	dangerous　（危険な）
quick　（すばやい）	slow　（遅い）
easy　（容易な）	impossible　（不可能な）
pleasant　（楽しい）	hard　（難しい）

など

2）　日本語訳に、「〜するのを」を取る形容詞

anxious　（切望している）	hesitant　（躊躇している）
ready　（すぐにできる）	willing　（喜んでする）

など

＊文を修飾する「副詞用法の to 原形」＊

副詞用法の to 原形が、文全体を修飾する場合もあります。（つまり、to 原形の前にある単語１語だけを修飾するのではありません。）　この時には、文の内容に補足説明を加える働きをします。主な働きとして、次の４つを挙げることができます。

１）　理由・目的　（＝「〜するために、〜するように」）

(○) He is saving money **to go** to college.
　　　大学に行くために彼はお金を貯めている

２）　感情の原因　（＝「〜することに、〜するので」）

(○) The children are happy **to go** on this trip.
　　　この旅行に行くことに子供たちは喜んでいる

３）　判断の根拠　（＝「〜するとは」）

(○) They must be rich **to live** in this mansion.
　　　この邸宅に住んでいるとは彼らは金持ちに違いない

４）　結果　（＝「…すると〜、…して〜」）

(○) He grew up **to be** a doctor.
　　　彼は成長して医者になった

この他にも、to 原形を使って慣用的に使われる表現もあります。

---

　　needless to say　（言うまでもなく）

　　to begin with　（第一に）

　　to tell the truth　（実を言うと）

　　strange to say　（奇妙な事に）

　　to make a long story short　（早い話が）

　　　　　　　　　　　　　　　　　　　　　　　　　　　　　　など

副詞用法の that 節の「主語」の省略

305 ページでは、副詞用法の that 節として、「目的」を表す so that や、「心理の原因」を表す that 節を見ました。これらの that 節では、「文の主語」と「節の主語」が同じ場合、to 原形を使って「節の主語」を省略することができます。（名詞節での主語の省略は 224 ページ、形容詞節での主語の省略は 272 ページを参照。）

(○)　He is saving money so that he can go to college.
　　　= He is saving money to go to college.

(○)　The children are happy that they will go on this trip.
　　　= The children are happy to go on this trip.

当然、文と節の主語が一致しない場合には、to 原形で書き換えることはできません。

(○)　He is saving money so that his son can go to college.
　　　≠ He is saving money to go to college.
　　　　　息子が大学に行けるように、彼はお金を貯めている

＊「形容詞を修飾する to 原形」と「文を修飾する to 原形」＊

ここで、次の 2 つの英文の日本語訳を考えてみましょう。どちらも tough（=「タフ」）という形容詞の後ろに、副詞用法の to 原形が続いています。この to 原形は、形容詞の tough を修飾しているのでしょうか。それとも、文全体を修飾しているのでしょうか。それによって訳し方が変わってくるので、この 2 つを判断することは重要です。

(○) This town is tough **to live** alone in.
(○) I have to be tough **to live** alone.

（注：　1 番目の文に in が付く理由は、385 ページ参照）

まず、1 番目の文では、「この町」という「物」が主語になっています。「この町はタフである」と言った場合の tough を辞書で調べれば、「難しい」という意味であることが分かります。

次に、この文の to 原形が、形容詞の意味を限定していると考えると、「この町は1人で生活する<u>のが</u>難しい」となり、問題はありません。一方、文を修飾していると考えると、309 ページの訳し方のどれを使っても、文が成立しません。

（×）1人で生活する**ために**、この町は難しい　（目的）
（×）1人で生活する**ので**、この町は難しい　（感情の原因）
（×）1人で生活する**とは**、この町は難しい　（判断の根拠）
（×）1人で生活**して**、この町は難しい　（結果）

そのため、この to 原形は形容詞を修飾していると判断できますよね。つまり、tough to live alone in で1つのまとまりを作って、文の補語（☞ p.84）になっています。言い換えれば、**主節の一部に組み込まれている**のです。

	＜主語＞	＜述語動詞＞	＜補語＞
（○）	This town	is	<u>tough</u> **to live** alone in.

この町は1人で生活するのが難しい

これに対して、2番目の文の主語は、「私」という「人間」です。「私はタフでなければならない」と言った時の tough を辞書で調べると、「たくましい」という意味だとわかります。

もし、2番目の文の to 原形が形容詞の意味を限定していると考えると、「私は1人で生活する<u>のが</u>たくましくなければならない」となり、意味が通りません。そのため、この to 原形は、文を修飾しているはずだ、と推測できますよね。

この to 原形は 309 ページの訳し方のうち、理由・目的を表していると考えるのが最適です。文の主節は、「私はたくましくなければならない」です。その理由・目的を表すのが、「1人で生活するために」の部分です。つまり、主節は I have to be tough で、そこに、to 原形が修飾語として付け足されています。

	＜主語＞	＜述語動詞＞	＜補語＞	＜修飾語＞
（○）	I	have to be	tough	**to live** alone.

1人で生活するために私はたくましくなければならない

63 「ing 形」と「p.p. 形」の副詞用法 (＝分詞構文など)

Anna went shopping in the market.

STEP 1 ⇒ まずは「日本語」の文で考えてみよう

 次の表現で「焼けるように」は、どの品詞として機能している？

（○）**焼けるように熱い**

この「焼けるように」は、実際に何かが焼けている訳ではなく、その熱さがどれくらいなのか、もしくはどのようなものなのか、その程度を表しています。こうする事で、「ちょっと熱い」のでも、「そこそこ熱い」のでもない事がわかります。

つまり、「焼ける」という動詞に、「ように」という言葉を足すことで、形容詞の「熱い」の程度を示しているのです。形容詞を修飾するのは副詞の働きですから、この「焼けるように」は、副詞の働きをしていると言えますよね。いわば、「ように」を使って、動詞を「副詞」に変換したのです。

STEP 2 ⇒ 「英語」の場合を見てみよう

英語で同じ働きをするのが ing 形です。これらは**慣用的な表現**で、本来の動詞の意味が失われて、「ひどく」や「とても」という意味で使われるのが殆どです。また、一緒に使う形容詞も固定化しています。

この副詞用法の ing 形には次のようなものがあります。（下の例では、あえて本来の動詞の意味を考慮した日本語訳を付けています。）

（○）**boiling** hot 　（沸き返るように熱い）

（○）**sopping** wet 　（びしょびしょに濡れている）

（○）**tearing** angry 　（心を引き裂くほど怒って）

（○）**shocking** bad 　（衝撃的なくらい悪い）　　　　　　　など

これらの ing 形は、慣用的なものなので、自由に作れる訳ではありません。

泣くほど嬉しい

（×）crying happy

312

＊go と一緒に使われる「ing 形」＊

ing 形は、動詞の go と一緒に使って、「(ある活動を) しに行く」という意味を表します。これはスポーツやレジャー、あるいは何かを探したり収集したりする場合です。ing 形が修飾語を伴ったり、複合語を作ったりする事もあります。

(○) We **went swimming**.
　　　私たちは泳ぎに行った

(○) In summer many students **go looking** for a job.
　　　夏には多くの学生たちが仕事を探しに行く

(○) Anna **will go berry-picking** in autumn.
　　　アンナは秋にベリー摘みに行くでしょう

ここで1つ注意する点があります。例えば、日本語で「アンナは市場へ買い物に行った」と言った場合、この「市場へ」を、to を使って英訳しがちです。しかし正しくは、「市場での買い物 (という活動を) しに行った」という意味なので、「方向」を表す to ではなく、「場所」を表す in を使います。

(×) Anna went shopping **to** the market.
　　　(→ 「go to 〜」で1つのまとまりではない)
(○) Anna went shopping **in** the market.

補足

この表現では、何の目的で行くのかを述べているので、「その活動」と「行く」という行為が同時には起こりません。一方、281 ページで見た形容詞用法の ing 形の場合は、2つの行為が同時に起こります。(形容詞の働きは、あくまでも主語の様子を描写することです。)

(○) The children went swimming.
　　　子供たちは泳ぎに行った (＝「泳ぐ」目的で行った)

(○) The man returned home smiling.
　　　その男性は笑顔で家に戻った (＝帰宅時、男性は「笑顔だった」)

第3章

品詞の変換

＊「副詞節の主語」の省略＊

従属接続詞（☞ p.304）を使った文で、「主節」と「副詞節」の主語が同じ場合、副詞節の主語を省略することができます。この時に、副詞節の「述語動詞」を ing 形に変えます。（副詞用法の「that 節」の主語を、to 原形を使って省略する場合については、310 ページ参照。）

（○）While **Tom** lived in France, **Tom** made many friends.

主語が同じ

(トムが) フランスに住んでいる間に
トムはたくさんの友人を作った

［主語を削除］

→　While ~~Tom~~ | lived | in France, **Tom** made many friends.

［述語動詞を ing 形にする］

living

= （○）While **living** in France, Tom made many friends.

副詞節の主語を省略して、述語動詞を ing 形にした時に、being が残った場合には、その being も省略できます。

［主語を削除］

（○）If ~~it~~ | is used | properly, **this tool** will last ten years.

［述語動詞を ing 形にする］

being used

もし適切に使用されれば、
この道具は 10 年持ちます

［being も削除］

= （○）If **used** properly, this tool will last ten years.

（→　この used は p.p. 形）

更に、意味に曖昧さがなければ、主語だけでなく、従属接続詞も省略することができます。

While **living** in France, Tom made many friends.
= （○）**Living** in France, Tom made many friends.

If **used** properly, this tool will last ten years.
= （○）**Used** properly, this tool will last ten years.

また、being を省略した時に、あとに「ing 形」や「p.p. 形」が残らない場合（例えば、形容詞や前置詞句が残る場合）には、接続詞は省略しません。

If he **is** busy, <u>Tom</u> will not have time to go to the movies.
= （○）**If** busy, Tom will not have time to go to the movies.
もし忙しければ、トムには映画に行く時間がないだろう
（×）Busy, Tom will not have time to go to the movies.
（→ if は省略しない）

このように、ing 形や p.p. 形を使って副詞節の主語を省略することができます。この時の ing 形と p.p. 形の違いは、その副詞節が「能動文」なのか、「受動文」（☞ p.194）なのかの違いです。（副詞用法の ing 形と p.p. 形は、合わせて分詞構文と呼ばれます。）

この ing 形や p.p. 形は、主節とは「コンマ（=「,」）」で区切られます。文頭に置かれることが多いですが、文中や文末に置かれることもあります。また、否定語は、ing 形や p.p. 形の前に置かれます。

（○）The audience, **not knowing** the historical background, misunderstood the play.
観客は、歴史的背景を知らなかったので、その演劇を誤解した

発展 **従属接続詞の種類 と 分詞構文**

304 ページでは、主な従属接続詞として 4 つの種類を見ました。これらの副詞節を、分詞構文（=副詞用法の ing 形と p.p. 形）を使って書き換えた例文を、幾つか見てみましょう。

1）「時」に関する従属接続詞
分詞構文で使われるのは、when、as、while、as soon as などの接続詞です。
（○）Finding me in the crowd, he started to shout my name.
人ごみの中で私を見つけると、彼は私の名前を叫び出した
（○）Lost in thought, the old man mumbled something.
物思いにふけっている間、老人は何かをブツブツとつぶやいた
（注： この thought は名詞。「考えの中に自分が失われている」というのが直訳）

before, after, until などは、意味が曖昧になるので、接続詞を省略しません。
床に就く前に、トムは電気を消した
　（○）Before he went to bed, Tom turned off the light.
　（×）Going to bed, Tom turned off the light.
　（○）Before going to bed, Tom turned off the light.

2）「原因・理由」に関する従属接続詞

分詞構文と、「原因・理由」に関する従属接続詞が一緒に使われることはありません。また、接続詞は必ず省略されます。

　　（×）Because having many friends, he is rarely alone.
　　（○）Having many friends, he is rarely alone.
　　　　たくさんの友人がいるので、彼は一人でいることがめったにない

　　（×）Because invited to the party, the girl was very happy.
　　（○）Invited to the party, the girl was very happy.
　　　　パーティーに招待されたので、少女はとても嬉しかった

3）「条件・譲歩」に関する従属接続詞

慣用表現になっているもの以外では、接続詞を省略しないのが普通です。

　（○）If in doubt, you can talk to an expert.
　　　疑わしいなら、専門家と話をしたらいい
　　　　　　　　　　（注：　if の後ろに being が省略されている）
　（○）Though suspected of robbery, he was never charged.
　　　強盗の嫌疑をかけられたが、彼が告発されることはなかった

慣用表現（＝決まり文句）になっている場合とは、従属節の主語が一般の人を指す we、you、they などの時で、主節の主語と一致していないことがあります。

　（○）Considering his age, he is very mature.
　　　＝ If we consider his age, he is very mature.
　　　　　彼の年齢を考えると、彼は随分と大人だ

これらの慣用表現には、次のようなものがあります。

assuming　（〜と仮定して）	granted　（仮に〜としても）
talking of　（〜と言えば）	judging from　（〜から判断すると）
generally speaking　（一般的に言って）	

中には、完全な接続詞や前置詞になっているものもあります。

(○) I always attend the meeting, providing I am free. （＝接続詞）

暇な限り、私はいつもミーティングに参加しています

(○) According to his schedule, Tom is now in Paris. （＝前置詞）

スケジュールによると、トムは今パリにいる

4）「場所・範囲」に関する従属接続詞

分詞構文だけで使われることはありません。接続詞を持った慣用表現に限られます。

(○) Where known, the facts have been reported.

わかっている範囲で、その事実は報告されている

5）付帯状況

付帯状況とは、2つの動作が**同時**に起こるか、もしくは、**連続して起こる**ことを表します。「同時」を表す付帯状況では、何か具体的な従属接続詞が省略されている訳ではなく、「〜しながら…する」という意味を表します。

「同時」を表す場合

(○) Tom spoke to his clients, showing them some pictures.

トムは写真を見せながらクライアントに話をした

「連続」を表す場合

(○) Putting on his glasses, the man started to read a book.

眼鏡をかけると、男性は本を読み始めた

付帯状況の「同時」を表す場合、分詞構文は文末に置かれるのが一般的です。一方、「連続」を表す場合には、**時間的に先に起こる内容**が、文でも先に現れます。

次の例では、「ドアを開ける」という動作が先に起こり、その後で「部屋に入る」という動作が起こります。（ドアを開けずに、部屋に入ることはできませんよね。） そのため、分詞構文の位置に関わらず、「ドアを開ける」という部分が、文の前半に現れます。

(○) Opening the door, she entered the room quietly.

ドアを開けると、彼女は静かに部屋に入った

(○) She opened the door, entering the room quietly.

彼女はドアを開けて、静かに部屋に入った

付帯状況は、付け足し的な説明部分なので、分詞構文を使った部分のほうが意味的に軽くなります。上の例ではどちらも主節のほうに、話し手の焦点はあります。

「準動詞」のまとめ

The accused was sitting quietly in the court.

STEP 1 ⇒ まずは「日本語」の文で考えてみよう

 次の3つの文で、「凍る／凍らせる」という動詞はどの品詞に変換されている？

(○) **凍らせること**が食料保存の1つの方法だ
(○) 彼らは**凍るような**水の中で泳いでいた
(○) 彼の手は**凍るほど**冷たい

一般的に「文」とは、「いつ・どこで・誰が・何を・なぜ・どのように・どうした」という7つの基本要素で成り立っています (☞ p.21)。このうち、「どうした」の部分を述語動詞と呼び、この場所に入る品詞が**「動詞」**でしたよね。(「動詞」と「述語動詞」の違いについては104ページ参照。)　それ以外の場所に動詞をそのまま置くと、間違った文が出来上がります。

しかし日本語でも英語でも、この「動詞」を、名詞・形容詞・副詞など、他の品詞に変換することができます。名詞に変換すると、文の主語(☞ p.26)・目的語(☞ p.26)・補語 (☞ p.84) の位置に入れることができます。形容詞に変換すると、名詞を修飾できるようになり、副詞に変換すると、名詞以外を修飾できます。

上の1番目の例文では、「凍らせる」という動詞に、「こと」を足して名詞に変換し、主語の位置に入れています。2番目の文では、「ような」を足して形容詞に変換し、後ろに続く「水」という名詞を修飾しています。3番目では、「ほど」を足して副詞に変換し、後ろに続く「冷たい」という形容詞を修飾しています。

STEP 2 ⇒ 「英語」の場合を見てみよう

英語の場合、「動詞」を他の品詞に変換するには、「to 原形」「ing 形」「p.p. 形」を使います。この3つの変化形 (☞ p.98) は、その一語だけでは述語動詞になれないので (☞ p.102)、まとめて準動詞といいます。上の3つの例文は、ing 形を使って、次のように英語に訳すことができます。

名詞用法の ing 形 ^(☞ p.224) ：

    (○) **Freezing** is one way of preserving food.

形容詞用法の ing 形 ^(☞ p.278) ：

    (○) They were swimming in the **freezing** <u>water</u>.

副詞用法の ing 形 ^(☞ p.312) ：

    (○) His hands are **freezing** <u>cold</u>.

＊名詞用法の準動詞＊

1）「to 原形」と「ing 形」

名詞用法は、主語・目的語・補語の働きをします。（to 原形と ing 形の違いについては、228 ページを参照。）

    (○) **To become** a famous actor is my dream.
        有名な俳優になることが私の夢です （＝主語）

    (○) Tom will soon decide **to buy** a new car.
        新しい車を買うことをトムは近いうちに決めるでしょう （＝目的語）

    (○) The man left Paris without **seeing** the Eiffel Tower.
        その男性はエッフェル塔を見ることなくパリを離れた （＝前置詞の目的語）

    (○) Anna's hobby is **playing** the piano.
        アンナの趣味はピアノを弾くことです （＝補語）

2）「p.p. 形」

p.p. 形は、それだけでは名詞として機能しません。しかし、冠詞の the を伴うと、人や物を表す名詞として使える場合があります。

    (○) The **accused** was sitting quietly in the court.
        被告は法廷で静かに座っていた

この p.p. 形は、もともと形容詞用法で、本来は後ろに thing や people などの名詞が続いています。その名詞が省略されて、慣用表現となったものです。

the accused　　＝　the accused **person**（もしくは people）
  被告　　　　　　　　*告訴された人*

the unexpected　　＝　the unexpected **thing**
  不慮の出来事　　　　　*予期されなかった事*

一般的に、「物」を表す言葉は**単数扱い**で、「人」を表す言葉は**単数扱い**にも**複数扱い**にもなります。（ただし、p.p. 形は単複同形なので、複数を表す「s」を取りません。）

＊形容詞用法の準動詞＊

普通の形容詞と同じように、「形容詞用法の準動詞」にも、限定用法と叙述用法があります (☞ p.76)。

1）限定用法
限定用法は分類機能を持ち、修飾を受ける名詞の前後に置かれます。

（○）Customers can place a **to-go** order by telephone.
> 客は電話で**テイクアウト**の<u>注文</u>を入れることができる
>> （注： この場合の place は動詞で、「（注文を）出す、入れる」という意味。to go はテイクアウト（持ち帰り）のこと）

（○）You must not put your hand out of the window of a **moving** car.
> **動いている**<u>車</u>の窓から手を外に出してはいけません

（○）We need to replace the **broken** window.
> 私たちは**壊れている**<u>窓</u>を取り換える必要があります

2）叙述用法
叙述用法は補足説明を加える働きを持ち、補語として述語動詞を飛び越えて主語の名詞を修飾します（目的格補語 ☞ p.368）。

（○）<u>He</u> doesn't seem **to agree** with you.
> 彼は君に**賛成している**ようではなさそうだ

（○）<u>The children</u> came home **freezing**.
> 子供たちは**凍えながら**家に戻って来た

（○）<u>The boy</u> took her hand **embarrassed**.
> 少年は**恥ずかしそうに**彼女の手を取った

＊副詞用法の準動詞＊

副詞用法の準動詞は、名詞以外（＝「文」も含む）を修飾します。

1）形容詞の修飾

(○) His handwriting is <u>impossible</u> **to read**.

　　　　彼の筆跡は読むのが不可能だ

(○) The pavement is **burning** <u>hot</u> because of the heat wave.

　　　熱波のせいで舗装道路が焼けるように熱い

> （注： 副詞用法の p.p. 形では「とても」を意味する
> 強調語の damned くらいに限られる。しかしこの言葉
> は親しい間柄でしか使われない）

2）その他の修飾

(○) Tom took a taxi **to go** to the station.

　　　トムは駅に行くためにタクシーに乗った

(○) Anna went **swimming** in the pool.

　　　アンナはプールへ泳ぎに行った

(○) **Given** the chance, I will speak with the mayor.

　　　機会が与えられるなら、私は市長と話をします

> （注： この given は前置詞化した慣用表現）

これまで見てきたように、準動詞とは、「動詞」を名詞・形容詞・副詞に変換したものです。今課では、特に準動詞とその**修飾関係**の復習をしました。つまり、どの品詞として機能しているかです。準動詞には、もう１つ、大切な働きがあります。それは重複する**主語**を**省略**することです。次の課では、準動詞を使って「節」の書き換えをする方法を、復習していきましょう。

65 「節の書き換え」のまとめ

Having many friends, he is rarely alone.

 次の2つの文で、意味に違いはある？

(○) 私たちは、私たちが間違っていることを認めた
(○) 私たちは、　　　　　間違っていることを認めた

別の文の一部に埋め込まれている文のことを、従属節といいましたよね（☞ p.302）。文の中で、どの品詞の働きをしているかによって、名詞節・形容詞節・副詞節があります。一方、従属節ではない、文の本体のことを主節といいます。

主節と従属節の主語が同じ場合、「従属節」の主語を省略することができます。上の例文のように、日本語では、ただ単に従属節（＝　　　の部分）の主語を消すだけで構いません。それによって意味に違いが出ることはありません。

英語でも、重複する従属節の主語を省略することができます。しかし英語の場合には、ただ単に主語を消すだけでは不十分です。関係詞や従属接続詞も消して、更に、従属節の「述語動詞」を準動詞に変える必要があります。

＊名詞節の書き換え＊

名詞用法の that 節（☞ p.220）では、to 原形か ing 形を使って、that 節の主語を省略することができます。

(○) His idea is **that** he should find a job first.
　　　　　　　　　　　　　　仮想的なことなので to 原形（☞ p.229）
= (○) His idea is **to find** a job first.
　　　彼の考えは、まず彼自身が仕事を見つけることだ

322

（○）The boy denies **that** h̶e̶ | is | sick.

deny は目的語に ing 形を取る （☞ p.230）

＝（○）The boy denies **being** sick.

その少年は彼̶自̶身̶が病気であることを否定している

もちろん、主節と従属節で主語が違う場合には、従属節の主語をそのまま使う必要があります。

（○）**The boy** denies that **his sister** is sick.

［主語が違う］
その少年は妹が病気であることを否定している

＊形容詞節の書き換え＊

英語の形容詞節には、内容節（☞ p.232）・関係副詞節（☞ p.238）・関係代名詞節（☞ p.242））がありましたよね。内容節や関係副詞節の主語が、主節の主語と同じ場合には、to 原形を使って書き換えができます。

＜内容節＞

（○）I have a dream **that** I̶ | will become | a famous actor.

＝（○）I have a dream **to become** a famous actor.

私には私̶が̶有名な俳優になるという夢があります

＜関係副詞節＞

（○）The old man doesn't have a place **where** h̶e̶ | can relax |.

＝（○）The old man doesn't have a place **to relax**.

その老人には彼̶が̶くつろげる場所がない

第3章 品詞の変換

一方、関係代名詞節では、前の２つよりも少し複雑です。（また、所有格の関係代名詞では、書き換えができません。）

1）目的格の関係代名詞の場合

目的格の関係代名詞節では、重複する主語を省略できます。ただし、関係詞節の中で**法助動詞**（☞ p.109）が使われている場合です。この時には、to 原形を使って書き換えます。

　　＜目的格の関係代名詞節＞
　　（○）He has many things **which he** | must do | at home.
= （○）He has many things **to do** at home.
　　　　彼には彼が家でしなければならない事がたくさんある

節の中で法助動詞が使われていない場合というのは、事実を述べている場合です。この時には、ing 形を使って書き換えます（☞ p.278）。しかし ing 形は、「主格」の関係代名詞の書き換えにしか使えません（☞ p.279）。そのため、目的格の関係代名詞節を書き換えることはできません。

　　（○）He has many friends **whom** he | trusts | very much.
　　（×）He has many friends **trusting** very much.
　　　　彼にはとても信頼する友人がたくさんいる

2）主格の関係代名詞の場合

主節の主語とは関係なく、主格の関係代名詞は省略することができます。（主格の関係代名詞の場合には、従属節に主語がそもそもありません。先行詞として節の外に出ているためです。（☞ p.246）） その時に、「to 原形」「ing 形」「p.p. 形」のどれを取るかは、節の「述語動詞」を見て判断します。（ただし、節と準動詞の違いは日本語訳に現れません。）

　　＜節の述語動詞に法助動詞がない場合　＝　ing 形＞
　　（○）I am looking for a person **who** | lives | in this house.
= （○）I am looking for a person **living** in this house.
　　　　私はこの家に住んでいる人を探している

<節の述語動詞に法助動詞が**ある**場合　＝　to 原形>

　（○）I am looking for a person **who** can live in this house.

＝（○）I am looking for a person **to live** in this house.

　　　私はこの家に住んでくれる人を探している

<節の述語動詞が**受動**の場合　＝　p.p. 形>

　（○）Hebrew is the language **which** is spoken in Israel.

＝（○）Hebrew is the language **spoken** in Israel.

　　　ヘブライ語がイスラエルで**話される**言語です

＊副詞節の書き換え＊

英語の副詞節とは、従属接続詞（☞ p.300）を使った節のことでしたよね。この場合にも、「主節」と「副詞節」の主語が同じ時には、副詞節の主語を省略できます。意味に曖昧さが出なければ、主語だけではなく、従属接続詞も省略することができます（☞ p.314）。

１）副詞用法の that 節（＝　to 原形）

　（○）The children are happy **that** they will go on this trip.
＝（○）The children are happy **to go** on this trip.

　　　　この旅行に行くことに子供たちは喜んでいる

　　　　　　（注：　ただし、書き換えができるかどうかは、それぞれの
　　　　　　　　形容詞が that 節と to 原形の両方を取れるかどうかによる）

２）副詞節が能動文の場合（＝　ing 形）

　（○）**Because** he has many friends, he is rarely alone.
＝（○）**Having** many friends, he is rarely alone.

　　　　たくさんの友人がいるので、彼は一人でいることがめったにない

３）副詞節が受動文の場合（＝　p.p. 形）

　（○）**If** it is used properly, this tool will last 10 years.
＝（○）**Used** properly, this tool will last 10 years.

　　　　適切に使用されれば、この道具は 10 年もちます。

「that 以外」の名詞節 と 疑問詞

I don't know if Tom is free today.

STEP 1 ⇒ まずは「日本語」の文で考えてみよう

 次の２つの文で、従属節（= 部分）は、どの品詞の働きをしている？

（○）トムは電車が到着した**こと**を知らない
（○）トムは電車が到着した**かどうか**を知らない

上の１番目の例文では、「トムは〜を知らない」という部分が主節（☞ p.302）ですよね。そして、その目的語の部分に、「電車が到着したこと」という従属節が埋め込まれています。目的語になるのは名詞ですから、この従属節は、名詞節です。

STEP 2 ⇒ 「英語」の場合を見てみよう

英語で同じ働きをするのが、名詞用法の that です。

	<主語>	<述語動詞>	<目的語>
（○）	Tom	doesn't know	**that** the train arrived.

トムは電車が到着したことを知らない

２番目の例文でも、主節は全く同じですよね。という事は、その目的語の位置に埋め込まれている従属節は、やはり名詞節です。つまり、日本語の「かどうか」にも、「文」を名詞に変換する働きがあります。

英語でその働きをするのが whether です。多くの場合、or not と一緒に使われます。この or not を置く場所は、whether の直後でも、節の終わりでも構いません。また、省略しても構いません。

（○）

<主語>	<述語動詞>	<目的語>
Tom	doesn't know	**whether** the train arrived **or not**.

（○）

<主語>	<述語動詞>	<目的語>
Tom	doesn't know	**whether or not** the train arrived.

＊名詞節を作る if ＊

whether と同じ働きをする言葉に、if があります。しかし if が作る名詞節は、他動詞の「目的語」にしか使えません。もし「主語」や「補語」であれば、whether を使う必要があります。

- （×）**If** Tom is free today is unknown.
- （○）**Whether** Tom is free today is unknown.
  今日トムが暇かどうかは不明だ

また if は、「〜かどうか」という意味で名詞節を作りますが、その一方で、「もし〜ならば」という意味の副詞節も作ります（☞ p.304）。この区別は、他動詞の目的語になっているかどうかで判断します。（目的語なら名詞節です。）

（○）

＜主語＞	＜述語動詞＞	＜目的語＝名詞節＞
I	don't know	**if** Tom is free today.

私は今日トムが暇かどうかを知らない

（○）

＜主語＞	＜述語動詞＞	＜目的語＞	＜修飾語＝副詞節＞
I	can visit	Tom	**if** he is free today.

もし今日トムが暇ならば、私はトムを訪ねることができる

ここで1つ注意する点があります。if や when など「条件」や「時」を表す副詞節では、未来の内容でも、述語動詞に will を使いません（☞ p.451）。（副詞節を作る when は、「〜する時（に）」という意味です。）

- （○）I want to talk to him **if** he **shows** up tomorrow.
  もし明日彼が来たら、私は彼と話がしたい

- （○）I want to talk to him **when** he **returns** from the trip tomorrow.
  彼が明日旅行から戻った時に、私は彼と話がしたい

しかし、これらの言葉が名詞節を作る場合には、未来の事は未来の表現（☞ p.406）を使って表します。（この時の when は疑問詞（☞ p.329）で、「いつ〜か」という意味です。）　次の例では、どちらの名詞節も、know の目的語になっています。

（○）I want to know **if** he **will show** up tomorrow.
　　　私は彼が明日来るかどうかを知りたい　（→　know の目的語）

（○）I want to know **when** he **will return** from his trip.
　　　私は彼がいつ旅行から戻るのかを知りたい　（→　know の目的語）

＊２種類の疑問文＊

疑問文には、２種類あります。１つは、「はい・いいえ」で答えられる真偽を問う疑問文（＝ Yes/No 疑問文）です。もう１つは、「はい・いいえ」では答えられない、具体的に何らかの情報を尋ねる疑問文（＝ Wh 疑問文）です。

英語で「Yes/No 疑問文」を作るには、助動詞の do を使い、主語と助動詞の位置を入れ替えます（☞ p.114）。ただし be 動詞の場合には、単に主語と be の位置を入れ替えます。

Tom |bought| a book.

Tom **did** buy a book.

Did Tom buy a book?
　トムは本を買いましたか？

Tom **is** a lawyer.

Is Tom a lawyer?
　トムは弁護士ですか？

一方、具体的な情報を尋ねる疑問文では、疑問詞を使います。疑問詞とは、文を構成する７つの基本要素、「いつ・どこで・誰が・何を・なぜ・どのように・どうした」の「どうした」以外の言葉です。英語では、知りたい情報の部分を疑問詞に置き換え、その疑問詞を文頭に移動させます。

Did Tom buy a book ?

                 ［知りたい情報の部分を疑問詞に置き換える］

Did Tom buy **what**?

         ［疑問詞を文頭に移動させる］

What did Tom buy?

  *トムは**何を**買いましたか？*

英語の疑問詞には、次のようなものがあります。(how を除けば、疑問詞は全て wh で始まるので、これらの疑問文はまとめて wh 疑問文と呼ばれます。)

時	when（いつ）
場所	where（どこで）
主語・補語	who（誰が）、what（何が）、which（どちらが） whose 〜（誰の〜が）
目的語	whom（誰を）、what（何を）、which（どちらを） whose 〜（誰の〜を）
理由・原因	why（なぜ）
様態	how（どのようにして）

補足

「人」に関する疑問詞には、who（＝主格）、whose（＝所有格）、whom（＝目的格）という「格」（☞ p.251）の違いがあります。しかし which と what は、全ての格で同じ形を取ります。そのため、主格や目的格として単体で使われることもあれば、所有格として他の名詞とセットで使われることもあります。

  (◯) **Which** do you want to buy?
    *あなたは**どちら**を買いたいですか？*

  (◯) **Which book** do you want to buy?
    *あなたは**どちらの本**を買いたいですか？*

また、how は形容詞や副詞と一緒に用いられて、how long（どれくらい長く）や how quickly（どれくらい素早く）や how many times（何回）などの形でも使われます。

＊「直接疑問文」と「間接疑問文」＊

> 次の２つの文で、１番目の文が間違っている理由は？
>
> （×）アンナは**トムが何を買いましたか**を知っています
> （○）アンナは**トムが何を買ったのか**を知っています

日本語では、直接相手に質問をする場合、丁寧体（デス・マス調）で疑問文を作ることができます。しかし、その疑問文を、そのまま別の文の一部に埋め込むことはできません。

（○）　┌ トムが何を買いましたか ┐？

	＜主語＞	＜目的語＞	＜述語動詞＞
（×）	アンナは	トムが何を買いましたかを	知っています

英語でも、**疑問文をそのまま別の文の一部に埋め込むと間違いになります。**

（○）　┌ What did Tom buy ┐？

	＜主語＞	＜述語動詞＞	＜目的語＞
（×）	Anna	knows	what **did** <u>Tom</u> **buy**.

英語では、「疑問文」を別の文の一部に埋め込む場合、疑問詞は文頭に置いたままで構いません。しかし、それに続く主語と述語動詞は、疑問文の語順（＝did Tom buy）ではなく、平叙文、つまり普通の文の語順（＝ Tom bought）にする必要があります。

（○）Anna knows what <u>Tom</u> **bought**.
　　　　　　　　　　＜主語＞＜述語動詞＞

また、文自体が疑問文でも、埋め込まれる節は疑問文の語順になりません。

（×）Does Anna know what **did Tom buy**?

（○）Does Anna know what **Tom bought**?

　　　アンナは、トムが何を買ったか知っていますか？

文の一部に疑問文が埋め込まれたものを、間接疑問文といいます。「かどうか」を表す whether や if は（☞ p.326 〜 p.327）、Yes/No 疑問文を、他の文の一部に埋め込んだ時に使います。一方、埋め込まれていない元の疑問文を、直接疑問文といいます。

（○）Is Tom a lawyer?　（＝直接疑問文）

　　　トムは弁護士ですか？

（○）I don't know **whether** Tom is a lawyer.　（＝間接疑問文）

　　　私はトムが弁護士かどうかを知らない

＊「疑問詞節」の書き換え＊

「文」と「節」の主語が同じ場合、「節の主語」を省略することができましたよね。例えば、関係詞節の中で法助動詞（☞ p.109）が使われている時には、to 原形を使って書き換えられます（☞ p.278）。

（○）I am looking for <u>a place</u> where I can stay.

（○）I am looking for <u>a place</u> to stay.

　　　私は泊まれる場所を探している

　　　　　（→　この where は関係副詞で place を修飾している）

同じように、法助動詞が使われている疑問詞節は、to 原形を使って書き換えることができます。ただし、関係詞の場合とは違い、「疑問詞」はそのまま残ります。

（○）**She** doesn't know where **she** should go.

（○）She doesn't know <u>where</u> **to go**.

　　　彼女は、どこへ行くべきかわからない

　　　　　（→　この where は疑問詞で know の目的語になっている）

STEP 1 ⇒ **まずは「日本語」の文で考えてみよう**

次の３つの文で、節（＝ 部分）は、元の文をどの品詞に変換したもの？

- （○）私はその事故がいつ起こったのかを知らなかった
- （○）私はその事故が起こった日付を知らなかった
- （○）その事故が起こった時、私は彼を知らなかった

１番目の節は、「知らなかった」の目的語になっているので名詞節ですよね。２番目は、「日付」を修飾しているので形容詞節です。そして３番目は、文を構成する７つの基本要素 (☞ p.21) のうちの、「いつ」を表しているので副詞節です。

STEP 2 ⇒ **「英語」の場合を見てみよう**

上の３つの文を英語にするには、それぞれ「疑問詞」「関係詞」「従属接続詞」を使う必要があります。しかしこれは、埋め込む「文」を、名詞・形容詞・副詞のどの品詞に変換するのか、という違いにすぎません。つまり、この疑問詞・関係詞・従属接続詞という名前の違いは、実は、用法の違いなのです。

英語の when には、「文」を名詞・形容詞・副詞に変換する働きがあります。上の例文であれば、「The accident happened. (＝その事故が起こった)」という文を、when を使って、それぞれ名詞節・形容詞節・副詞節に変換することができます。

< when の名詞用法　（＝ 疑問詞）>

（○）I didn't know **when** the accident happened.

< when の形容詞用法　（＝ 関係詞）>

（○）I didn't know the date **(when)** the accident happened.

< when の副詞用法　（＝ 従属接続詞）>

（○）I didn't know him **when** the accident happened.

「疑問詞」「関係詞」「従属接続詞」という用語を聞くと、何か別々の文法事項のように感じてしまいますよね。しかし上で見たように、これらを難しく考える必要はありません。ただ単に、「文」をある品詞に変換して、別の文の一部に埋め込む働きをするのです。これらの言葉をまとめると、次のようになります。

	疑問詞 （＝名詞節を作る）	関係詞 （＝形容詞節を作る）	従属接続詞 （＝副詞節を作る）
who	○ 「誰が」	○ （訳さない）	×
whose	○ 「誰の」	○ （訳さない）	×
whom	○ 「誰を」	○ （訳さない）	×
what	○ 「何が／の／を」	○ 注を参照：「〜すること」	×
which	○ 「どちらが／の／を」	○ （訳さない）	×
when	○ 「いつ」	○ （訳さない）	○ 「〜する時に」
where	○ 「どこで」	○ （訳さない）	○ 「〜する場所に」
why	○ 「なぜ」	○ （訳さない）	×
how	○ 「どのようにして」	○ （訳さない）	×

注） what は the thing which を言い換えたもので、例外的に名詞節を作る（☞ p.271）

その他の従属接続詞

	名詞節を作る	形容詞節を作る	副詞節を作る
if	○ 「〜かどうか」	×	○ 「もし〜なら」
whether	○ 「〜かどうか」	×	○ 「〜であろうと」
that	○ 「〜こと」	○ 関係詞節（訳さない） 内容節「〜という」	○ 「〜して／〜とは」

日本の英文法では、不定詞（＝ to 原形）のみ、名詞用法・形容詞用法・副詞用法という言い方をします。この「用法」とは、早い話が、「どの品詞に変換したのか」、もしくは「どの品詞として機能しているか」という事ですよね。

そうであれば、動名詞・現在分詞・分詞構文も、別々の文法事項として扱うのでなく、ing 形の名詞用法・形容詞用法・副詞用法と言ってしまったほうが簡単です。また、疑問詞・関係詞・従属接続詞についても、同じ事が言えます。

つまり、「文を構成する 7 つの基本要素」と「品詞の働き」の 2 つを理解すれば、実は、英文法の半分を習得したも同然なのです。（残りの半分は時制です。）そこで、第 3 章はあと 7 ページで終わりますが、第 4 章に進む前に、もう一度、第 1 章をざっと読み返してみることをお勧めします。

＊その他の注意点＊

1）名詞節を作る whether は、to 原形を使って書き換えられる

   （○）I don't know whether I should go.

= （○）I don't know whether to go.
       私は行くべきかどうかわからない

2）副詞節を作る whether の中では will を使わない

   （○）Whether he **comes** with me or not, I will go there.
       彼が私と一緒に来ようと来なかろうと、私はそこに行くつもりです

3）名詞節を作る if は使い方が限定的

   ①「他動詞」の目的語でしか使えない (☞ p.327)

    （＝主語・補語・「前置詞」の目的語にはなれない）

   ② or not は節の末尾にしか置けない

    （○）I wonder whether **or not** I should buy the book.

    （×）I wonder if **or not** I should buy the book.
       私はその本を買うべきかどうか自問しています

4）　疑問詞と関係詞の what

  関係代名詞の what は先行詞を含み、「（～する）こと」や「（～する）もの」という意味を表します (☞ p.271)。一方、疑問詞の what は「何」という意味です。what が疑問詞と関係代名詞のどちらの意味で使われているかは、

文脈によって判断する必要があります。（文脈がない場合には、どちらの意味にも解釈できます。）

We couldn't hear **what** the old man said.

 (○)　*私たちにはその老人が言ったことが聞こえなかった*　（＝関係代名詞）

 (○)　*私たちにはその老人が何を言ったのかが聞こえなかった*　（＝疑問詞）

発展	間接疑問を含む疑問文

330 ページでは、間接疑問を含む文を見ました。その文自体が更に疑問文になることがあります。その場合、その答えは、Yes/No で答えられることもあれば、具体的な情報を答える必要があることもあります。聞き手がどちらを意図しているかによって、疑問詞の位置が変わります。

 (○) Does Anna know **what** Tom bought?

  アンナは、トムが何を買ったか知っていますか？

  →　Yes/No で答えられる

 (○) **What** does Anna think Tom bought?

  アンナは、トムが何を買ったと思っていますか？

  →　具体的な情報を答える必要がある

この違いは、動詞の種類に依（よ）ります。Yes/No で答えられる疑問文を作る動詞には、次のようなものがあります。

 know　（知っている）　　explain　（説明する）　　remember　（覚えている）

                    など

一方、具体的な情報を尋ねる疑問文を作る動詞には、次のようなものがあります。

 think　（思う）　　　　believe　（信じる）　　　expect　（期待する）

 hope　（望む）　　　　imagine　（想像する）　suggest　（提案する）

                    など

動詞によっては、両方の疑問文が作れることもあります。

 (○) Did he say **where** he bought the book?

  彼はどこでその本を買ったか言いましたか？

  返答：「はい、言いました」「いいえ、言いませんでした」

 (○) **Where** did he say he bought the book?

  彼はどこでその本を買ったと言いましたか？

  返答：「古本屋で買ったと言いました」

68　比較

This building is as high as Big Ben.

STEP 1 ⇒　まずは「日本語」の文で考えてみよう

 次の 3 つの文で、2 番目の文が間違っている理由は？

（○）この建物はビッグ・ベンと同じ**高さ**です
（×）この建物はビッグ・ベンと同じ**高い**です
（○）この建物はビッグ・ベンと**同じくらい高い**です

「高さ」は名詞ですが、「高い」は形容詞です。「同じ」は、「同じ人」や「同じ時間」など、名詞と一緒に使えるのですから形容詞です。そのため、1 番目の例文のように、名詞を修飾して「同じ高さ」と言うことはできますが、2 番目の例文のように、形容詞を修飾して「同じ高い」と言えないのは、当たり前ですよね。

一方、3 番目の例文では、「同じくらい」と言っています。これは程度を表します。程度を表すのは副詞の働き（☞ p.47）でしたよね。副詞であるなら、「高い」という形容詞を修飾しても問題はないわけです。

STEP 2 ⇒　「英語」の場合を見てみよう

英語の場合、「同じ」は same で、「～と」には前置詞の as を使います。そのため、1 番目の例文は、次のように英語に訳します。（当然、同じ要領で「高い」という形容詞を使うと間違いになります＝2 番目の例文）

（○）This building is the same **height** as Big Ben.
　　　　　　　　　　　［名詞］

（×）This building is the same **high** as Big Ben.
　　　　　　　　　　　［形容詞］

これに対して、「同じくらい」は as で表します。「～と」は、same の場合と同じく as なので、as を 2 回使うことになります。

(○) This building is as **high** as Big Ben.

> ［形容詞］
> （注： 1番目の as は「副詞」で、2番目の as は「前置詞」。
> つまり、2番目の as の後ろに代名詞が続く場合には「目的格」）

＊原級比較＊

前ページで見たように、2つの物が同じ程度である場合、英語では「as 〜 as ...」という形を使います。この「〜」の部分に形容詞や副詞を置きます。（つまり、as と as の間にサンドイッチさせます。） この時、形容詞や副詞は辞書に載っている形（＝「原級」）を使うので、この比較方法を原級比較といいます。

肯定文では、「…と同じくらい〜だ」という意味ですが、否定文になると、「…ほど〜ではない」という意味になります。

(○) Tom is as **tall** as me.
> トムは私と同じくらい背が高い

(○) Anna is **not** as **tall** as Tom.
> アンナはトムほど背が高くない

> （注： not so 〜 as ... という形も使われる）

as 〜 as ...の「〜」の部分には、「形容詞＋名詞」の形や、その名詞が修飾語を伴うこともできます。

(○) Anna has as **many** books on France as Tom.
> アンナはトムと同じくらいたくさんのフランスに関する本を持っている

また、2番目の as の後ろに、「文」を続けることもできます。この時の as は従属接続詞（☞ p.300）です。（after や before と同じように、「前置詞」と「接続詞」の両方の使い方があります。） そのため、語順を入れ替えて、従属節から文を始めることもできます。

(○) As quickly as **the door is closed**, it should also be locked.
> 扉が閉められるのと同じくらい素早く、鍵もかけられなければならない
> （＝扉を閉める時だけでなく、鍵をかけるのも、また素早くなければならない）

もし従属節に、主節と重複する部分がある場合には、その重複部分を省略することができます（☞ p.133）。結果として、接続詞の as の後ろには、「文」だけではなく、様々な要素が置かれます。

(○) I want to run as much as **to swim**.
私は泳ぎたいのと同じくらい走りたい
(= I want to run as much as I want to swim.)

(○) Now the boy is not as shy as **two years ago**.
もう少年は2年前ほど恥ずかしがりではない
(= Now the boy is not as shy as he was shy two years ago.)

補足

比較は、2つの物を比べるため、その対象は同じ分類の物でなくてはなりません。
アンナの料理は、一流シェフの料理と同じくらいすばらしい
(○) Anna's cooking is as fantastic as a top chef's cooking.
→ 料理と料理を比べている

繰り返しの cooking を省略する場合、次の1番目の文では、比較の対象が同じではなくなるので間違いになります。3番目では、cooking を代名詞の that で置き換えています。
(×) Anna's cooking is as fantastic as a top chef.
(○) Anna's cooking is as fantastic as a top chef's.
(○) Anna's cooking is as fantastic as that of a top chef.
アンナの料理は、一流シェフのと同じくらいすばらしい

＊比較級＊

比較級とは、2つの物を比べて、どちらか一方が優れている、もしくは劣っていることを表します。日本語では、「…よりも〜だ」という表現になります。

英語の場合、「〜だ」の部分に入る「形容詞」や「副詞」は、原級（＝辞書に載っている形）ではなく、比較級という特別な形を取ります。また、「…よりも」には、than を使います。

(○) Tom is **taller** than me.
トムは私よりも背が高い

発展		

「比較級」と「最上級」の作り方

比較級の作り方には、原級の語尾に **-er** を足す場合と、原級の前に **more** を足す場合の2つがあります。下に挙げたルールの他にも細かいルールがあるので、辞書で確認することが必要です。（**最上級**（☞ p.341）の作り方も、一緒に見ておきましょう。最上級では、原級の語尾に **-est** を足すか、原級の前に **most** を足します。）

１）　一音節（発音する母音の数が１つ）の語：　語尾に -er ／ -est を付ける

＜原級＞	＜比較級＞	＜最上級＞
tall	taller	tallest
old	older	oldest

２）　語尾が「短母音＋１子音字」で終わる語：　子音字を重ねて -er ／ -est

＜原級＞	＜比較級＞	＜最上級＞
hot	hotter	hottest
big	bigger	biggest

３）　語尾が「子音字＋y」で終わる語：　yをiに変えて -er ／ -est を付ける

＜原級＞	＜比較級＞	＜最上級＞
dry	drier	driest
happy	happier	happiest

４）　二音節で語尾が -er、-ow で終わる語：　語尾に -er ／ -est を付ける

＜原級＞	＜比較級＞	＜最上級＞
clever	cleverer	cleverest
narrow	narrower	narrowest

５）　語尾が -e で終わる語：　語尾に -r ／ -st を付ける

＜原級＞	＜比較級＞	＜最上級＞
large	larger	largest
wide	wider	widest

<u>6 ）</u> 大半の二音節の語と三音節以上の語：　原級の前に more ／ most を置く

＜原級＞	＜比較級＞	＜最上級＞
famous	**more** famous	**most** famous
difficult	**more** difficult	**most** difficult

<u>7 ）</u> 語尾が -ly で終わる副詞：　原級の前に more ／ most を置く

＜原級＞	＜比較級＞	＜最上級＞
quickly	**more** quickly	**most** quickly
warmly	**more** warmly	**most** warmly

<u>8 ）</u> 不規則な変化をする語

＜原級＞	＜比較級＞	＜最上級＞
good	**better**	**best**
bad	**worse**	**worst**
many	**more**	**most**
much	**more**	**most**
little	**less**	**least**

など

比較級では、「～er　than ...」や「more ～ than ...」という形を取ります。(「～」には、形容詞や副詞が入ります。)　また、「比較級の形容詞＋名詞」の形を取ることもできます。

　(○) She bought **more** books **than** she could read in a day.
　　　　彼女は一日で読める以上の本を買った
　　　　→　この more は、many の比較級

原級比較の場合と同様、比較級の than にも、「前置詞」と「接続詞」の両方の働きがあります。重複部分は省略できるので、接続詞の than の後ろには、「文」だけではなく、様々な要素が置かれます。

　(○) The boy can move more quickly than **two years ago**.
　　　　その少年は2年前よりも素早く動くことができる

2つのうち、どちらかが劣っている事を表すには less を使います。日本語では、「…ほど〜ではない」という意味になります。

(○) This book is **less expensive** than that one.
　　 この本は、あの本ほど高価ではない

＊最上級＊

3つ以上の物を比較して、「…の中で一番〜だ」と言う時には、最上級を使います。最上級は、原級の語尾に -est を付けるか、原級の前に most を置きます (☞ p. 339 〜 p.340)。

「…の中で」を表すのに、前置詞の of や in を使います。また、形容詞の場合には、the と一緒に使われます。(ただし、the の有無については様々な規則があるので辞書で確認する必要があります。)

(○) He is **the happiest** person <u>in</u> this town.
　　 彼がこの町で一番の幸せ者だ

(○) The girl runs **fastest** <u>in</u> her class.
　　 その少女がクラスで一番速く走る
　　　→ 最上級の副詞には the が付かない事が多いが、付けても構わない

最上級は、「have + p.p. 形」を使った関係詞節の修飾を受けることが多くあります。また、一番劣っている事を表すのに、least を使います。日本語では、「最も〜でない」という意味になります。

(○) This is **the best** <u>movie</u> that I **have ever seen**.
　　 これが今まで見た中で一番良い映画だ
　　　→ この best は、good の最上級

(○) This summer, I had **the least interesting** experience of my life.
　　 この夏、私の人生の中で、最も面白くない経験をした

第 **4** 章

複雑な構造の文

次の質問に対して、適切な答えはどっち？

(鍵、見なかった？)
　　鍵**が**机の上にあるよ
　　鍵**は**机の上にあるよ

これまで本書では、後置詞の「が」と「は」は、主語を表すと説明してきましたよね。しかし実際には、「が」と「は」は同じではありません。その違いについては深く触れませんが、1つ重要な事に、既知情報と新情報の使い分けがあります（☞ p.130）。「は」は既知情報を表し、「が」は新情報を表します。

上の例文では、相手が「鍵」を探している、という事がわかっていますよね。そのため、答えの文では、「鍵」を既知情報として扱う必要があります。つまり、2番目の文のように、「は」を使った文が正しくなります。逆に、1番目の「が」を使った文では、人の話を聞いていなかったような印象を受けます。これは、「鍵」を新情報として扱っているからです。

英語で既知情報か新情報かを区別する方法の1つに、冠詞（☞ p.42）の the と a の違いがあります。次の例文を見てみましょう。

My neighbor has a dog . The dog is a golden retriever .

　　　　　　　　　　新情報　　既知情報　　　　新情報

隣人が犬を飼っている。その犬はゴールデン・レトリーバーだ
　　　　　　　（＝隣人が飼っている犬）

ここで、もう1つ重要なことがあります。先に挙げた「鍵が机の上にある」

と「鍵は机の上にある」の違いを英語で表す場合、ただ単に the か a を使い分けるだけでは不十分です。英語で、「(〜が) ある」や「(〜が) いる」という表現をする場合、新情報を表す時には「There ＋動詞」という特別な構文を使う必要があります。(これを There 構文といいます。この there には「そこに」の意味はありません。)

(○) There is **a** key on the desk.
鍵が机の上にある

(○) **The** key is on the desk.
鍵は机の上にある

＊「There 構文」の特徴＊

1）「意味上の主語」を持つ

英語で主語は、述語動詞の「前」に置かれるのが基本です。しかし There 構文では、その主語の位置に there が置かれます。そして実際の主語は、述語動詞の後ろに置かれます。そのため、「文の主語 (＝ there)」とは区別して、述語動詞の後ろに置かれる実際の主語のことを、意味上の主語といいます。

意味上の主語が複数形を取っていれば、それに合わせて述語動詞の形も変える必要があります。下の例では、意味上の主語が five students という複数形なので、be 動詞も複数形になっています。

(○) There **are** five student**s** in the room.
部屋に５人の生徒がいる

2）「存在」を表す

この There 構文は、人や物が存在することを表します。そのため、場所を表す副詞語句を一緒に使うのが普通です。多くの場合、「(場所) には…がある」と日本語に訳されます。

一方、人などが何かを所有している場合、日本語では同じ「〜には…がある」という表現が使われます (☞ p.59)。しかし、英語で所有を表すには have を使うので、和文英訳をする時には、注意が必要です。

駐車場には**車が２台ある**　（＝駐車場に２台の車が存在している）
  （〇）**There are** two cars in the parking lot.

トムには**車が２台ある**　（＝トムは２台の車を所有している）
  （〇）Tom **has** two cars.

３）　疑問文と否定文

普通の文と同じように、There 構文も、述語動詞が助動詞を含んだり、否定語を取ったりします。疑問文は there と be 動詞の語順を入れ替えます。

（〇）There **will be** many passengers on the next train.
  次の電車にはたくさんの乗客がいるでしょう

（〇）There **were** <u>**not**</u> any books in the bag.
  カバンの中には本が全くなかった

（〇）**Are** there any questions?
  質問がありますか？

４）　be 以外の動詞

There 構文では、be 動詞以外にも、exist, arrive, happen, come, live, stand, remain などの動詞が使われることがあります。この場合にも、「意味上の主語」は述語動詞の後ろに現れます。（つまり、自動詞が目的語や補語を取っている訳ではありません。）

       ➤意味上の主語
（〇）There once **lived** <u>a young man</u> who loved fishing.
  かつて釣りの大好きな<u>若い男が</u>住んでいた

ただ単に「何かがある・ない」と言うだけでなく、話者の判断 （☞ p.72）を表す表現と組み合わせることもできます。

       ➤意味上の主語
（〇）There **seems to be** <u>a problem</u> with the program.
  プログラムに<u>問題が</u>あるようだ

＊形式主語の it ＊

There 構文の there と同じように、主語の位置にありながら実際の主語ではないものに、形式主語の it があります。(この it に「それは」という意味はありません。)

名詞用法の「to 原形 (☞ p.224)」「ing 形 (☞ p.224)」「that 節 (☞ p.220)」が主語の場合に、文頭が長くなることを避けて、主語が後ろに移動されることがあります。その時に、空になった文の主語の「位置」を、it で形式的に埋めるものです。

(○) <u>To become a famous actor</u> is my dream.

= (○) <u>It</u> is my dream <u>to become a famous actor</u>.
　　　　有名な俳優になることが私の夢です

(○) <u>Watching the sunset by the lake</u> was impressive.

= (○) <u>It</u> was impressive <u>watching the sunset by the lake</u>.
　　　　湖畔であの夕焼けを見たのは印象的だった

(○) <u>That she didn't want to go</u> is understandable.

= (○) <u>It</u> is understandable <u>that she didn't want to go</u>.
　　　　彼女が行きたがらなかったのは理解できる

英語では語順が大切なので (☞ p.27)、このように、特定の意味を持たなくても、主語の位置を埋めるために形式的に使う it があります。この他にも、時間・距離・天候・明暗などを表す表現でも使われ、この it は日本語に訳しません。

(○) **It** is 9 o'clock now.
　　　今9時です

(○) **It** will rain tomorrow.
　　　明日は雨が降る

(○) **It** already gets dark around this hour.
　　　この時間には既に暗くなる

第4章 複雑な構造の文

「意味上の主語」と「意味上の目的語」

He doesn't mind <u>my</u> going home early today.

まずは「日本語」の文で考えてみよう

 次の2つの文で、それぞれ「手助け」をする人は誰？

（○）トムは**アンナの手助け**を必要としている
（○）トムは**アンナの手助け**をしている

上の2つの例文の「アンナの手助け」とは、「アンナが手助けする」のでしょうか。それとも、「アンナを手助けする」のでしょうか。

1番目の文は、「トムは～を必要としている」が文の本体部分です。そして、「何を」必要としているのか、つまり、その目的語の位置に、「アンナの手助け」という言葉が入っています。もちろん、トムが必要としているのは、「アンナがトムを手助けすること」ですよね。

という事は、この「アンナの」は、「手助け」の主語に相当します。しかし、「文」の主語ではありませんよね。「文」全体の主語は、あくまでも「トム」です。そこで、（「文」の主語とは区別して）、この「アンナの」を、「手助け」の意味上の主語といいます。

一方、2番目の文は、「トムは～をしている」が文の本体部分です。そして、やはり目的語の位置に、「アンナの手助け」という言葉が入っています。しかし今度は、「アンナを手助けすること」を、トムがしています。

つまり、この「アンナの」は、「手助け」の目的語に相当します。しかし、「文」の目的語ではありません。「文」全体の目的語は、「アンナの手助け」です。そこで、この「アンナの」は、（「文」の目的語とは区別して）、「手助け」の意味上の目的語といいます。

「英語」の場合を見てみよう

同じ事は英語の準動詞についても言えます。「ing形」「p.p.形」「to原形」で、それぞれ表し方は違いますが、例えば、ing形であれば、意味上の主語を所有格で表し、意味上の目的語は、そのまま目的語の位置に置きます。

ing 形の意味上の主語◀─── ───▶ing 形の意味上の目的語

(○) Anna's **playing** the piano

　　アンナのピアノの演奏　（＝アンナがピアノを演奏する）

＊「ing 形」の意味上の主語＊

1）名詞用法の「ing 形」（＝動名詞）
ing 形が、「文」の目的語になっている場合を見てみましょう。この時、「ing 形」の意味上の主語は、「文」の主語と同じになります。（そのため、あえて意味上の主語を表す必要がありません。）　例えば、次のような文です。

（○）

主語	述語動詞	目的語
Anna	enjoyed	**playing** the piano at the party.

　　アンナはパーティーでピアノを弾くのを楽しんだ

上の文で playing は、文の目的語です。一方、playing 自体は、the piano という「意味上の目的語」を取っています。意味上の主語は表されていませんが、それは文の主語と同じだからです。つまり、playing したのも、それを enjoyed したのも、両方ともアンナです。

それでは、次の文を見てみましょう。今度は、「文」の主語とは違う、意味上の主語を「ing 形」が取っています。（この時、意味上の主語は所有格で表されます。）　つまり、enjoyed したのはトムですが、playing したのはアンナです。

（○）

主語	述語動詞	目的語
Tom	enjoyed	Anna's **playing** the piano at the party.

　　トムはパーティーでアンナがピアノを弾くのを（聞いて）楽しんだ
　　（＝トムはパーティーでアンナのピアノの演奏を楽しんだ）

このように、ing 形の意味上の主語は、「所有格」で表すのが基本です。しかし、場合によっては目的格を使うこともあります。（特に、動詞や前置詞の「目的語」になっている時に、その傾向が強くなります。上の Anna の例でも同じです。）

（○）He doesn't mind <u>my</u> **going** home early today.

= （○）He doesn't mind <u>me</u> **going** home early today.

彼は私が今日早く家に帰ること を気にしていません

無生物の名詞が「意味上の主語」の場合には、所有格にはせず、その名詞をそのまま使います。

（○）We are sure of <u>the rumor</u> **being** untrue.

私たちはその噂が正しくないと確信しています

> **補足**
>
> 名詞用法の ing 形が、「文」の主語になっている場合、所有格を使うのが普通です。しかし、完全な名詞になっている ing 形（☞ p.226）と区別するために、文の主語の位置にあっても、名詞用法の ing 形の意味上の主語を、「目的格」で表す場合があります。（特に口語では、その傾向が強くあります。） 例えば、meeting といった場合、「集会」という意味なのか、「会ったこと」という意味なのか、意味が曖昧になるので、「会ったこと」という意味を明確にするために「目的格」を使います。
>
> （○）**Our** meeting here is a secret.　（*この場所での我々の集会は秘密だ*）
>
> （○）**Us** meeting here is a secret.　（*この場所で我々が会ったことは秘密だ*）

<u>2）　副詞用法の「ing 形」（＝分詞構文）</u>

副詞用法の ing 形は、もともと、「主節」と「副詞節」の主語が同じ場合に、「副詞節」の主語を省略したものでしたよね（☞ p.314）。そのため、主節の主語とは違う、「意味上の主語」を ing 形が持つのは原則から外れています。

しかし、この形は独立分詞構文と呼ばれ、文語的な表現に多く見られます。口語では、慣用表現を除けば、あまり使われません。

（○）<u>Weather</u> **permitting**, we will go swimming.

天候が許せば、私たちは泳ぎに行きます

付帯状況（☞ p.317）を表す場合には、with を使うことがあります。

（○）**With** the crowd **shouting** outside, I couldn't hear the sound of the TV.

外で群衆が叫んでいて、私にはテレビの音が聞こえなかった

350

＊「p.p. 形」の意味上の主語＊

p.p. 形が意味上の主語を取るのは、副詞用法の場合です。（つまり、独立分詞構文の場合です。）

(○) You work hard. <u>That</u> **said**, I am not happy with the results.
　　　君はよく働く。（だが）そうは言っても、私はその結果に満足していない
　　→　said は p.p. 形で、being が省略されている （☞ p.314)

また、付帯状況 (☞ p.317) を表す場合には、with を使うことが多くあります。

(○) He just stood there **with** <u>his arms</u> **crossed**.
　　　彼は腕を組んで、ただそこに立っていた　（→　この crossed は p.p. 形）

＊「to 原形」の意味上の主語＊

to 原形の意味上の主語は、for を使って表します。（for の後ろに代名詞が続く場合は、**目的格**を取ります。）

1）　名詞用法の「to 原形」

(○) My dream is **to become** a famous actor.
　　　私の夢は（私が）有名な俳優になることです

(○) My dream is <u>for him</u> **to become** a famous actor.
　　　私の夢は<u>彼が</u>有名な俳優になることです

ただし、to 原形が文の目的語になっている場合には、注意が必要です。動詞によって、for を取ったり取らなかったり、「意味上の主語」の表し方が変わるからです。そのため、それぞれの動詞を辞書で確認することが大切です。

（○）I waited <u>for him</u> **to come** to the party.

　　私は、彼がパーティーに来るのを待っていた

（○）I expected <u>him</u> **to come** to the party.

　　私は、彼がパーティーに来るのを期待していた

補足

動詞と目的語の間に、副詞語句が挿入されると、「意味上の主語」の表し方が変わる動詞もあります。

　（○）I want <u>him</u> to come.

　（×）I want very much <u>him</u> to come.

　（○）I want very much <u>for him</u> to come.

　　　私は彼にとても来てほしい

2）　形容詞用法の「to 原形」

（○）I have an assignment **to finish** by noon.

　　私には昼までに（私が）終えなければならない仕事があります

（○）I have an assignment <u>for her</u> **to finish** by noon.

　　私には昼までに彼女が終えなければならない仕事があります

　　（＝彼女に終えてもらわなければならない仕事があります）

3）　副詞用法の「to 原形」

（○）The teacher ended the class early **to check** our essays.

　　先生は、（先生が）私たちのエッセイをチェックできるように授業を早く終わらせた

（○）The teacher ended the class early <u>for us</u> **to check** our essays.

　　先生は、私たちが（自分たちの）エッセイをチェックできるように授業を早く終わらせた

　　（→ このような場合、so that（☞ p.305）を使うほうが一般的）

352

＊「意味上の主語」の位置に来る「there」や「it」＊

「～がある・いる」を表す There 構文 (☞ p.345) の there や、形式主語の it (☞ p.347) が、ing 形や to 原形の「意味上の主語」の位置に来ることがあります。

（○）What is the probability of <u>there</u> **being** life in space?
　　　宇宙に生命体が存在する確率はどれくらいだろうか？
　　　　→　there がなければ、「生命体である確率」となり、意味が通らない

（○）I want <u>there</u> **to be** many flowers in my room.
　　　私は部屋にたくさんの花が（あって）ほしい
　　　　→　there がなければ、「私は花になりたい」という意味になってしまう

（○）Despite <u>it</u> **raining** heavily, we went out.
　　　激しい雨が降っているにも関わらず、私たちは出かけた

（○）We consider <u>it</u> **to be** important to look at the whole picture.
　　　全体像を見ることは大切だと私たちは考える　（この構造は 367 ページ参照）

| 発展 | **英語にはない日本語の形容詞節** |

形容詞節の特徴は、主語と述語動詞を持ちながら、名詞を修飾することです。英語には内容節 (☞ p.232)・関係代名詞節 (☞ p.242)・関係副詞節 (☞ p.238) の 3 つがあります。しかし日本語には、もう 1 つ英語には直せない形容詞節があります。次の文を見てみましょう。

　　　（○）私は<u>重機が車をスクラップしている</u>音を聞いた

関係節とは、ある文から名詞（もしくは「前置詞＋名詞」）を 1 つ取り出して作った修飾関係です。そのため、その名詞を節の中に戻せば、元の文が復元できます(☞ p.259)。しかし上の例文では、どんな後置詞を使っても、「音」という言葉を形容詞節（＝ ▢ の部分）の中に戻すことができません。これは日本語独特の形容詞節で、英語にはない修飾関係なのです。そのため、英語では「節」ではなく、「意味上の主語＋準動詞」で表現します。

　　　（○）I heard the sound of ▢heavy machinery▢ ▢scrapping▢ ▢cars▢ .
　　　　　　　　　　　　　　＜意味上の主語＞　　　　＜意味上の目的語＞
　　　　→　「sound of **scrapping**」の ing 形が、「意味上の主語」と「意味上の目的語」を取っている

「知覚」に関する動詞

Tom saw Anna wave her hand.

STEP 1　⇒　　まずは「日本語」の文で考えてみよう

　次の2つの文で、正しいのはどっち？

> トムはアンナが手を振る**こと**を見た
> トムはアンナが手を振る**の**を見た

日本語では、文に「こと」や「の」という言葉を足すと、名詞節に変換できます (☞ p.220)。しかし、上の例では、「こと」を使った文には違和感がありますよね。このように、「こと」と「の」は、使い方が全く同じなのではありません (☞ p.228)。

STEP 2　⇒　　「英語」の場合を見てみよう

英語にも似たことがあります。see、hear、feel、watch、perceive など、「知覚」に関する動詞では、「誰が何をするの」を見たり聞いたりするのか、その知覚する内容を、that 節では表せず、「意味上の主語＋準動詞」の形を使います。この時の準動詞には、「原形」「ing 形」「p.p. 形」「to 原形」の4つ全てが含まれます。（ただしこの事は、日本語の「こと」が英語の that 節に相当し、「の」が「意味上の主語＋準動詞」に相当するという意味ではありません。）

＊知覚する内容を「原形」で表す場合＊

上の例文の「アンナが手を振るの」を英語で表すには、「振る（＝ wave）」という動詞を原形で使います。そこに意味上の主語である「アンナ」と、意味上の目的語である「手」を加えます。すると次のようになります。

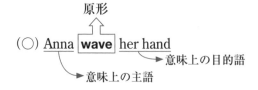

これを「文」の目的語の位置に埋め込みます。

	＜主語＞	＜述語動詞＞	＜目的語＞
（○）	Tom	saw	Anna **wave** her hand.

トムは見た　　　　　　アンナが手を振るのを

このように、原形が「意味上の主語」を取っているので、Anna wave という組み合わせで正しく、Anna waves のように「三単現の s」(☞ p.103) を取りません。もし「三単現の s」を取ってしまうと、もはや「準動詞」ではなく「述語動詞」になってしまい、間違いになります。(「見る」という意味の see は that 節を取らないので、that が省略されているという解釈はできません。)

この時の意味上の主語は、**目的格**を取ります。そのため、もし**代名詞**が使われた場合には目的格になります。

	＜主語＞	＜述語動詞＞	＜目的語＞
（○）	Anna	saw	him **wave** his hand back.

アンナは見た　　　　　　彼が手を振り返すのを

このように「知覚」に関する動詞では、「(目的格の) 意味上の主語＋準動詞」を使って、知覚する内容を表します。

＊知覚する内容を「ing 形」や「p.p. 形」で表す場合＊

基本的に、ing 形は知覚する出来事が進行中であることを表します。進行中とは、言い換えれば、未完了という事です。そのため、逆に原形を使った時には、完了している出来事を表すことになります。

（○）I saw the ice **melt** completely.

　　　私は氷が完全に融けるのを見た　（= melt は原形）
　　　→　氷が完全に融けきってなくなるまで目撃している

（○）I saw the ice **melting** in the glass.

私はグラスの中で氷が融けていくのを見た

→　氷が融けている最中であるのを目撃したが、その後、完全に融けてなくなるのか、もしくは誰かが氷を冷凍庫に戻すのか、最終的にどうなるのかは見ていない

それに対して p.p. 形は、知覚する内容が受動 ^(☞ p.194) の形で表される場合です。これは、「be + p.p. 形」の be や、「being + p.p. 形」の being が消去されたものです。

原形

（○）The boy heard someone **call** his name.

少年は聞いた　誰かが彼の名前を呼ぶのを　（＝能動）

p.p.形

（○）The boy heard his name **called** (by someone).

少年は聞いた　彼の名前が呼ばれるのを　（＝受動）

進行中や反復の意味を強調する場合には、being を省略せず、そのまま使うことができます。

（○）The boy heard his name **being called** over and over.

少年は彼の名前が繰り返し呼ばれているのを聞いた

＊知覚する内容を「to 原形」で表す場合＊

既に見たように、「知覚」に関する動詞は、その知覚する内容を「原形」で表すことがあります。その場合、もしその文自体が受動文になると、知覚する内容は「to 原形」で表します。（知覚する内容が「ing 形」で表される場合には、受動文でも「ing 形」を使います。）

原形

（○）We **saw** a black car | drive | away.

私たちは目撃した　／　黒い車が走り去るのを

（＝能動文）

to 原形

（○）A black car **was seen** | to drive | away (by us).

黒い車が目撃された　　　走り去るのを

（＝受動文）

この時には、準動詞の「意味上の主語」が、「文」の主語の位置に繰り上げられている （☞ p.385） ことに注意が必要です。

発展　　　**「知覚」に関する動詞が that 節を取る場合**

「知覚」に関する動詞が、名詞用法の that 節を取る場合があります。この時には、動詞の意味に違いがあります。

（○）Tom heard **that** a famous pianist **was going to play** in a theater nearby.

トムは、有名なピアニストが近くの劇場で演奏することを聞いた

→　有名なピアニストが演奏するという情報を得た

（○）Tom heard a famous pianist **play** in a theater nearby.

トムは、有名なピアニストが近くの劇場で演奏するのを聞いた

→　実際に劇場に行って、有名なピアニストの演奏を聞いた

（注：　この事は、必ずしも日本語の「こと」と「の」の違いが、
英語の that 節と準動詞の違いに対応するという意味ではない）

72 「使役」に関する動詞

The boss often has Tom go on a business trip.

STEP 1 ⇒ まずは「日本語」の文で考えてみよう

 次の文で、上司とトムはそれぞれ何をする？

（○）よくその上司はトムを出張に行か**せる**

上の例で、「文」の述語動詞は「行かせる」で、その主語は「上司」です。しかし、実際に出張に行くのは「トム」であって、上司ではありません。上司は、「トムが出張に行く」という事を実現させる人です。

自分では動詞の行為（＝「行く」）をせず、他の人を使って、その行為や労役（ろう）を実現させる事を使役といいます。日本語では「（さ）せる」という言葉を使います。つまり、上の例文の「行かせる」という言葉は1語に見えますが、実際には「行く」と「させる」の2つの部分から構成されていて、それぞれが違う「意味上の主語」を持っているのです。

そのため、（「知覚」を表す文（☞ p.354）と同じように）、使役（しえき）の文でも、「文の本体（＝主節）」と、「使役の内容を表す部分」の2つに分けることができます。

文の本体：　よくその上司は させる
使役内容：　トムが出張に行く

STEP 2 ⇒ 「英語」の場合を見てみよう

英語の「使役」に関する動詞には、make・have・let などがあります。（これらは全て「（さ）せる」の意味で、「作る」「持つ」「貸す」などの意味はありません。）

使役内容の「トムを出張に行か」という部分は、英語ではgoを原形で使います。そこに「トム」という意味上の主語を加えます。すると次のようになります。

358

$$\text{(○)} \underline{\text{Tom}} \boxed{\text{go}} \text{ on a business trip}$$

→原形
→意味上の主語

これを「文」の目的語の位置に埋め込みます。

＜主語＞	＜修飾語＞	＜述語動詞＞	＜目的語＞
The boss	often	has	Tom **go** on a business trip.

よくその上司は（さ）せる　　　トムを出張に行か
（＝トムが出張に行く）

この場合も、原形が意味上の主語を取っているので、Tom go という組み合わせで正しく、Tom goes のように「三単現の s」(☞ p.103) を取りません。

また、使役文の場合も、「意味上の主語」は**目的格**を取ります。そのため、もし**代名詞**を使う時には、目的格にします。

＜主語＞	＜修飾語＞	＜述語動詞＞	＜目的語＞
Tom's boss	often	has	<u>him</u> **go** on a business trip.

よくトムの上司は（さ）せる　　　彼を出張に行か
（＝彼が出張に行く）

＊「使役」に関する主な３つの動詞とその違い＊

英語の「使役」に関する動詞には、make・have・let などがありますが、主な違いは次のようなものです。ただし、この他にも細かい違いが多くあるので、辞書で確認することが大切です。

1）make： 強制的なニュアンスで、準動詞は原形か p.p. 形

（○）The mother **made** <u>her son</u> **go** to the dentist.
　　　母親は息子を歯医者に行かせた

第4章 複雑な構造の文

359

（○）Because of the noise he couldn't **make** <u>himself</u> **heard**.

騒音のせいで彼の声は聞こえなかった （＝届かなかった）

→ 「彼は彼自身が聞かれる事を（実現）させられなかった」が直訳。
準動詞の部分は、he was heard という受動の構造。ただし、make
が p.p. 形を取るのは慣用表現に限られる

2）　have：　依頼や容認のニュアンスで、準動詞は原形・ing 形・p.p. 形

（○）Tom **had** <u>his secretary</u> **type** the speech.

トムは秘書にスピーチをタイプさせた

（○）I **won't have** <u>him</u> **speaking** to me like that.

僕は彼にそんな口のきき方はさせておかない

（○）We **had** <u>our hotel room</u> **cleaned** every day.

私たちは、ホテルの部屋を毎日掃除してもらった

→ 「私たちは、ホテルの部屋が毎日掃除される事を（実現）させた」
が直訳。準動詞の部分は、our hotel room is cleaned という受動の
構造。望まない事が実現されれば**被害**を表す。

（○）He **had** <u>his roof</u> **blown off** in the storm.

彼は嵐で家の屋根を吹き飛ばされた

3）　let：　許可のニュアンスで、準動詞は原形

（○）The father **let** <u>his children</u> **play** in the garden.

父親は子供たちを庭で遊ばせた

＊文の述語動詞が受動で使われた場合＊

文の述語動詞に、「使役」に関する動詞が受動で使われた場合、その使役の
内容は to 原形で表します。

（○）The mother **made** <u>her children</u> |eat| broccoli. → 原形

母親はさせた　　子供たちにブロッコリーを食べ
（＝能動文）

（○）<u>Her children</u> **were made** |to eat| broccoli. → to 原形

子供たちはさせられた　ブロッコリーを食べ
（＝受動文）

＊「p.p. 形」を日本語で「能動文」のように訳す場合＊

使役の have が p.p. 形を取る時には、「意味上の主語」と「p.p. 形」の間に、受動の関係があります。しかし日本語では、この受動の意味は現れません。

Tom had <u>the report</u> **written** in French.
　　（○）トムは報告書をフランス語で書かせた
　　（×）トムは報告書にフランス語で書か**れ**させた

もともと、受動文を使う理由の１つは、主語が不特定の人や言わなくてもわかる場合に、その主語を省略することです（☞ p.201）。**日本語の場合、ただ単に主語を削除すれば良いので、受動にする必要がありません。**

　　（○）このホテルでは昼に **清掃員が** 部屋を 掃除する
＝（○）このホテルでは昼に 　　　　　 部屋を 掃除する
　　　　　　　　　　　　　＜主語＞＜目的語＞＜述語動詞＞

しかし英語では、語順が重要な役割を果たすので（☞ p.27）、主語の位置を空のままにしておくことは、（くだけた会話などを除けば）できません。そのため、主語を省略するためには、必然的に受動の形にして、主語の位置を埋める必要があります。次の例文を見てみましょう。

＜主語＞	＜述語動詞＞	＜目的語＞	＜修飾語＞
The cleaning stuff	cleans	the rooms	at noon in this hotel.

日本語の場合と同じように、上の文から主語をただ単に省略してしまっては、英語では間違った文になります。

（×）

＜主語＞	＜述語動詞＞	＜目的語＞	＜修飾語＞
-------------	Cleans	the rooms	at noon in this hotel.

→　主語の位置が空のままなので間違った文

そこで、述語動詞を受動の形（＝「be + p.p. 形」）にします。すると強制的に、能動文の目的語（= the rooms）が繰り上がって、主語の位置が埋まります。

（○）

＜主語＞	＜述語動詞＞	＜修飾語＞
The rooms	**are cleaned**	at noon in this hotel.

→　the cleaning staff という主語を省略しても、受動文にすることで主語の位置を埋めることができる

同じ事が使役文の内部でも起こります。日本語では、文の意味に曖昧さが生まれなければ、準動詞の「意味上の主語」をそのまま省略する事ができます。

　　（○）私は昼前に**清掃員に**部屋を掃除させた
＝（○）私は昼前に　　　　　　部屋を掃除させた

一方、英語では、使役文の内部でも、「意味上の主語」の位置を空にすることはできません。

　　（○）I had <u>the cleaning staff</u> **clean** my room before noon.

　　（×）I had 　　　　　　　　　**clean** my room before noon.
　　　　→　意味上の主語の位置が空になっている

そのため、受動の形を取って（＝準動詞を p.p. 形にして）、主語の位置を埋める必要があります。こうする事で、もともと「原形」の「意味上の目的語」だった言葉が、「p.p. 形」の「意味上の主語」の位置に繰り上がります。

	＜主語＞	＜述語動詞＞	＜修飾語＞
（○）	I	had	<u>my room</u> **cleaned** before noon. ［意味上の主語］［p.p. 形］

このように英語では、純粋な受動の意味ではなく、主語を省略するために、p.p. 形が使われることがあります。その場合、日本語では能動の訳し方で構わず、無理に受動の意味を表そうとすると、逆に間違った日本語になります。

（×）私は昼前に部屋に掃除**され**させた

（○）私は昼前に部屋を掃除させた

また日本語では、「（して）もらう」という表現にも、使役と同じ働きがあります。次の２つの文を比べてみましょう。

（○）昨日スープを作っ**た**

（○）昨日スープを作って**もらった**

１番目の文は、特定の文脈が与えられなければ、「私がスープを作った」という解釈になるのが普通ですよね。一方、２番目の文では、私が作ったという解釈は成り立たず、（誰かは特定できませんが）他の人に作るように依頼したことを表します。（この文でも「作って」の意味上の主語が省略されています。）

この場合にも英語では、準動詞の意味上の主語の位置を空にすることはできないので、p.p. 形にしてその位置を埋めます。当然、日本語では、「スープに作られてもらった」のような受動の訳にはならず、能動文のように訳します。

（○）I had <u>soup</u> boxed:cooked yesterday.
↳ p.p. 形 = Soup **was cooked** yesterday.

小節

We consider the plan a great success.

 次の２つの文で、文の最後にある言葉の「品詞」は何？

（○）その計画は大**成功**
（○）その湖はとても**美しい**

これまで本書では、日本語の文の最後には、「述語動詞」が置かれると説明してきました。しかし上の例文の１番目では、「成功」という名詞が最後に置かれています。また２番目の文では、「美しい」という形容詞です。どちらの文にも動詞はありませんよね。

そもそも「文」とは、主語と述語で構成されています。大まかに言えば、**主語とは文のテーマです**。そして、そのテーマについて解説をする部分を述語といいます。日本語では、述語は文末に置かれます。ただし、実は述語は「動詞」だけでなく、上の例文のように「名詞」や「形容詞」もなれます。

その計画は　大成功 → 「成功」という名詞が述語の主要部分
<主語>　　<述語>

その湖は　とても美しい → 「美しい」という形容詞が述語の主要部分
<主語>　　<述語>

（注：　本書では主部・述部という用語は使わず、
全て主語・述語で統一する）

> **補足**
> これまでは、主に動詞が述語の中心になる文を見てきたので、述語動詞という言葉を使ってきました。しかし、日本語では上の例のように、述語に動詞を含まない文もあります。そのため、述語に名詞を使った文を「名詞文」、形容詞を使った文を「形容詞文」、動詞を使った文を「動詞文」といいます。

STEP 2 ⇒ 「英語」の場合を見てみよう

一方、英語では語順が重要な意味を持つので、文の「主語」や「述語動詞」の位置を空にしておくことはできませんでしたよね。そのため、日本語では動詞を使わない名詞文や形容詞文であっても、英語では、述語動詞の位置を埋める必要があります。

日本語の「その計画は大成功」という名詞文を、英語でそのまま The plan a great success. としては、文の述語動詞の位置が空になるので間違いです。

	<主語>	<述語動詞>	<補語>
(×)	The plan	- - - - - - - - - - - - -	a great success.

その計画は　　　　　　　　　　　　　　　大成功

そこで使われるのが be 動詞です。

	<主語>	<述語動詞>	<補語>
(○)	The plan	**is**	a great success.

この事は、日本語の形容詞文を、英語にした場合でも同じです。文の述語動詞の位置が空の The lake very beautiful. では、間違った英語です。

	<主語>	<述語動詞>	<補語>
(×)	The lake	- - - - - - - - - - - - -	very beautiful.

その湖は　　　　　　　　　　　　　　　とても美しい

	<主語>	<述語動詞>	<補語>
(○)	The lake	**is**	very beautiful.

このように英語では、文の述語動詞の位置を埋める必要があります。

第4章　複雑な構造の文

＊小節とは＊

別の文の一部に埋め込まれた文のことを「従属節」といいます (☞ p.302)。その働きによって名詞節・形容詞節・副詞節があります (☞ p.332)。これらの節は、別の文の一部に埋め込まれているとは言え、節の「述語動詞」を持っています。

これに対して、「原形」「to 原形」「ing 形」「p.p. 形」は、そのままでは文や節の述語動詞にはなれません。その為、「準動詞」と呼ばれましたよね。しかし意味上の主語を取って、主語と述語の関係を表す事はできます。

これは例えば、「知覚」(☞ p.354) や「使役」(☞ p.358) に関する動詞の後ろに、埋め込まれる部分のことです。「述語動詞」の形を持たずに、「意味上の主語＋述語」で表す部分を「小節」といいます。(この「述語」には、準動詞・名詞・形容詞などが入ります。)

	＜主語＞	＜述語動詞＞	＜小節＞
（○）	Tom	heard	Anna singing ＜主語＞ ＜述語＞

トムは聞いた　　　　　アンナが歌っているの（を）
＝トムはアンナが歌っているのを聞いた

前ページで見たように、英語では、文や節には必ず「述語動詞」が必要です。そのため、日本語では動詞を使わない名詞文や形容詞文であっても、英語では be などを使って述語動詞の位置を埋める必要があります。しかし小節の内部では、英語でも名詞文や形容詞文が可能になります。

	＜主語＞	＜述語動詞＞	＜小節＞
（○）	We	consider	the plan a great success. ＜主語＞　　　　　＜述語＞

私たちは考える　　　　その計画は大成功（だと）
＝ その計画は大成功だと私たちは考える

	<主語>	<述語動詞>	<小節>
(○)	I	found	the lake **very beautiful.**
			<主語>　　<述語>

　　　　　私はわかった　　　　　その湖がとても美しい（と）
　　＝（行ってみると）その湖がとても美しいと私はわかった

＊小節の述語に「名詞」や「形容詞」を取る動詞＊

これらの動詞は、大まかに３つのグループに分けることができます。（下の「〜」は、小節の「意味上の主語」を表します。また、「…」は、小節の「述語」を表します。）

1）　日本語で「〜を…に」と訳すもの
　　　make　（〜を…にする）　　　choose　（〜を…に選ぶ）
　　　keep　（〜を…に保つ）　　　leave　（〜を…のままにしておく）
　　　　　　　　　　　　　　　　　　　　　　　　　　　　　　など

　　（○）Tom made <u>Anna</u> **happy.**
　　　　　トムはアンナを幸せにした

2）　日本語で「〜を…と」と訳すもの
　　　name　（〜を…と名付ける）　call　（〜を…と呼ぶ）　　など
　　（○）We called <u>him</u> **Iceman.**
　　　　　私たちは彼をアイスマンと呼んだ

3）　日本語で「〜が…だと」と訳すもの
　　　find　（〜が…だとわかる）　　believe　（〜が…だと信じる）
　　　think　（〜が…だと思う）　　consider　（〜が…だとみなす）
　　　　　　　　　　　　　　　　　　　　　　　　　　　　　　など

　　（○）I believe <u>him</u> **innocent.**
　　　　　私は彼が潔白だと信じている

これらの動詞は多くの場合、小節の「述語」に名詞や形容詞を取りますが、前置詞句を取る場合もあります。

(○) We left her **in peace**.
　　　　私たちは彼女をそっとしておいた　(＝平穏なままにしておいた)

また、小節の主語と述語の間に、to be を取る場合もあります。これは準動詞の to be が、意味上の主語を取っているのと同じことです。(to be を取るかどうかは、動詞によって決まっているので、辞書で確認する必要があります。)

(○) I believe hard work to be **the key** to my success.
　　　　私は勤労が成功のカギだと信じている

＊目的格補語＊

ここで次の例を見てみましょう。この文では make が小節を取っています。この時の make は「作る」という意味ではなく、「～させる」という使役を表します。

(○) The gift from Anna **made** Tom happy.
　　　　アンナからの贈り物がトムを喜ばせた

happy は、「トム」がどんな様子なのかを説明する言葉です。それでは、この文から happy を取り除くとどうなるでしょうか。

(×) The gift from Anna **made** Tom.
　　　　アンナからの贈り物がトムを作った

happy がないと make の意味が変わってしまい、文の内容が不適切なものになります。このように、動詞が表す内容を補完する言葉で、その言葉がなくなると、動詞の意味が変わったり、文が成り立たなくなったりする要素の事を、補語 (☞ p.84) と言いましたよね。

84 ページでは、「文」の主語を説明する補語を見ました。「文」の主語は**主格**を取るので、この補語を「主格補語」といいます。それに対して、今回の例文の happy は、「小節」の主語を説明する補語です。「小節」の主語は目的格を取るので、この補語を「目的格補語」といいます。

	＜主語＞	＜述語動詞＞	＜小節＞
（○）	The gift from Anna	made	<u>him</u>　**happy.** ＜主語＞　＜述語＞ （＝**目的格**）（＝補語）

補足

辞書で動詞を調べる時には、「SVOC」もしくは「＋目＋補」と書かれている項目を見ます。これは、「小節の主語」を「文全体の目的語」と見なすからです。

The gift from Anna　made　Tom　happy.
　　　　S　　　　　　　V　　　O　　　C

＊形式目的語の it ＊

「小節の主語」に、Anna などの名詞ではなく、名詞用法の準動詞が来ることがあります。その場合には、形式的に it で置き換えて（☞ p.347）、その準動詞の部分を後ろに移動させます。

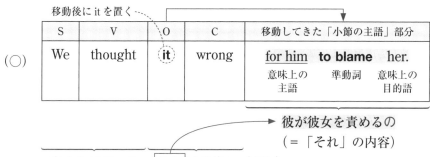

二次述語

The boy took her hand <u>embarrassed</u>.

 次の2つの文に、意味の違いはある？

（○）トムは、**白い**壁を塗り直した
（○）トムは、壁を**白に**塗り直した

上の2つの文では、どちらも「トムが壁を塗り直した」ことに違いはありませんよね。しかし、1番目の文では、もともと白い壁が少し煤けてきたので、もう一度白く塗った、という解釈ができます。一方2番目の文では、トムは一度、他の色で壁を塗ったものの、仕上がってみるとその色が気に入らず、色を白に変えてもう一度塗った、という解釈ができます。この違いは、「白い」と「白に」という僅かな言葉の違いから生まれています。

それでは、この2つの文を英訳するために、少し文法的な分析をしてみましょう。まず、「白い」は限定用法の形容詞（☞ p.76）で、「壁」という名詞を修飾していますよね。そのため、上の1番目の文を英語に直すと、次のようになります。

（○）Tom repainted the **white** wall.

それに対して、2番目の文の「白に」は、「塗り直した結果、壁が白になる」という変化を表しています。これは英語ならば、369ページで見た、「～を…にする」という SVOC の構造に似ています。（言い換えれば、repaint という動詞が目的格補語を取っているかのように見えます。）

（○）Tom repainted the wall white .

トムは塗り直した　壁が　白に（なる）

<S＋V>　　　　 <O＋C>　（の構造に見える）
＝トムは壁を白に塗り直した

370

それではこの文は、本当に SVOC の構造なのでしょうか。次に見ていきます。

＊「目的格補語」と「二次述語」の違い＊

補語 (☞ p.84) というのは、なければ動詞の意味が変わってしまったり (☞ p.91)、場合によっては文が成立しなくなったりする要素です (☞ p.88)。英語の補語には、主に「名詞」「形容詞」「前置詞句」がなります。下の例で happy は、「主語の名詞」を修飾する補語です。つまり、主格補語 (☞ p.369) ですよね。補語がなくなると、動詞の意味は変わってしまいます。

> (○) The man appeared happy.
> 　　　*その男性は嬉しそうだった*　（= SVC）
> ≠ (○) The man appeared.
> 　　　*その男性が現れた*　（= SV）

一方、次の文は、目的格補語 (☞ p.369) の例です。この場合にも、補語がなくなると動詞の意味が変わったり、文が成立しなくなったりします。

> (○) I found the lake very beautiful.
> 　　　*(行ってみると) その湖がとても美しいと私はわかった*　（= SVOC）
> ≠ (○) I found the lake.
> 　　　*私はその湖を見つけた*　（= SVO）

> (○) The gift from Anna made Tom happy.
> 　　　*アンナからの贈り物がトムを喜ばせた*　（= SVOC）
> ≠ (×) The gift from Anna made Tom.
> 　　　*アンナからの贈り物がトムを作った*　（= SVO）

これに対して、先に見た repaint の例では、どうでしょうか。

> (○) Tom repainted the wall white.
> 　　　*トムは壁を白に塗り直した*
> = (○) Tom repainted the wall.
> 　　　*トムは壁を塗り直した*

repaint という動詞の場合には、white という言葉があってもなくても、動詞の意味に変化はありません。つまり、この white は補語ではないのです。見た目には SVOC と似た構造をしていますが、全く違う物です。そのため、このような言葉を（補語とは区別して）二次述語と呼びます。（「二次述語」という用語は紹介していませんでしたが、この文構造は、実は 320〜321 ページで既に見ています。また、「二次述語」を表すシンボルには「M」を使うことにします。）

＊「二次述語」の働き＊

目的格補語は、必ず文の目的語（＝小節の主語）を修飾する言葉です。それに対して、二次述語は、文の主語も目的語も修飾できます（☞ p.320）。

(○) The boy took her hand embarrassed.
［主語を修飾］

少年は恥ずかしそうに彼女の手を取った　（＝ SVO＋M）
　　→　少年が手を取った時、「手がきまり悪そうだった」のではないので、目的語の her hand を修飾していない

(○) She dyed **her hair** blond.
［目的語を修飾］

彼女は髪の毛をブロンドに染めた　（＝ SVO＋M）
　　→　染めた結果、「彼女が金色になった」のではないので、主語の she を修飾していない

二次述語の働きには、大きく２つあります。上の１番目の例文では、手を取った時の少年の状態を描写しています。一方２番目の文では、染めたことで髪がどうなったのか、その結果を描写しています。

また、形容詞以外にも、名詞や前置詞句も二次述語として機能することができます。

(○) After a long journey, **the boy** returned home a man.

長旅のあと、少年は大人になって家に戻って来た
　　　　　　　（注：　a man の前に as を使うのが一般的）

(○) The mother sang **her baby** to sleep.

その母親は歌を歌って赤ん坊を寝かしつけた

(注： to sleep は to 原形ではなく、前置詞句)

補足

あくまでも**二次述語は、名詞を修飾する言葉**です。それに対して**副詞は、動詞や文を修飾**する言葉です。そのため、二次述語と副詞では、次のような違いがあります。

(○) He left the room angry.
→ angry は形容詞（＝「二次述語」）で、he を修飾している。これは、「部屋を出て行った時の彼は怒っていた」という事を表し、仮に怒った態度を取っていなくても、「心の中」で怒っていることも考えられる

(○) He left the room angrily.
→ angrily は副詞で、left the room を修飾している。これは、「部屋を出て行った時の態度が怒っていた」という事を表し、実際に彼は怒っていなくても、その「フリ」をして見せたという事もあり得る

＊二次述語を見分けることの重要性＊

補語と二次述語を見分けられないという事は、**辞書でどの項目を見て良いかわからないという事**です。例えば、He left the room angry. を SVOC だと解釈すると、「彼は部屋を怒ったままにした」という間違った日本語訳を作ってしまいます。この文は「SVO+M（＝「二次述語」）」です。

また、例えば、次のような文を見た時に、dressed が述語動詞（＝「過去形」）ではなく、二次述語（＝「p.p. 形」）だという判断ができなければいけません。

(○) Anna **was sitting** on a sofa elegantly **dressed**.
(○) アンナは上品な装いでソファに座っていた
(×) アンナはソファに座り、上品に服を着た
→ was sitting が述語動詞。dressed は形容詞用法のp.p. 形で、Anna を修飾する二次述語

STEP 1　⇒　まずは「日本語」の文で考えてみよう

 次の２つの文で、「〜に…を」の働きには、どんな違いがある？

　　（○）トムはアンナに伝言を書いた
　　（○）トムは同僚に問題を説明した

１番目の例文は、116ページで見たのとほぼ同じものです。この文の「アンナに」は間接目的語で、トムが書いた伝言の「受取人」であることを表しています。

間接目的語を取る動詞は、基本的に、「（人）に（物）を与える」という構造をしていて、授受に関するものでしたよね。これは、主語がある動作をして、その結果、間接目的語が何かを受け取ることを表します。

STEP 2　⇒　「英語」の場合を見てみよう

１番目の例文を英語に直すと次のようになります。

　　（○）Tom　wrote　　Anna　a message.
　　　　　（トムが）（書いた）（アンナに）（メッセージを）

　　　　　主語の動作　→　アンナがメッセージを受け取る
　　　　　　　　　　（その結果）

それでは、上の２番目の文は、どうでしょうか。見た目には、同じ「〜に…を」という形をしていますよね。しかし、ちょっと考えてみると、この文では同じ論理関係が成立しません。

　　（×）Tom　explained　　his colleagues　the problem.
　　　　　（トムが）（説明した）　　（同僚に）　　（問題を）

　　　　　主語の動作　　→　（×）同僚が問題を受け取る
　　　　　　　　　　（その結果）

374

上の２つの文は、日本語では同じ「〜に…を」という形をしていますが、英語の場合を考えると、その働きは明らかに違います。なぜ、このような違いが出るのでしょうか。次に見ていきましょう。

＊「伝達」に関する動詞＊

「説明する」という動詞は、「授受」を表すのではなく、「伝達」に関する動詞です。「伝達」に関する動詞とは、「話す」「説明する」「同意する」など、文字通り、意思や情報を伝えることを表す動詞です。

「伝達」に関する動詞は、意思や情報などを伝えるということに限られていて、所有物や所有権の移動が起こらないという点で、「授受」を表す動詞と異なっています。ただし日本語では、どちらの動詞も、「〜に…を」という後置詞を使って表すので、普段、私たち日本人はこの区別に気を配ることがありません。

しかし、英語ではこの区別を付けるので、和文英訳をする時には注意が必要です。つまり、「授受」に関する動詞は間接目的語を使って英訳できますが、「伝達」に関する動詞の場合は、間接目的語を使えません。この場合には、前置詞句を使って、伝達する相手を表現します。

（×）Tom explained his colleagues **the problem**.
（○）Tom explained **the problem** <u>to</u> his colleagues.

> 英語の「伝達」に関する動詞には、次のようなものがあります。
> speak （話す）　　　talk（語る）　　　say （言う）
> confess （白状する）　admit （認める）　answer （答える）
> suggest （示唆する）　announce （公表する）
> 　　　　　　　　　　　　　　　　　　　　　　　　　　　　　　など

ただし、「伝達」に関する動詞の中にも、（数は少ないですが）例外的に間接目的語を取るものが幾つかあります。そのため、辞書で確認をする事が大切です。tell はその代表例です。これは、動詞の表す動作が、ただの「伝達」以上の大きな影響を受取人に与えるためだと考えられています （☞ p.120）。

（○）The new student told us **a joke**.
   その新入生は私たちに冗談を言った
   → 単に「言った」だけではなく、「それで私たちは笑った」、もしくは「その場がしらけた」など、聞き手に何らかの影響を与えるためと考えられている

＊直接目的語に「名詞節」を取る動詞＊

文を「名詞節」に変換すれば、目的語の位置に埋め込むことができましたよね（☞ p.221 / p.326）。（ただし、名詞節を取れるかどうかは、それぞれの動詞によって決まっています（☞ p.221）。）

  （○）Tom knows **that** the train has arrived.

目的語に名詞節を取る動詞の中には、更に「間接目的語」を取れるものもあります。

  （○）Tom is informing Anna **that** the train has arrived.
    トムはアンナに電車が到着したことを知らせている

「間接目的語」と「名詞節」の両方を取る動詞には、次のような物があります。
assure　（請け合う）	convince　（納得させる）
instruct　（教える）	persuade　（説得する）
remind　（思い出させる）	tell　（話す）　　　　　など

これらの動詞では、間接目的語は省略できません。

  （×）The man always tells that he once was an actor.
  （○）The man always tells **me** that he once was an actor.
    その男性はいつも私に（彼は）かつて俳優だったと話す

また、動詞によっては、「前置詞句」で伝達する相手を表すものもあります。そのため、辞書で確認をすることが大切です。

（◯）Anna is explaining **to her children** why it is important to be kind to other people.

> アンナは*子供たちに*なぜ他の人に*親切にすることが大切なのか*を説明しています

（×）Anna is explaining **her children** why it is important to be kind to other people.

発展	英語の「貸す」と「借りる」

「私は彼にお金を貸した」という日本語を英語にすると、I lent him some money. となります。しかし、「私は彼にお金を借りた」という文を、同じように I borrowed him some money とすると、間違った英文になります。これは、なぜでしょうか。

「授受」に関する動詞では、「受け取る人」を間接目的語で表すことができます。しかし、「私は彼にお金を借りた」という文では、誰が誰にお金を与えるのでしょうか。もちろん、「彼」がお金を「与える人」です。つまり、お金を「与える人」である「彼」を、間接目的語（＝「受け取る人」）として表現するところに間違いの原因があるのです。

私は彼にお金を借りた
（×）I borrowed　him some money.

　　　私が借りた　≠（×）彼がお金を受け取る
　　　　　　　　（その結果）

この場合には、前置詞句を使って表現します。ただし、前置詞は from を取ることに注意です。

（◯）I borrowed **some money from** him.

> （注： 日本語の「私は彼にお金を借りた」は、「彼から」の代用であることが、勘違いの原因）

一方、「私は彼にお金を貸した」という文の場合、「受け取る人」が「彼」なので、その「彼」を間接目的語で表現しても、問題ありません。

私は彼にお金を貸した
（◯）I lent　him some money.

　　　私が貸した ＝（◯）彼がお金を受け取る
　　　　　　　（その結果）

この文は、前置詞句を使って書き換えることもできます。その場合には to を取ります。

（◯）I lent **some money to** him.

76 名詞が２つ続く場合（２）

My best friend Tom is a lawyer.

次の２つの文で、１番目の文が間違っている理由は？

（×）朝ごはんを炊いた

（○）朝、ごはんを炊いた

普通、「朝ごはん」とは朝の食事のことです。「食事を炊く」という表現は適切ではありませんよね。炊くのは「白米（＝ごはん）」です。１番目の文も、何となく意味は通じるので、意識的に考えなければ、そのまま受け流してしまうところです。しかし正しくは、「朝」という言葉を「ごはん」から独立させるために、読点（＝「、」）を打つ必要があります。

STEP 2 ⇒　「英語」の場合を見てみよう

128 ページでも、文を「どこで区切るのか」は、とても大切なことを見ました。英語で名詞は、「主語」「目的語」「補語」になる言葉です。それ以外の場合には、前置詞を使って他の品詞に変換するのが基本です（☞ p.60）。

ただし、ごく限られた場合に、名詞と名詞が２つ並ぶことがあります。128 ～ 129 ページでは、次の３つを見ました。

1）　名詞の形容詞用法（☞ p.122）

There is a coffee **cup** on the table.　*机の上にコーヒー・カップがある*

2）　名詞の副詞用法（☞ p.69）

He drove the **car** east.　*彼は車を東へ走らせた*

3）　間接目的語（☞ p.116 / p.128）

I always feed the birds **bread**.　*私はいつも鳥にパンをやる*

378

上に挙げた以外にも、名詞が２つ並ぶ場合が、あと、もう４つあります。

---

4 ）　目的格の関係代名詞の省略（☞ p.269）

This is the most expensive **jewel** money can buy.

これがお金で買える最も高い宝石だ　（→　money の前に that が省略）

5 ）　目的格補語（☞ p.366）

We elected the **veteran** mayor.

私たちはその退役軍人を市長に選出した　（→　この時の mayor は無冠詞）

6 ）　二次述語（☞ p.370）

The soldiers marched into the **village** heroes.

兵士たちは英雄となって村に行進しながら入った

7 ）　同格

My best **friend** Tom is a lawyer.

私の親友のトムは弁護士です

上の 7) の同格とは、補足説明をしたり、言い変えたりする場合です。例えば、Queen Elizabeth（エリザベス女王）や we Japanese（我々日本人）などの例も、同格です。また、語句が長くなったり、意味が曖昧になる時には、コンマを使って２つの名詞を区切ります。

（○）**Tom**, **one** of the best lawyers in London, is a good friend of mine.

ロンドンでも屈指の弁護士の一人であるトムは私の良い友人だ

英語で２つの名詞が並んでいる時には、上のどの働きをしているのかを正しく判断する必要があります。それができないと、**正しい英文和訳ができません**。しかし一般的に、名詞が１語で使われることは少なく、普通は限定詞（☞ p.42）や形容詞などを伴っています。そのため、名詞２語が隣り合う事はあまりありません（☞ p.129）。

第４章

複雑な構造の文

77　「形容詞の種類」と「主語」

(×) It is happy for me to go on a trip to Europe.

STEP 1 ⇒	まずは「日本語」の文で考えてみよう

 次の3つの文で、1番目の文が間違っている理由は？

> （×）風が**おとなしい**ので、静かだ
> （○）風が**穏やかな**ので、静かだ
> （○）子供が**おとなしい**ので、静かだ

「おとなしい」も「穏やかな」も、静かで落ち着いた様子を表す形容詞です。しかし、この意味での「おとなしい」は、人間など生き物を主語に取ります。そのため、上の例文の1番目のように、「風」という無生物が主語になると、違和感が出るのです。

そこで2番目の文のように、「穏やかな」を使うと、違和感がなくなります。もしくは、3番目の文のように、主語が「子供」であれば、「おとなしい」という形容詞を違和感なく使うことができます。このように、主語に人間などの「生き物を取る形容詞」と、「無生物を取る形容詞」に分かれている場合があります。

STEP 2 ⇒	「英語」の場合を見てみよう

この事は英語でも同じです。（ただし、日本語でこの区別を持つ形容詞が、英語でも同じ区別を持つとは限りません。）主語に生き物を取る形容詞には、次のようなものがあります。

1）「心理」に関する形容詞

angry	（怒った）	glad	（喜んで）
happy	（嬉しい）	proud	（誇りを持っている）
sorry	（気の毒に思う）	thankful	（感謝している）

「心理」に関する p.p. 形（surprised、excited など (☞ p.296)）　など

```
┌─────────────────────────────────────────────────────────────┐
│ 2）「意思」に関する形容詞                                      │
│    eager   （切望して）        hesitant （躊躇して）          │
│    keen    （熱心に）          ready    （喜んで〜する）       │
│    willing （〜するのをいとわない） zealous （熱中して）   など │
└─────────────────────────────────────────────────────────────┘
```

＊「生き物」を主語に取る形容詞＊

ここで次の例を見てみましょう。

（×）私がヨーロッパ旅行に行くことは**嬉しい**

（○）ヨーロッパ旅行に行くので、**私は嬉しい**

どちらの文も、「嬉しい」という、人の心理を表す形容詞を述語に取っています。ただし 1 番目の文では、「私がヨーロッパ旅行に行くこと」という出来事が主語になっています。そのため、言いたい事はわかりますが、不自然な文ですよね。日本語を母国語とする人が、このように話すことはありません。一方、2 番目の文では、主語に人を取っているので、違和感がありません。

英語でも同じ事が言えます。上の 1 番目の間違った和文を、そのまま機械的に英語に直すと次のようになります。

（×）**It** is **happy** that I am going on a trip to Europe.

→「私がヨーロッパ旅行に行くこと」という主語を、that 節で表し、この that 節を形式主語の it で置き換えて、that 節を後ろに移動させている（☞ p.347）

和文英訳の工程としては正しいのですが、問題は、形容詞の happy です。happy は生き物を主語に取る形容詞なので、it や that 節を主語にできません。そのため、出来上がった英文は間違いになります。

これに対して、2 番目の和文を英語に直すと、次のようになります。

（○）**I** am **happy** because I am going on a trip to Europe.

今度は主語が「I」という人を表す言葉なので、happy と不一致が起こりません。そのため、この文には問題がありません。ここで更に一歩進めると、「心理」に関する形容詞は、その原因や理由を that 節や to 原形で表す事ができます (☞ p.305)。つまりこの文は、次のように書き換えることができます。

(○) I am happy **that** I am going on a trip to Europe.
私はヨーロッパ旅行に行くのが嬉しい

(注: 心理の形容詞は、後置詞の「が」を使って、
心理の対象 (＝ that 節) を表す (☞ p.58))

happy が to 原形を取ることもできますが、その時には「喜んで〜する」という少し違ったニュアンスが出ます。

(○) I am happy **to go** on a trip to Europe.
私は喜んでヨーロッパ旅行に行きます

重要な事は、形容詞の中には、主語に生き物だけを取るものがあるという事です。そして、これらの形容詞は、物や出来事を表す名詞はもちろん、「形式主語の it」「that 節」「意味上の主語＋準動詞」なども主語に取れません。

(○) I am <u>happy</u> **that** I am going on a trip to Europe.
→ 「I」という人を表す言葉が主語になっている

(×) **It** is <u>happy</u> **that** I am going on a trip to Europe.
(×) **It** is <u>happy</u> **for me to go** on a trip to Europe.
→ この 2 つは主語に「形式主語の it」を取っているので間違い
(×) **My going** on a trip to Europe is <u>happy</u>.
→ 主語に「意味上の主語＋準動詞」を取っているので間違い

＊ 「無生物」を主語に取る形容詞 ＊

ここで、次の例を見てみましょう。先ほどの例と同じ文ですが、ただし今度は、「嬉しい」の代わりに「当然だ」という形容詞を述語に使っています。

（○）私がヨーロッパ旅行に行くことは当然だ

（×）ヨーロッパ旅行に行くので、私は当然だ

「嬉しい」の場合とは逆に、形容詞の「当然だ」は出来事を主語に取ります。これは、出来事に対する話し手の判断を述べる形容詞だからです。そのため、上の1番目の文の構造が、今度は正しくなります。この事は英語でも同じです。

（○）**It** is natural **that** I am going on a trip to Europe.

（○）**It** is natural **for me to go** on a trip to Europe.

（×）I am natural **because** I am going on a trip to Europe.

ただし、ここで1つ重要な事があります。「嬉しい」の場合と同じように、「当然だ」においても、because でなく that 節を使って判断の根拠を表すことができます。その英文を訳した場合、日本語訳は間違いに聞こえません。

（×）I am natural **that** I am going on a trip to Europe.

（○）私はヨーロッパ旅行に行くの**が**当然だ

つまり、「私はヨーロッパ旅行に行くのが当然だ」という日本語文を英語にする時、そのまま「I am natural that…」と訳してしまう可能性があるのです。しかし、「この意味での natural は生き物を主語に取らない」ということを覚えていれば、間違いは防げます。重要な事は、日本語に惑わされない事です。

（注： 上の日本語文は、正確には、「私は、私がヨーロッパ旅行に行くのが当然だ、と思う」という構造。その中の「私が（＝従属節の主語）」と「思う」が省略されたもの。そのため、上の英文の正確な日本語訳ではない）

英語で、主語に「形式主語の it」を取ることのできる形容詞には、次のようなものがあります。（下の「～」の部分に形容詞が入ります。）

1）「It is ～ that 節」の形を取る形容詞

apparent （明らかな）	certain （確かな）
likely （ありそうな）	true （本当の）
unclear （不明瞭な）	など

> 2）「It is ～ for … to 原形」の形を取る形容詞
>
> difficult （難しい）　　　　easy （やさしい）
>
> safe （安全な）　　　　dangerous （危険な）
>
> useless （無駄な）　　　　　　　　　　　　　　　　など

　同じ意味を表す形容詞でも、主語に人を取るか無生物を取るかが分かれる場合もものもあるので、辞書で確認する必要があります。

（○）**Tom** is **able** to speak French fluently.
　　トムはフランス語を流暢に話す事ができる

（×）**Tom** is **possible** to speak French fluently.
　　→　possible は人を主語に取れない

（○）**It** is **possible** for Tom to speak French fluently.

発展	主語の位置への繰り上げ

　形式主語の it は、主語の位置を空にしないために形式的に置かれるもので（☞ p.347）、何が何でも必要という訳ではありません。そのため、that 節の中の**主語**を取り出して、it の代わりに「文の主語」の位置に繰り上げることで、空の主語の位置を埋めることができます。その時には、that 節を to 原形に変えます。これには次のような場合があります。

1）likely、sure、certain、fortunate などの「形容詞」

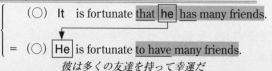

（○）It is fortunate that he has many friends.

＝（○）He is fortunate to have many friends.
　　　彼は多くの友達を持って幸運だ

2）seem、appear、happen などの「動詞」

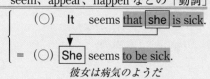

（○）It seems that she is sick.

＝（○）She seems to be sick.
　　　彼女は病気のようだ

384

3) say、believe、know、assume、consider、expect などの「受動文」

- (○) It is expected that I attend this meeting.

= (○) I am expected to attend this meeting.
  私はこの会議に出席することを求められている

また、「It is ～ for … to 原形」を取る形容詞の場合、**意味上の目的語を繰り**
上げることができる場合があります。これには、easy, difficult, hard, tough,
impossible など「難易」に関するものや、pleasant, comfortable, dangerous,
expensive などがあります。(310 ページで tough to live in の in が残るのは、in
の目的語を繰り上げたからです)。

- (○) It is difficult for children to understand this book.

= (○) This book is difficult for children to understand.
  この本は子供には理解するのが難しい
  → この場合、to 原形は他動詞でも、意味上の目的語の位置は空になる

このタイプの形容詞の文で、意味上の主語を繰り上げると間違いになります。

(×) Children are difficult to understand this book.

また、to 原形の意味上の主語も目的語も、**どちらも繰り上げできない場合**もあ
ります。これには、normal, usual, common など「頻度」に関する形容詞が挙げ
られます。

- (○) It is usual for Tom to sing a French song.
  トムがフランスの歌を歌うのはいつもの事です
- (×) Tom is usual to sing a French song.
- (×) A French song is usual for Tom to sing.

このように、形容詞の種類によって、to 原形の意味上の主語や目的語を、文の
主語の位置に繰り上げることができたり、できなかったりするので、辞書で確
認をする必要があります。

更に、「心理」や「意思」に関する形容詞 (☞ p.380 ～ p.381) の他、able, bound,
liable, prompt, apt など、「文の主語」と、to 原形の「意味上の主語」が必ず一致
する形容詞では、そもそも**形式主語の it を使って文を書くことができません。**

- (○) I am afraid to go. (→ to go の意味上の主語は「I」。以下同様)
- (×) It is afraid for me to go.
- (○) I am eager to go.
- (×) It is eager for me to go.
- (○) I am able to go.
- (×) It is able for me to go.

文の種類
What a kind man he is!

 次の2つの文では、意味にどんな違いがある？

(○) 彼はこの道を<u>何度</u>歩いて**いますか**
(○) 彼はこの道を<u>何度</u>歩いている**ことか**

上の1番目の文は、「何度歩いたことがあるか」という回数を聞く疑問文ですよね。それに対して2番目の文では、実際の回数を尋ねているのではなく、「何度も何度も繰り返し歩いている」という話し手の驚きを表しています。そのため、「何度〜か」という形を取っていますが、この文は疑問文ではありません。

これまで本書では、平叙文と疑問文（☞ p.114）、そして肯定文と否定文（☞ p.113）を見てきました。今課では、それ以外の文の種類を見ていきます。

＊感嘆文＊

驚きや悲しみや喜びなど、話し手の感情を表す文のことを感嘆文といいます。上の2つの例文を英語にすると、次のようになります。

(○) <u>How many times</u> has **he** walked on this path**?**
(○) <u>How many times</u> **he** has walked on this path**!**

疑問文では、how many times という疑問詞を使った表現が文頭に置かれます。そして、主語と助動詞の has の位置が入れ替わります。（つまり、疑問文の語順になります。） 更に、文末に疑問符（＝「？」）が置かれます。

一方、感嘆文では、疑問詞を使った表現が文頭に置かれますが、語順が入れ替わることなく、平叙文の語順のままです。そして文末には感嘆符（＝「！」）が置かれます。つまり、感嘆文は実際に質問をしている訳ではないので、疑問文の語順にならないのです。

感嘆文を作る場合、強調したい語が名詞であれば疑問詞には what を使います。もし形容詞や副詞であれば、how を使います。

(○) **What** a kind man he is!
　　　彼は何て親切な人なんだろう！

(○) **How** kind he is!
　　　彼は何て親切なんだろう！

補足

この2つの文は、どちらも疑問詞を使っているので、別の文の一部に埋め込むことができます（☞ p.330）。その場合には、疑問文でも**平叙文の語順**になるので、疑問文か感嘆文かを、文脈で判断する必要があります。

(○) Can you imagine how many times he has walked on this path?
　　　あなたは彼が何度この道を歩いているか想像できますか？（間接**疑問文**）
　　　あなたは彼が何度この道を歩いたことか想像できますか？（間接**感嘆文**）

＊命令文＊

相手に対して、何かを命令したり要求したりする文を命令文といいます。「止まれ！」「手を挙げろ！」など、主語を表さずに表現します。英語でも同じように、主語を表さず、動詞の原形で文を始めます。感嘆符は付けても付けなくても構いません。

(○) **Show** me the picture.
　　　その写真を見せて

(○) **Be** nice to your brother!
　　　弟に優しくしなさい！

語調を和らげるために please を使うこともあります。please は文頭にも文末にも置けます。ただし文末に置く時にはコンマ（＝「,」）で区切ります。

（○）Please **sit** down.
= （○）**Sit** down, please.
　　　　座ってください

否定の命令文は禁止を表します。Don't か Never で文を始めます。be 動詞の場合でも、Don't を使います (☞ p.113)。

（○）Never **forget** that we are friends.
　　　僕たちは友達だという事を絶対に忘れたらダメだよ
（○）Don't **be** late tomorrow!
　　　明日は遅れるな！

＊付加疑問文＊

> 次の 2 つの文では、意味にどんな違いがある？
> *(ホテルのフロント係の人に対する発言)*
> 　（○）チェック・アウト時間は 11 時です**か**？
> 　（○）チェック・アウト時間は 11 時です**ね**？

上の 1 番目の文では、単純にチェック・アウト時間が 11 時かどうかを質問しています。それに対して 2 番目の文では、話し手は 11 時だと知っていますが、確認の意味で相手に同意を求めていますよね。その点で、この 2 番目の文は、純粋な疑問文ではありません。

相手に確認や同意を求める文を付加疑問文といいます。英語では肯定文の場合、同じ文を否定疑問文にした「助動詞＋主語」の部分を文末に付けます。例文を使って、実際の作り方を見てみましょう。

元の文：　　　Tom lives in London.
否定疑問文：　**Doesn't he** live in London?
　　　　　　　┗→ この部分を元の文の最後に付ける
　　　　　　　（この時、主語は代名詞に直し、コンマで区切る）

付加疑問文：　Tom lives in London, **doesn't he**?

>> トムはロンドンに住んでいるんでしょ？　（上昇調に読んだ場合）
>> トムはロンドンに住んでいるんだね？　（下降調に読んだ場合）

この時に、付加疑問の部分を尻上がりに上昇調で読むと、発言内容に自信がないので相手に確認する色合いが強くなります。一方、尻下がりに下降調で読むと、発言内容にある程度の自信があり、相手の同意を取り付ける色合いが強くなります。

元の文が否定文の場合には、肯定疑問文にした「助動詞＋主語」を、元の文の最後に付けます。

（○）You haven't watched this movie yet, **have you**?

>> まだこの映画を見ていないでしょ？

相手の言った事に対して疑いや皮肉を表す時には、肯定文に対して肯定の付加疑問を付け、否定文に対して否定の付加疑問を付けることがあります。

A:　I am never late.

>> 僕は絶対に遅れないんだ

B:　Huh? You are never late, **aren't you**?

>> （皮肉を込めた口調で）　へぇ〜、一度も遅刻した事がなかったっけね？

＊倒置文＊

次の3組の文には、どんな違いがある？
　　（○）「これは　夢だ」　　⇔　　「夢だ　これは」
　　（○）「君は　すごいな」　⇔　　「すごいな　君は」
　　（○）「ご期待を　乞う」　⇔　　「乞う　ご期待」

日本語には、名詞文・形容詞文・動詞文があります（☞ p.364）。どの文でも、述語は文の最後に現れます。しかし、この語順を敢えて変えることで、言いたい事を強調したり、言葉の流れをスムーズにすることができます。このような文を倒置文といいます。上の例でも、言っている内容に違いはありませんが、右側の倒置文のほうが語調が良く、話し手の意図が直に聞き手に伝わります。

英語でも倒置は起こります。英語には２種類の倒置の仕方があります。

1）　述語動詞の左右の要素が入れ替わる倒置

この時の動詞は自動詞で、「ing 形」「p.p. 形」「前置詞句」「副詞語句」などが、主語と入れ替わります。

（○）Standing in the rain |was| **my long lost friend**.
　　　雨の中で立っていたのは長いこと行方知れずの私の友人だった

（○）Around the city hall |walked| **the parade of young people**, honoring the memory of the late mayor.
　　　市庁舎の周りを若者の行列が亡き市長を称えて歩いた

（○）On the outcome of that battle |depended| **the future of this nation**.
　　　あの戦いの結果にこの国の未来は掛かっていた

これらの倒置は、主語が代名詞の時には起こりません。代名詞というのは既知情報（☞ p.130）なので、基本の語順を変えるだけの価値ある情報ではないからです（同様の例 ☞ p.202）。

　　　（×）Hidden under the table |was| **he**.

2）　疑問文の語順になる倒置

文全体を否定する語句や only が、強調のために文頭に移動した場合、疑問文の語順になります。このタイプの倒置では、主語は代名詞でも構いません。（この倒置の効果は、日本語ではあまり表現できません。）

(○) Under no circumstances should **you** steal from other people.
いかなる事情があっても他の人から盗んではいけない

ただし、否定語が文頭に置かれても、その否定語が「文全体」を否定していない場合には、倒置は起こりません。

(○) Not long ago **it rained** heavily in this region.
つい先ごろ、この地区で激しい雨が降った
→ この not は、「long ago（＝遠い昔）ではない」と言っているだけで、「雨が降らなかった」と言っているのではない

目的語が文頭に置かれた場合、否定語も含めて１つのまとまりと考えられる場合には、倒置が起きます。しかし否定語を含まない場合には、倒置しません。

(○) Not a word did **he** say to his father about the accident.
彼は事故について父親に一言も話さなかった （否定語を含む → 倒置）

(○) That **I** don't know.
それは私は知らない （否定語を含まない → 倒置しない）

＊強調文＊

「It is ～ that …」の形で、「～」の部分に強調したい語句を置き、残りを that の後ろに置きます。こうする事で、「…なのは、～だ」という強調文ができます。（「～」に人が入る時には that ではなく who が使われます。）

Tom keeps the documents in the safe.
トムはその書類を金庫の中に保管している

(○) It is **the documents** that Tom keeps in the safe.
トムが金庫の中に保管しているのは**その書類**だ

(○) It is **in the safe** that Tom keeps the documents.
トムがその書類を保管しているのは**金庫の中**だ

(○) It is **Tom** who keeps the documents in the safe.
金庫の中にその書類を保管しているのは**トム**だ

否定

(×) **Anybody will not doubt his innocence.**

 次の文は、何通りの意味に解釈できる？

（○）私は事務所で彼女を見なかった

上の文は、どの語を強調して読むかによって、次のように解釈が変わってきます。（更に、これらを組み合わせた解釈も考えられます。）

　私は事務所で彼女を見なかった

　　→ 「私」は見なかったが、「誰か他の人」が彼女を見た

　私は**事務所で**彼女を見なかった

　　→ 「事務所」では見なかったが、「どこか他の場所」で彼女を見た

　私は事務所で**彼女を**見なかった

　　→ 「彼女」は見なかったが、「誰か他の人」を事務所で見た

このように、どの言葉を強調するのか、もしくは、どの言葉に否定がかかるのかによって、同じ文でも意味に違いが出ますよね。

それでは、次の文を見てみましょう。この文では、彼は今働いているでしょうか。それとも働いていないでしょうか。

　（○）彼は1か月働いていない

この場合でも、否定がどこにかかるのか、その範囲の違いによって次の2通りの解釈ができます。

　　1）　彼は失業中で、1か月間、仕事をしていない
　　　　→ 「働く」を否定　（＝「働いていない」期間が1か月になる）
　　2）　いま働いているけれども、まだ1か月には達していない
　　　　→ 「**1か月働く**」を否定　（＝「働いている」こと自体は否定しない）

STEP 2 ⇒ 「英語」の場合を見てみよう

英語でも同じ事が言えます。次の英文は上と同じ 2 つの解釈が可能です。

(○) He hasn't worked for one month.
- (○) *彼が働いていない期間は 1 か月になる*
- (○) *彼は働いて 1 か月経たない*

1 番目の解釈の場合（=「働く」だけを否定する場合）には、worked でいったん区切って読みます。それに対して 2 番目の解釈の場合（=「1 か月働く」を否定する場合）には、最後まで続けて読みます。また、曖昧さをなくすために、2 番目の解釈の時には、「まだ（= yet）」などの副詞を使うのが普通です。

このような 2 通りの解釈ができるのは、not が because や until などの言葉と一緒に使われた時にも起こります。

(○) Tom didn't eat lunch at this restaurant because he was busy.
トムは忙しかったので、このレストランで昼ご飯を食べなかった
→ 否定の範囲は because の前まで　（because の前で区切って読む）

トムがこのレストランで食べたのは、忙しかったからではない
→ 否定の範囲は最後まで　（区切らずに最後まで一気に読む）

＊「文否定」と「語否定」＊

否定には、文全体の内容を否定する場合と、文の中の特定の語句だけを否定する場合があります。次の例を見てみましょう。

(○) I did **not** have time.
私には時間がなかった

(○) I did **not** have much time.

私には時間があまりなかった　（= 少しはあった）

第4章

複雑な構造の文

1番目の例で not は、have time を否定していて、結果的に文全体を否定しています。このような否定を、文否定といいます。それに対して2番目の文では、not は much を否定しています。そのため、「時間がなかった」ということではなく、あるにはあったのですが、「たくさんはなかった」という意味になります。このような否定を、語否定といいます。

＊否定代名詞＊

英語には、nobody、nothing、nowhere のように否定の意味を含む言葉があります。これらの言葉を使う時には、述語動詞は肯定形になり、主語の場合には、単数扱いです。また、例えば nobody を、否定語と anybody の2語を使って書き換えた時に、否定語 → anybody の語順で現れる時には、書き換えることができます。

    （○）I **have no**where to go.
= （○）I do **not** have **any**where to go.
        私には行くところがない

    （○）**No**body **will doubt** his innocence.
    （×）**Any**body will **not** doubt his innocence.
        誰も彼の潔白を疑わないだろう　（not →「any-」の語順でないので不可）

＊二重否定＊

「〜しない…はない」のように、否定語を重ねることで肯定を表します。これを二重否定といいます。

    （○）There is **no**thing that he does **not** know.
        彼が知らない事はない　（＝彼は何でも知っている）

    （○）It was **not un**expected that he won the game.
        彼が試合に勝ったのは予期せぬ事ではなかった　（＝当然だった）

not →「no-」の語順は、くだけた会話などを除けば避けられます。

(△) They don't know **nothing**.
　　　奴<ruby>ら<rt>やつ</rt></ruby>は何も知っちゃいない

(△) You don't go **nowhere**!
　　　どこにも行くんじゃない！　（→　you が付いた命令文）

＊部分否定＊

全体性や完全性を表す言葉が否定されると、「全てが〜というわけではない」という、一部分を否定する表現になります。これを部分否定といいます。

(○) **Not every**body went to the party.
　　　全員がパーティーに行ったわけではない

(○) She does **not always** tell the truth.
　　　彼女はいつも真実を話すわけではない

(○) The experiment was **not completely** a failure.
　　　実験は完全な失敗だったわけではない

部分否定を作る言葉には、次のようなものがあります。

all　（全て）	every　（全ての）
completely　（完全に）	entirely　（すっかり）
necessarily　（必ず）	both　（両方の）
absolutely　（完全に）	quite　（全く）
	など

80 「無生物」が主語になる文

This book reads easily.

STEP 1 ⇒ まずは「日本語」の文で考えてみよう

 次の2つの文では、動詞の働きにどんな違いがある？

- （○）この本は世界中で**読まれている**
- （○）この本は簡単に**読める**

受動文とは、他動詞の目的語を、主語に格上げして作った文です（☞ p.194）。受動文を使うことで、「世間一般の人々」など、漠然とした能動文（☞ p.196）の主語をわざわざ言わなくて済むようになります（☞ p.201）。

STEP 2 ⇒ 「英語」の場合を見てみよう

上の1番目の例文は、英語では次のように表します。

（○）This book **is read** all over the world.

この英文では、行為者を表す「by ～」の部分が省略されています。そのため、誰によって読まれているのかはわかりません。しかしこの文では、「誰かがこの本を読んでいる」という人々の行動を表していることに、変わりはありません。

それに対して、上の2番目の例文はどうでしょうか。「この本は簡単に読める」というのは、その本の特徴や性質を表しているだけで、「誰かの行動」を描写している訳ではありませんよね。このような場合、主語は受動文と同じ「本」でも、動詞の形は受動にならず、能動のままになります。（当然、「本」という無生物が、「読む」という動作をする訳でもありません。） この事は英語でも同じです。

（○）This book **reads** easily.

- （×）この本は簡単に読んでいる
- （○）この本は簡単に読める （＝「読みやすい」という特徴を述べている）

このように、他動詞の目的語が主語の位置に格上げされていながら、述語動詞は受動の形を取らないものには、次のような動詞があります。

396

bake（焼ける）	sell（売れる）	lock（鍵が掛かる）
wash（洗濯できる）	cut（切れる）	ride（乗れる）
clean（きれいになる）	roll（転がる）	など

この動詞の使い方は、主語の特徴や性質を表すのがその働きなので、easily, well, quickly など、何らかの「特徴」を表す副詞語句が一緒に使われている必要があります（☞ p.95）。

（×）This book **reads**.

→　どんな特徴の本なのか、情報が不足している

＊英語の主語が、日本語では副詞のような働きをする場合＊

英語には、理由・原因・方法・条件など、意味的に副詞の働きを持つ言葉が、主語になる場合があります。目的格補語（☞ p.368）や「意味上の主語＋準動詞」（☞ p.348）を取る動詞に多く見られます。

（○）**This device** allows computers to work faster.

直訳：　この装置がコンピューターにより速く作動することを許す

上の日本語訳では、文の主語が「この装置」という無生物のため、「何かをする」という表現が不自然に聞こえます。このような英文を日本語にする時には、言葉を補って英文の主語を副詞的に訳します。例えば、「〜なので」「〜のため」「〜して」「〜すれば」などです。

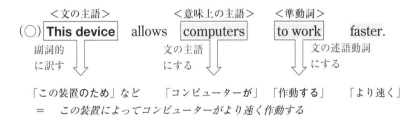

その他、「他動詞＋目的語＋前置詞句」の形でも、同じ場合があります。

（○）**The girl** reminded me of my niece.

その少女を見て、私は姪のことを思い出した

第 5 章

複雑な時制の文

継続を表す「have + p.p. 形」

Tom's watch <u>has been</u> broken since last week.

次の2つの文は、動詞が持つ5つの段階 (☞ p.147) のうち、どの段階を表す?

(○) 少年が壁の落書きを消している
(○) 壁の落書きがすっかり消えている

日本語の「〜している」には、たくさんの意味があります。例えば175ページで見たように、ある動作が進行中であること (つまり「③ 実現」の段階) を表すこともあれば、ある動作が完了していること (つまり「⑤ 結果」の段階) を表すこともあります。

上の1番目の文は、「少年がいま落書きを消している最中だ」という意味ですよね。進行中の動作ですから、この「〜している」は、「③ 実現」の段階です。一方、2番目の文では、少年が落書きを全部消し終えて、「落書きが消えた後の状態」を表しています。つまり、この「〜している」は、「⑤ 結果」の段階です。

同じ「〜している」ですが、私たち日本人は、「どの段階の話か」を迷うことなく判断できます。その理由は、動詞が違うからです。よく見ると、1番目の文の動詞は「消す」ですが、2番目では「消える」ですよね。

「消す」は、「〜を消す」と言えるのですから他動詞 (☞ p.22) ですが、と同時に、動詞タイプは継続動詞 (☞ p.147) です。一方「消える」は、「〜を消える」とは言えないので自動詞で、動詞タイプは変化動詞 (☞ p.149 / p.183) です。

つまり、「消す」と「消える」では、他動詞と自動詞で見た目が違うだけでなく、動詞タイプも違うのです。そのため、同じ「〜している」という形を取っても、違う「段階」を表すのです。

それでは英語ではどうでしょうか。日本語とは逆に、大半の英語の動詞は、

他動詞と自動詞が同じ形をしています。そのため、同じ変化形を使ったのでは、見た目に全く違いがなくなってしまいます。これでは当然、表す「段階」の違いも、見分けが付かなくなってしまいますよね。

STEP 2 ⇒　「英語」の場合を見てみよう

そこで英語では、「be + ing 形」と「be + p.p. 形」という、違う動詞の変化形（☞ p.98）を使って、「段階」の区別をすることがあります。（この場合の p.p. 形は、形容詞用法（☞ p.294）。）　上の日本語文を英語にすると、次のようになります。

(○) The boy **is erasing** the doodle on the wall.

(○) The doodle on the wall **is** completely **erased**.

このように、日本語の「消している」と「消えている」の違いは、英語では、「be eras**ing**」と「be eras**ed**」の違いとして現れます。（第 60 課（☞ p.294）でも見たように、「be + p.p. 形」は、必ずしも受動（☞ p.194）の意味だとは限らないのです。）　そこで、変化動詞について少し詳しく見ていきましょう。

＊変化動詞 と 「have + p.p. 形」の継続＊

英語の「have + p.p. 形」には、「経験」「完了」「結果」「継続」の 4 つの働きがあります。ただし、170 ページで見たように、「継続」の用法は、状態動詞（および一部の継続動詞（☞ p.170））にだけある、例外的な用法です。

特定の「時」の副詞（☞ p.159）が使われていなければ、「have + p.p. 形」は「完了」を表すのが普通です。

(○) Tom's watch **has broken**.

トムの腕時計は壊れてしまった

(注:　日本語の「～してしまう」は完了を強調する表現)

また、変化動詞は「③ 実現」の段階を持たない動詞（☞ p.149）です。そのため、継続期間を表す for や since と、一緒に使われることはありません。

(×) Tom's watch **has broken** <u>since last week</u>.

一方、変化動詞は、変化後の結果状態を「be」+「p.p. 形」で表すことができます（☞ p.294）。（この課で　　を掛けた「p.p. 形」という表記は、形容詞用法という意味です。つまり、述語動詞の一部ではないという意味です。）もし、述語動詞が現在形であれば、単に現在の状態を表します。

	＜主語＞	＜述語動詞＞	＜補語＝形容詞＞
（○）	Tom's watch	**is**	broken.

トムの腕時計は壊れている　（＝現在の状態）

この時に、変化後の結果状態が「いつ始まったか」や、「以前からずっと」という点に注意が払われると、この「be」が完了形を取って「have been」になります。つまり、変化動詞の「継続」は、「have been」+「p.p. 形」という形で表します。（この形だと、継続期間を表す since や for を取れます。）

	＜主語＞	＜述語動詞＞	＜補語＞	＜修飾語＞
（○）	Tom's watch	**has been**	broken	since last week.

トムの腕時計は先週からずっと壊れている　（＝現在まで続く状態）

ただし、p.p. 形が変化後の結果状態を表すのは、**他動詞**の変化動詞に限られます。自動詞しかない場合、「have + p.p. 形」（＝現在完了形）は作れますが、「have been」+「p.p. 形」の形にはできません。例えば、stop は他動詞ですが、arrive は自動詞です。そのため、arrive にこの用法はありません。

＜　stop の場合　＞

（○）The train **stopped** at the station.
　　電車が駅で停まった　　　　　（stopped ＝自動詞）
（○）The conductor **stopped** the train at the station.
　　運転手が電車を駅で停めた　　（stopped ＝他動詞）

→
（○）The train **has stopped** at the station.
　　電車が駅で停まった（ところだ）　（＝動作の完了）
（○）The train **is** stopped at the station.
　　電車が駅で停まっている　（＝結果の状態）

> < arrive の場合 >
> - (○) The train **arrived** at the station. （＝自動詞）
>   - 電車が駅に到着した
> - (×) The conductor **arrived** the train at the station.
>
> → - (○) The train **has arrived** at the station.
>   - 電車が駅に到着した（ところだ）／到着している
>   （→ 違いを表すために just や already などの副詞が使われる）
>   - (×) The train **is** arrived at the station.

このように、stop のような動詞の場合、「be」+「p.p. 形」の形で、現在の結果状態を表します。ここに、「いつ始まったか」や「以前からずっと」という意味が加わると完了形を取って、「継続」を表すことができます。（つまり、「have been」+「p.p. 形」の形になります。）

(○) The train **has been** stopped at the station <u>since 10 o'clock</u> this morning.
　　駅に電車が今朝の <u>10 時からずっと</u>停まっている

(注: ただし自動詞でも、古い英語では Spring is come. などと言うこともある。しかし現在では、物がなくなったり、人がいなくなったりする事を表す「be gone」の形くらいしか使われない)

補足

arrive のような変化動詞は、1 回の出来事の「継続」を表すことはできません。
　　(×) The special train has arrived at this station for 5 minutes.

しかし、より長期間に渡る反復を表していると理解できる場合（☞ p.184）には、「have been + ing 形」（＝現在完了進行形）を取ることができます。
　　(○) The special train has been arriving at this station *weekly* for 6 months now.
　　　　特別列車が毎週この駅に到着するようになって 6 か月になる

また、変化動詞では基本的に、「have + p.p. 形」が完了（＝動作）を表すのに対して、「be」+「p.p. 形」は結果（＝状態）を表します。そのため、この 2 つには、次のような違いがあります。
　　(○) He has finished the assignment.
　　　　彼は課題を終えた
　　(○) He is finished with the assignment.
　　　　彼は課題が終わっている

＊状態動詞 と「have + p.p. 形」の継続＊

状態動詞が「継続」の用法で使われることは 170 ページで見ていますが、もう一度確認しておきましょう。

状態動詞とは、恒常的な性質や長期間に渡る状態を表す動詞です。何の動作や変化も表さず、単に状態を描写しているだけの動詞です。言い換えれば、「③実現」の段階だけに焦点を当てているので (☞ p.150)、「have + p.p. 形」にせず単純形で使っても、もともと「継続」の意味が含まれているのです。

(○) Tom **loves** Anna.
　　　　トムはアンナを愛している
　　　　　→ 　過去から現在、そして未来へと継続する状態

そのため、敢えて「have + p.p. 形」が使われる場合とは、その状態が「いつ始まったか」や、「以前からずっと」という点に注意が払われた時です。

(○) Tom **has loved** Anna **since** childhood.
　　　　トムはアンナを子供の頃からずっと愛している
　　　　　→ 　since childhood があるので、「have + p.p. 形」にする

＊継続動詞・瞬間動詞 と「have + p.p. 形」の継続＊

変化動詞の場合と同様、継続動詞・瞬間動詞の「have + p.p. 形」も、「完了」の意味が強く出るのが普通です。そこで、193 ページで見たように、その行為が今後も「継続」することを明確にするためには、「have been + ing 形」(= 現在完了進行形) を使います。

(○) Anna **has played** the piano for 2 hours.
　　　　アンナは2時間ピアノを弾いた (ところだ)
　　　　　→ 　2時間前からピアノを弾き始め、今ちょうど弾き終えたというニュアンスがある

(○) Anna **has been playing** the piano for 2 hours.
　　　アンナは2時間ピアノを弾き続けている
　　　　→　今後もピアノを弾き続けるというニュアンスがある

* 「継続」を表す「have + p.p. 形」のまとめ *

これまで見てきたように、「継続」を表す「have + p.p. 形」は、動詞のタイプによって形が変わるので注意が必要です。

状態動詞 ＝「have + p.p. 形」
　Tom **has loved** Anna since childhood.

継続動詞・瞬間動詞 ＝「have been + ing 形」
　Anna **has been playing** the piano for 2 hours.

変化動詞 ＝「have been」+「p.p. 形」
　Tom's watch **has been** broken since last week.
　　　(→　この p.p. 形は、形容詞用法 ＝ 述語動詞の一部ではない)

ここで1つ注意する点があります。184ページでも見ましたが、「継続」と言った場合、必ずしも1回の出来事がずっと続いているとは限りません。例えば次のような場合、その行為が反復することで継続を表しています。

(○) He **has been studying** French for three years.
　　　彼は3年間フランス語を勉強し続けている
　　　　→　3年の間、1日24時間365日、絶え間なく勉強を続けているという意味ではない

(○) Many people **have died** of cancer in this region.
　　　この地域では多くの人が癌（がん）で亡くなっている
　　　　→　同じ人が繰り返し「亡くなる」はずはないので、主語には「多くの」など、複数の人がいる事を表す言葉が使われる

82 「未来」を表す動詞の形
The patient is going to recover day by day.

 次の３つの文が表す時間には、どんな違いがある？

- （○）その患者（の容体<ruby>ようだい</ruby>）は既に回復**している**と思う
- （○）その患者（の容体）は現在順調に回復**している**と思う
- （○）その患者（の容体）は日に日に回復して**いく**と思う

これまでに何度も見てきたように、日本語の「〜している」には、様々な意味があります。上の例文の１番目では、「既に」と言っているのですから、「完了」を表しています。これは、現在までに実現している内容の事で、**過去と現在にまたがる時間**（☞ p.153）です。英語なら「have + p.p. 形」に相当しますよね。

一方、２番目の例文では、現在実現中（＝進行中）の内容を表しています。これは、**現在に焦点を当てた時間**です。英語なら「be + ing 形」に相当します。（これらの違いを生むのが、一緒に使われる「時」の副詞の違いです。）

- （○）I think that the patient **has** already **recovered**.
- （○）I think that the patient **is** now **recovering** very well.

それに対して、上の３つ目の例文の「〜して**いく**」という形は、どうでしょうか。これは、現在回復の兆しが見られ、それが未来へと続いていく感じがしますよね。つまり、**現在と未来にまたがる時間**を表していると言えます。この例文の場合なら、英語の「be going + to 原形」に相当します。

- （○）I think that the patient **is going to recover** day by day.

（注： 「ていく」にも様々な用法があり、「時間」に関する用法でも、一緒に用いられる動詞は無意志動詞に限られるなど制約がある。そのため、英語の「be going + to 原形」が必ず日本語の「ていく」になるわけではなく、日英語が対応しないことが多いので注意）

＊現在と未来にまたがる時間＊

> 次の２つの文には、どんな違いがある？
>   （○）手術が無事に終わり、その患者（の容体）は回復する**と**思う
>   （○）手術が無事に終わり、その患者（の容体）は回復して**いく**と思う

どちらの文でも、「回復する」という出来事が実現するのは未来のことです。しかし、１番目の例文では、漠然とした未来、つまり、「いつの日か回復する」という印象を受けます。つまり、話者がいる「現在」と、患者が回復する「未来」との間に**時間的な溝**が感じられますよね。

それに対して２番目の文では、手術が無事に終わったという**現在の状況を根拠**にして、今後回復するという**確信**のようなものを感じます。もしくは、既に回復の兆候が見えていて、今後、回復が本格化するような印象を受けます。そのため、現在と未来を１つのまとまりとして認識しているように感じられます。

STEP 2 ⇒ 「英語」の場合を見てみよう

このニュアンスの違いは、英語にもあります。英語で未来を表す表現としては、「will + 原形」と「be going + to 原形」の２つが有名です。ただし、この２つは全く同じではありません。

> 「will + 原形」：
>   **現在とはつながりを持たない漠然とした未来**
> 「be going + to 原形」：
>   現在に何らかの兆候や計画があったり、既に何らかの「手はず」が
>   整っているなど、未来の出来事が**現在の状況と結びついている**場合

そのため、この２つは必ずしも書き換え可能ではありません。下の例では、「黒い雲」という兆候があるので、「will + 原形」は使えません。

> （×）Look at the dark clouds in the sky. It **will rain**!
> （○）Look at the dark clouds in the sky. It **is going to rain**!
>   *空の黒い雲を見てごらん。これは雨が降るぞ！*

＊「動詞の形」と「表す時間」＊

既に見たように、「have + p.p. 形」は過去と現在にまたがる時間を表し、「be going + to 原形」は現在と未来にまたがる時間を表します。これを図で示すと、次のようになります。（下の図は、現在とのつながりを持つかどうかで図式化したもので、実際の時間の長さや、出来事が起こる順番を示すものではありません。）

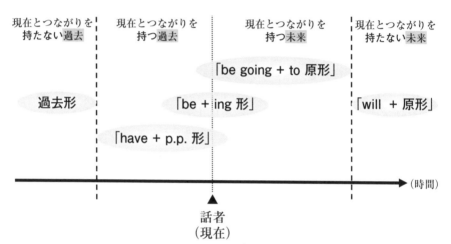

（注： 上の「be + ing 形」は進行中を表す。
またbeが全て現在形の場合）

補足

138 ページで見たように、日本語にも英語にも、「未来形」という動詞の「形」はありません。単純形の現在が、「現在」と「未来」の両方の内容を表します。（そのため、より正確には「非過去形」という用語が使われます。） 英語の「be + ing 形」や「be going + to 原形」も、未来の内容を表すことができますが、be動詞の形は、is/am/are などの現在形です。

また、「will + 原形」だけでなく、「法助動詞（☞ p.109）+ 原形」も、動詞の「形」は全て現在形ですが、未来の「内容」を表すことができます。

　　（○）I can see my family tomorrow.
　　　　　私は明日家族に会える
　　（○）You must read this book next weekend.
　　　　　来週末、君はこの本を読まなければならない

そのため、様々な動詞の「形」を、次のようにまとめることができます。これは従属節の時制を見ていく時に重要になります。（下の区分に受動（☞ p.194）の形も加わります）。

現在時制：「現在形」「is/am/are + ing 形」「is/am/are going + to 原形」
「have/has + p.p. 形」「（現在・未来を表す）法助動詞 + 原形」

過去時制：「過去形」「was/were + ing 形」「was/were going + to 原形」
「had + p.p. 形」「（過去を表す）法助動詞 + 原形」

＊未来の表現 と 意味の違い＊

未来の表現には、主に「be going + to 原形」「be + ing 形」「will + 原形」があります。文脈によっては、大きな違いがなく、書き換えることができる場合もあります。しかし、基本的には、次のような違いがあります。

第5章

複雑な時制の文

「be going + to 原形」
1）現在の計画や兆候を含み、決定している未来の出来事を表す場合
（○）Tom **is going to buy** a new car tomorrow.
　　トムは明日新しい車を買うことにしている

2）既に実現の途中にある出来事を表す場合
（○）My sister **is going to have** a baby next month.
　　私の妹は来月子供を産みます

「be + ing 形」
186 ページで見たように、「be + ing 形」は進行中だけでなく、未来の内容を表すこともできます。多くの場合、「be going + to 原形」との書き換えができますが、次のような違いもあります。

1）人の意思でコントロールできない事には使えない
（×）It **is raining** a lot this Friday.
（○）It **is going to rain** a lot this Friday.
　　今週の金曜は雨がたくさん降るようだ

2）永続的な状態を表すことはできない

(×) Once renovated, this house **is looking** great.

(○) Once renovated, this house **is going to look** great.
改築されれば、この家は良く見えるだろう

3）「be going + to 原形」は意思や決心を表す

(○) Who **is going to do** this?
誰がこれをするの？（＝誰か決心はついた？）

(○) Who **is doing** this?
誰がこれをすることになっているの？（＝誰の役目？）

「will + 原形」

1）現在の計画や兆候を含まず、単に未来の出来事を表す場合

(○) He **will graduate** from university next year.
彼は来年大学を卒業する

2）現在の根拠を含まず、何かを予測している場合

(○) I think he **will win** the game tomorrow.
私は彼が明日試合に勝つと思う

3）とっさの対応など、予期せぬ出来事に対処する場合
（ドアベルや電話が鳴るのを聞いて）

(○) I'**ll get** it.
僕が出るよ

(×) I'**m going to get** it.

未来の表現には、このような違いがあります。そのため、文脈によって、それぞれを使い分ける必要があります。

(○) I **will see** him when I have time.
時間がある時に、私は彼に会います（＝漠然とした未来）

(○) I **am seeing** him in a cafe after this class.
このクラスの後、私はカフェで彼と会うことになっています（＝確実な未来）

410

(○) I **am going to see** him once I have the evidence of his wrong-doing.

 彼の悪事の証拠をつかんだら、私は彼に会うつもりです （＝現在の決心）

補足

現在形も未来の内容を表すことがあります（☞ p.139）。しかしこれは、変更が考えにくい確定した未来（例えば時刻表の内容）など、限られた状況でのみ使われます。

(○) The train leaves at six.

 電車は6時に出発する

＊「意思」を表す will ＊

can や must などの**法助動詞**（☞ p.109）は、話し手の意見や態度を表します。言い換えれば、話し手の「頭の中」の内容や判断（ある意味で「想像」）を述べるものです。そのため、現実世界で「いつ」起こるのかと、法助動詞の「形」には関係がありません。次の例では、can も could も、now と一緒に使われています。

(○) We **can watch** a movie now (if you want).
 = We **could watch** a movie now (if you want).

 映画でも見ようか

この can や could はどちらも、話し手の頭の中にある、現在の**提案**を表します。つまり、「過去の出来事だから、過去形を使う」という理屈ではないのです。この例の場合、could を使うことで、丁寧さを表すことができます（☞ p.145）。

この意味で、法助動詞は時間を超越していると言えます。同様に will にも、話し手の意見や態度を表す用法があります。この will は、話し手の現在の**意思**を表します。重要な事は、「will ＝未来の出来事」とは限らないという点です。

(○) I **will ride** this horse!

 この馬に乗ってみせるぞ！ （→ この will にはアクセントが置かれる）

準動詞 と 相対時制

The old lady claimed to live in this house.

STEP 1 ⇒ まずは「日本語」の文で考えてみよう

 次の各組の文で、それぞれ1番目の文が間違っている理由は？

- (×) 昨日、宿題を終え**た**前に、私はテレビを見た
- (○) 昨日、宿題を終え**る**前に、私はテレビを見た

- (×) 明日、宿題を終え**る**後で、私はテレビを見る
- (○) 明日、宿題を終え**た**後で、私はテレビを見る

「見る」「話す」「遊ぶ」「立つ」など、辞書に載っている動詞の形を原形といいます。原形は、「する」に代表される形なので、日本語文法では（「話す」や「遊ぶ」など、実際の語尾の形に関わらず）、全てまとめてル形といいます。一方、「見た」や「遊んだ」など、過去の内容を表す動詞の形は、「した」に代表される形なので、全てまとめてタ形といいます。

138ページで見たように、タ形は「過去」の出来事を表し、ル形は「現在」と「未来」の出来事を表すのが基本です。

上の最初の組の例文を見てみましょう。どちらも「昨日」と言っているので、過去の出来事ですよね。それにも関わらず、「終えた」というタ形を使うと、間違いになります。この文では、**過去の出来事でもル形を使う**必要があります。

一方、2番目の組の例文では、どちらも「明日」と言っているので未来の出来事です。しかし、「終える」というル形を使うと、間違いですよね。この文では、**未来の出来事でもタ形を使わ**なければなりません。これはなぜでしょうか。

＊「絶対時制」と「相対時制」＊

そもそも、「過去」「現在」「未来」という区分は、**「現在」を基準時**として、それ以前を「過去」、それ以後を「未来」とする区分です。これを絶対時制といいます。日本語のタ形が「過去」、ル形が「現在」と「未来」を表すのは、（つまり絶対時制を表すのは）、**主節** (☞ p.302) で使われた場合です。

それに対して例文の前半部分は、「時」を表す副詞節 (☞ p.301) です。「時」を表す副詞節の中では、絶対時制は使われません。副詞節の内容は、(ル形・タ形という動詞の「形」に関わらず)、主節と同じ「時間」の出来事を表します。つまり、「現在」が基準時になるとは限らないのです。

(○) 昨日、宿題を終える前に、私はテレビを見た

　　副詞節も**過去**の事　　　　「昨日」の出来事　　主節は**過去**の事

(○) 明日、宿題を終えた後で、私はテレビを見る

　　副詞節も**未来**の事　　　　「明日」の出来事　　主節は**未来**の事

それでは、「時」を表す副詞節の中では、ル形とタ形は何の働きをしているのでしょうか。実は、「**主節の時間**」を基準時として、「**それ以前**」の出来事か、「**同時**」か、「**それ以後**」か、という**前後関係**を表します。(この時、主節と副詞節の出来事は、どちらも同じ「時間」に属している事が重要です。)

「昨日、宿題を終える前に、私はテレビを見た」という文では、副詞節のル形は、「**主節よりも後**」の出来事であることを表します。つまり、「主節の内容 (＝見た)」→「副詞節の内容 (＝終える)」の順番になることを表します。

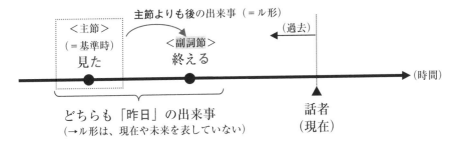

これに対して、「明日、宿題を終えた後で、私はテレビを見る」という文では、主節が未来の内容なので、**副詞節の「終えた」も、未来の出来事です**。副詞節のタ形は、「**主節よりも前**」の出来事であることを表します。つまり、「**副詞節の内容 (＝終えた)**」→「**主節の内容 (＝見る)**」の順番になることを表します。

413

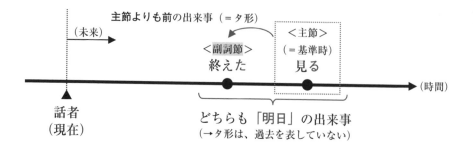

主節よりも前の出来事 （＝タ形）

（未来）

<副詞節>
終えた

<主節>
（＝基準時）
見る

（時間）

話者
（現在）

どちらも「明日」の出来事
（→タ形は、過去を表していない）

上の例文ではどちらも、（過去の出来事か、未来の出来事かに関わらず）「タ形 → ル形」の順番で、２つの出来事が起こります。このように、文脈によって特定される**ある一時点を基準時とした前後関係**を「**相対時制**」といいます。（多くの場合、「主節の時間」が基準時になります。）

英語でも相対時制が使われる場合が、いくつかあります。そのうちの１つは、「to 原形」「ing 形」「p.p. 形」という**準動詞** （☞ p.318）が表す「時間」です。

（☞ p.318）

STEP 2 ⇒ 「英語」の場合を見てみよう

＊「to 原形」が表す相対時制＊

次の例文を見てみましょう。

（○）The old lady **claimed to live** in this house.
　　　老婆はこの家に住んでいると言い張った

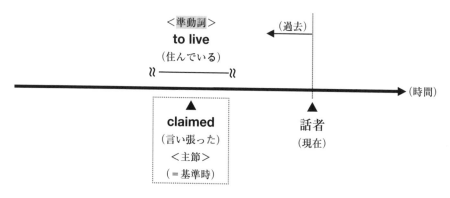

<準動詞>
to live
（住んでいる）

（過去）

（時間）

claimed
（言い張った）
<主節>
（＝基準時）

話者
（現在）

上の例文で、to 原形の表す時間は、主節の時間と同じです。つまり、主節の述語動詞「claimed」が過去を表すので、「to live」も過去の事で、「主節」と「準動詞」が**同時**であることを表します。(「主節」=「準動詞」という時間関係。)

準動詞の内容が、主節の時間よりも**前**であれば、完了形(=「have + p.p. 形」)を使います。次の例文では、老婆が「言い張った」時点で、老婆はその家にもう住んでいないことになります。(「準動詞」→「主節」という時間関係。)

(○) The old lady **claimed to have lived** in this house.
　　　老婆はこの家に住んでいたと言い張った

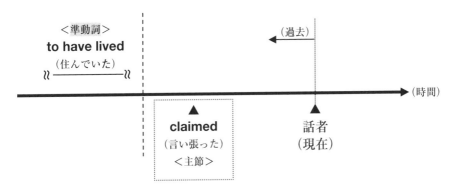

第5章

複雑な時制の文

> **補足**
>
> 主節の動詞が願望・期待・予定などを表す動詞の場合、準動詞の内容は、主節の内容よりも**後**の事を表します。(「主節」→「準動詞」という時間関係)。
>
> (○) I promised **to give** this book to my sister.
> 　　　*私はこの本を妹にあげると約束した*

to 原形の名詞用法 (☞ p.224) だけではなく、形容詞用法 (☞ p.272) や副詞用法 (☞ p.306) でも同じ事が言えます。

(○) He **made** the claim **to have developed** new medicine.
　　　彼は新薬を開発したという主張をした　(形容詞用法の to 原形)
(○) I **am** sorry **to have lied** to you.
　　　私はあなたに嘘をついたのを申し訳なく思っている　(副詞用法の to 原形)

✳ 「ing 形」が表す相対時制 ✳

ing 形（☞ p.224）でも、基本的な考え方は to 原形の場合と同じです。ing 形が完了形（＝「having + p.p. 形」）になると、主節（＝基準時）よりも前の出来事であることを表します。

> （○）**Spending** time with new friends **is** a good experience.
> 　　　*新しい友人と時間を過ごすのは良い経験です*
> （○）**Having spent** time with new friends **is** a good experience.
> 　　　*新しい友人と時間を過ごしたのは良い経験です*

> （○）**Spending** time with new friends **was** a good experience.
> 　　　*新しい友人と時間を過ごすのは良い経験でした*
> （○）**Having spent** time with new friends **was** a good experience.
> 　　　*新しい友人と時間を過ごしたのは良い経験でした*

目的語に ing 形を取る動詞（☞ p.230）では、ing 形にもともと過去の意味が含まれているので、あえて「having + p.p. 形」を取らなくても良いのが普通です。

> 　（○）I **remember** **seeing** him at the party.
> ＝（○）I **remember** **having seen** him at the party.
> 　　　*私はパーティーで彼に会ったのを覚えている*

しかし、曖昧さを避けるために「having + p.p. 形」にする場合もあります。（下の your は意味上の主語（☞ p.349）です。）

> （○）I **am** sorry for your not **being** able to come tomorrow.
> 　　　*あなたが明日来られないのは残念です*
> （○）I **am** sorry for your not **having been** able to come yesterday.
> 　　　*あなたが昨日来られなかったのは残念です*

形容詞用法（☞ p.278）や副詞用法（☞ p.312）の ing 形でも、相対時制が使われます。

- （○）Many tourists **visiting** this town know its history.
  この町を訪れる多くの旅行者は、その歴史を知っている
- （○）Many tourists **having visited** this town return again.
  この町を訪れた多くの旅行者は、再びここを訪れる

- （○）**Working** in this factory, he **knows** everybody here.
  この工場で働いているので、彼はここにいる皆を知っている
- （○）**Having worked** in this factory, he **knows** everybody here.
  この工場で働いていたので、彼はここにいる皆を知っている

＊「p.p. 形」が表す相対時制 ＊

to 原形や ing 形が受動（☞ p.194）になると、「to be + p.p. 形」や「being + p.p. 形」の形になります。この to be や being が省略されて残ったのが p.p. 形です。この p.p. 形が、主節よりも前の時間を表す場合には、完了形を取って、「to have been + p.p. 形」や、「having been + p.p. 形」になります。（この時には、「to have been」や「having been」は省略されません。）

- （○）They **seem** (to be) **worried** about it now.
  彼らは今それについて心配しているように見える
- （○）They **seem to have been worried** about it all night.
  彼らは一晩中それについて心配していたように見える

- （○）(Being) **followed** by a strange man, she **was** nervous.
  見知らぬ男につけられて（いるので）、彼女は緊張していた
- （○）**Having been followed** by a strange man, she **was** nervous when she entered the house.
  見知らぬ男につけられていたので、家に入った時、彼女は緊張していた

「had ＋ p.p. 形」

Anna had finished the laundry.

 次の 2 つの文で、動詞はそれぞれどの段階（☞ p.146）を表している？

（トムが家に戻った時）

（○）アンナは音楽を聞い**ていた**

（○）アンナは洗濯を終え**ていた**

上の例文ではどちらも、「〜していた」という動詞の形が使われています。これは、「〜している」と同じ働きを持ちますが、ただ、過去の出来事であることを表します。1 番目の例文では、トムが家に戻った時、つまり、過去の一時点において、「聞く」という行為が進行中だったことを表しています。

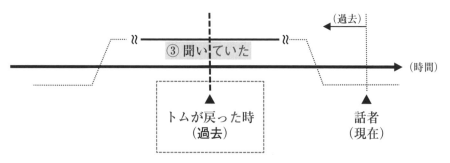

一方、2 番目の例文では、トムの帰宅時という過去の一時点までに、「洗濯を終える」という行為が既に実現していたことを表します（☞ p.164）。

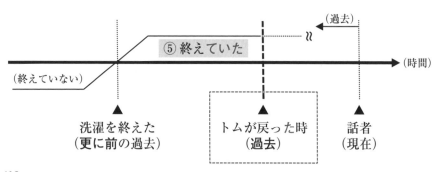

このように、「~している」も「~していた」も、「動詞の段階」の考え方は同じです。ただし、「ている」を「ていた」に変えると、現在から過去へ時間を横滑りさせることができるのです。

STEP 2 ⇒ 「英語」の場合を見てみよう

英語でも同様に、助動詞の be や have を過去形にする事で、表す時間を過去にシフトすることができます。

(when Tom returned)
> (○) Anna **was listening** to music.
> (○) Anna **had** (already) **finished** the laundry.

英語の場合も、「**had + p.p. 形**」は、その出来事が過去に起こったというだけで、「have + p.p. 形」と同じ働き (☞ p.173) を持ちます。つまり、「経験」「完了」「結果」「継続」の意味を表すことができます。(これらの働きをまとめて、「完了」の用法と仮に呼ぶことにします。)

> (○) Tom **had studied** French for three years before he went to Paris.
>   トムはパリに行く前、フランス語を3年間勉強していた
>   (→ パリに行くまでの3年間、継続していた行為として認識している)

ただし、「had + p.p. 形」には、もう1つ重要な働きがあります。それは、「経験」「完了」「結果」「継続」などの意味を持たず、純粋に、過去の一時点よりも「更に前の過去」を表すことです。この「更に前の過去」のことを、「大過去」といいます。

前課では、**相対時制**について見ました。相対時制とは、過去なら過去で、その同じ時間の中での前後関係を表す時制です。そして、「過去」を基準時とした時に、その「**基準時より前**」を表すのが大過去の働きです。(これを本書では、「had + p.p. 形」の「相対時制」の用法と呼ぶことにします。この用法は、「大過去」の用法とも呼ばれます。)

次の課では、主節と名詞節からなる文で、どうやって相対時制を表すのかを見ていきます。

STEP 1 ⇒　まずは「日本語」の文で考えてみよう

次の３つの文で、名詞節の内容（＝　　部分）は、いつのこと？

- （○）彼は<u>あの時に仕事を替えた</u>と私は思う
- （○）彼は<u>近いうちに仕事を替える</u>と私は思う
- （○）彼は<u>頻繁に仕事を替える</u>と私は思う

上の例文で、名詞節が表す「時間」を特定するのに、何も難しい事はありませんよね。普通に、１番目は「過去」、２番目は「未来」、３番目は「現在」です。これは、「主節」の述語動詞が全て「思う」で、「現在」を基準時に取っているからです。そのため、１番目の例文の「仕事を替えた」は、基準時よりも「前」、つまり過去の出来事を指すのです。これを図で表せば、次のようになります。

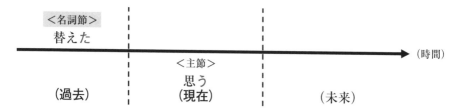

一方、２番目と３番目の例文では、名詞節はどちらも「仕事を替える」です。ただし、２番目では「近いうちに」と言っているので、基準時よりも「後」、つまり未来の内容を表します。それに対して３番目では、「頻繁に」と言っているので、現在の反復行為（☞ p.141）を表し、基準時と「同時」の出来事を指します。

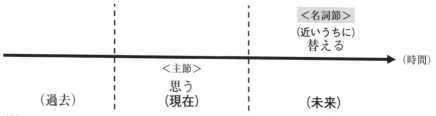

このように、**主節**が「**現在**」の内容を表す場合、「**名詞節**」は**絶対時制** (☞ p. 412) を取ります。そのため、名詞節は「過去」や「未来」など、主節とは違う「時間」を取ることができます。

STEP 2 ⇒ 「英語」の場合を見てみよう

英語でも同じ事が言えます。主節が「現在時制」 (☞ p.409) の場合、名詞節の内容が過去であれば「過去形」、現在であれば「現在形」、未来であれば「未来の表現」を使います。(つまり、絶対時制を使います。) そのため、主節と名詞節で**異なる「時間」の組み合わせ**が可能です。

(○) I **think** that he **changed** jobs <u>at that time</u>.
(○) I **think** that he **will change** jobs <u>in no time</u>.
(○) I **think** that he **changes** jobs <u>frequently</u>.

＊主節の内容が「過去」を表す場合＊

一方、主節が「過去時制」 (☞ p.409) の場合、**名詞節の基準時も「過去」**になります。つまり、名詞節は**相対時制** (☞ p.412) を取ります。次の例を見てみましょう。

(○) 彼はあの時に仕事を替え**た**と私は思っ**た**
(○) 彼は近いうちに仕事を替え**る**と私は思っ**た** *(それで実際に替えた)*
(○) 彼は頻繁に仕事を替え**る**と私は思っ**た** *(それで実際に替えていた)*

第5章
複雑な時制の文

1番目の例文では、「替えた」のも「思った」のも、どちらも過去の出来事ですよね。ただし、この2つには「替えた」→「思った」という前後関係があります。つまり、この「替えた」は、「思った」のよりも更に前の出来事だったことを表しています。言い換えれば、大過去（☞ p.419）を表すタ形です。

（注： この「替えた」のタ形は、絶対時制（＝「過去」）ではなく、相対時制（＝「基準時より前」）を表している）

それでは、例文の2番目と3番目はどうでしょうか。2番目の「替える」は、「未来」の出来事ではありませんよね。「私が思った」よりも後の出来事ではありますが、それでも「過去」の話です。つまり、例文の2番目のル形は「未来」ではなく、「基準時より後」を表しています。また、3番目の「替える」も、「現在」ではなく「過去」の話です。このル形は、「私が思った」のと同時を表しています。

（注： つまり、この「替える」のル形は、どちらも相対時制を表している）

相対時制とは、同じ「時間」の中での前後関係を表します（☞ p.414）。つまり、「過去」「現在」「未来」という、異なる「時間」にまたがらない時制です。

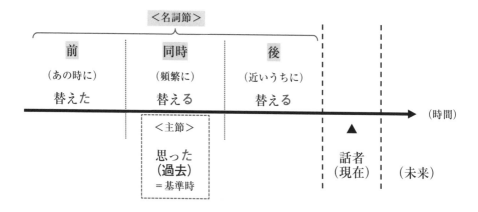

そのため、例えば、主節は「過去の内容」で、名詞節は「未来の内容」など、異なる「時間」が混在しないのが基本です（☞ p.438）。

この事は英語でも同じです。主節が「過去時制」ならば、名詞節の基準時も「過去」です。その上で、基準時と「同時」か、基準時より「前」か「後」か、という前後関係を表します。英語では、次のような動詞の「形」を取ります。

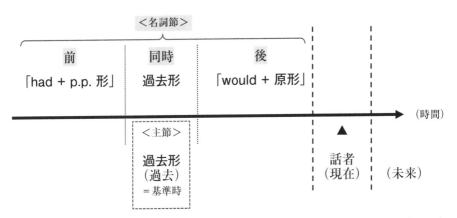

(注： 「would + 原形」以外の未来の表現 (☞ p.409) もあるが、上の図では省略)

相対時制では、全てが同じ「時間」に属します。そのため、上の図からもわかるように、例えば、基準時よりも「後」の事（つまり、基準時から見て未来の事）であっても、現在からすれば「過去」の出来事になります (☞ p.438)。

基準時が過去（つまり相対時制）の場合、過去形の「未来の表現」を使って、基準時よりも「後」を表します。例えば、「was / were going + to 原形」や「would + 原形」などです。また、基準時と「同時」であれば、**過去形**を使います。更に、基準時よりも「前」を表すには、大過去を表す「had + p.p. 形」を使います。そのため、今回の例文を英語にすると、次のようになります。

(○) I **thought** that he **had changed** jobs at that time.
(○) I **thought** that he **would change** jobs in no time.
(○) I **thought** that he **changed** jobs frequently.

補足

「弟が大学を卒業したと彼は言った」という文の英訳を考えてみましょう。「卒業した」と「言った」が、どちらも見た目には同じ「タ形」をしています。これを「日本語のタ形 ＝ 英語の過去形」と考えて、He said that his brother **graduated** from university. とすると、間違いになります。

第5章

複雑な時制の文

日本語には「大過去」を表す専用の動詞の形がなく、夕形で「大過去」を表します。しかし、「夕形＝（絶対時制の）過去」というイメージが強いので、「日本語の夕形＝英語の過去形」と勘違いしてしまうのです。この例文では、相対時制の「卒業した」は、「基準時より前」を表しているので、英語では、「had + p.p. 形」を使う必要があります。

(○) He said that his brother **had graduated** from university.

＊「would ＋ 原形」以外の「未来の表現」＊

主節が「過去時制」を取る場合、名詞節が基準時より「後」を表す動詞の形として、「would ＋ 原形」を見ました。ただし未来の表現は、will 以外にも、「be going ＋ to 原形」や、「be ＋ ing 形」などもあります。（意味の違いについては 409 ページ参照。）

これらの表現も相対時制で使われ、基準時より「後」を表すことができます。その時には、be が「過去形」を取ります。

(○) The man **was** certain that his son **was going to graduate** from university with good grades.
その男性は息子が優秀な成績で大学を卒業すると確信していた

(○) Anna **said** that she **was visiting** her mother in June.
アンナは6月に母親を訪ねると言った

＊「had ＋ p.p. 形」の注意点＊

相対時制とは、ある一時点を基準時とした前後関係を表します。多くの場合は、主節の表す「時間」が、相対時制の基準時になります。しかし、それ以外の要素が**相対時制の基準時を設定する**場合もあります。次の例文を見てみましょう。

424

(○) I **know** that she **had finished** breakfast by 8 o'clock.
私は彼女が8時までに朝食を終えていたことを知っている

上の例文では、主節の述語動詞は「現在形」ですが、名詞節の述語動詞は「had + p.p. 形」を取っています。この「had + p.p. 形」は、主節の know を基準時としているのではなく、8 o'clock を基準時として、それよりも「前」であることを表しています。図で表すと、次のような時間関係になります。

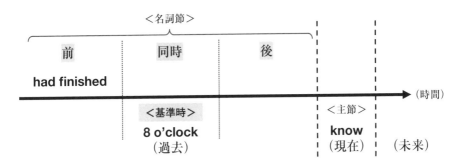

また、「had + p.p. 形」には、基準時よりも「前」を表す「相対時制の用法」だけではなく、「経験」「完了」「結果」「継続」を表す「完了の用法」もあるので注意が必要です ^(☞ p.419)。

(○) Tom **said** that Anna **had won** a piano competition before.
アンナは以前ピアノコンテストで優勝したことがあるとトムは言った

上の文の「had + p.p. 形」は、「had won → said」という前後関係を表すためではなく、「～したことがある」という経験を表すためのものです。(この意味の違いには、before という副詞が影響しています。)

「経験」を表す動詞の形は、完了形です。ただし、「現在」までに実現している内容ではないので、現在完了形（＝「have + p.p. 形」）は使いません。この文では、「過去の一時点（＝ said)」までに実現している内容を表しているので、過去完了形（＝「had + p.p. 形」）を使います。

第5章
複雑な時制の文

425

副詞節 と 時制

Tom called Anna when he had left his office.

 次の2つの文で、2番目の文が間違っている理由は？

（○）昨日大雪が降ったので、今日彼は（出かけずに）家にいる
（×）昨日大雪が降った**時**、　今日彼は（出かけずに）家にいる

304ページでは、従属接続詞について見ました。その主要な意味には、「時」「原因・理由」「譲歩」「条件」の4つがありましたよね。言い換えれば、これらの論理関係で、2つの文を結び付けています。

「時」以外の接続詞（つまり、「原因・理由」「譲歩」「条件」）は、2つの文を結ぶ論理関係に「時間」が関係してこないので、**主節と副詞節が、異なる「時間」を取ることができます。**上の例文の1番目では、副詞節は「昨日」という過去の出来事を表し、主節は「今日」という現在の出来事を表しています。

それに対して、「時」を表す副詞節は、2つの文を「時間」という論理関係で結ぶため、主節と副詞節が同じ「時間」を共有していなければなりません。そのため、2番目の例文のように、主節と副詞節で異なる「時間」を持つ文は、間違いになるのです。（この事は、「時」を表す副詞節は相対時制（☞ p.414）を取ることを意味します。）

このように、副詞節の時制を見る時には、「時」の副詞節と、それ以外の副詞節を分けて考える必要があります。そこで、まず、「時」以外の副詞節について見ていきましょう。

＊**主節の内容が「現在」を表す場合**　（「時」以外の副詞節）＊

名詞節の場合（☞ p.420）と同じように、主節の内容が「現在」を表している

時には、基準時が「現在」になるので、副詞節は絶対時制を取ります。つまり、過去の内容には「過去形」、現在の内容には「現在形」、未来の内容には「未来の表現」を使います。この事は、日本語でも英語でも同じです。

「原因・理由」を表す副詞節
- (○) He **is staying** at home today because it **snowed** a lot yesterday.
  昨日大雪が降ったので、今日彼は家にいる （＝副詞節は「過去」）
- (○) He **is staying** at home today because it **will** probably **snow** a lot tonight.
  今夜おそらく大雪が降るので、今日彼は家にいる （＝副詞節は「未来」）

「譲歩」を表す副詞節
- (○) Although he already **graduated** from university, he still **lives** with his parents.
  既に大学を卒業したにも関わらず、彼はまだ両親と暮らしている （過去）
- (○) Although he **will graduate** from university very soon, he still **lives** with his parents.
  もうすぐ大学を卒業するにも関わらず、彼はまだ両親と暮らしている （未来）

「条件」を表す副詞節
- (○) If he **studied** last night, he probably **knows** the answer to this question.
  彼が昨夜勉強したのなら、おそらくこの問題の答えを知っている （過去）

このように、主節と副詞節で異なる「時間」を表すことができます。ただし、「条件」を表す副詞節が、「未来」の内容を表す場合、will を使いません。（この事については、451 ページで見ていきます。）

＊主節の内容が「過去」を表す場合（「時」以外の副詞節）＊

主節が過去時制の場合、副詞節は絶対時制と相対時制のどちらも取ることができます。違いは、副詞節の内容が、主節と違う時間の出来事か、同じ時間の出来事かです。下の例では、主節と副詞節で違う時間を表しています。

- (○) He **decided** to go out although it **will** probably **snow** a lot tonight.
  今夜おそらく大雪が降るにも関わらず、彼は出かけることを決めた

427

一方、次の例では、主節と副詞節が、どちらも「過去」の出来事なので、相対時制を使って前後関係を表しています。

(○) Although she **worked** in France, she **didn't speak** French.
　　　フランスで働いていたが、彼女はフランス語を話さなかった
　　　（worked は、基準時（＝ didn't speak）と「同時」）

(○) Although she **had worked** in France, she **didn't speak** French.
　　　（以前に）フランスで働いたことがあったが、彼女はフランス語を話さなかった
　　　（had worked は、基準時より「前」）

(○) Although she **would work** in France at some point, she **didn't speak** French.
　　　そのうちフランスで働くことになるのだが、彼女はフランス語を話さなかった
　　　（would work は、基準時より「後」）

＊「時」を表す副詞節＊

この課の最初で見たように、「時」の副詞節では、主節と副詞節が、同じ「時間」を共有していなければなりません。そのため、主節と副詞節で、異なる「時間」を表す文は間違いになります。つまり、「時」の副詞節は、絶対時制を取れません。この事は、日本語でも英語でも同じです。

(×) 昨日大雪が降った**時**、今日彼は家にいる
(×) When it **snowed** a lot <u>yesterday</u>, he **is staying** at home <u>today</u>.

一方、主節と副詞節が、同じ「時間」の出来事であれば、**前後関係を表す**ことができます。つまり、「時」を表す副詞節の中は**相対時制**（☞ p.414）を取ります。これが、他の副詞節とは大きく異なる点です。それではここで、次の例文を見てみましょう。次の2つの文では、意味にどんな違いがあるでしょうか。

（○）トムは、昨日職場を出る時、アンナに電話した
（○）トムは、昨日職場を出た時、アンナに電話した

上の例文では、主節が「電話した」という過去の内容なので、副詞節の「出る」も「出た」も過去の出来事です。ただし、「出る」は、主節と「同時」を表し、「出た」は、主節より「前」を表します。

英語でも考え方は同じで、この相対時制の表し方は、名詞節の場合（☞ p.420）と同じです。

（○）Tom **called** Anna when he **left** his office yesterday.
（○）Tom **called** Anna when he **had left** his office yesterday.

（注：　ただし、「主節」→「従属節」の順番を
表すには、when ではなく before を使う）

第5章
複雑な時制の文

和文英訳をする時には、日本語の「出る」や「出た」という見た目の形に惑わされない事が大切です。「出る」が leaves、「出た」が left になるのは、絶対時制（☞ p.412）の場合です。**主節が「過去」の内容の場合**、「時」を表す副詞節の中では、「**日本語のル形 ≠ 英語の現在形**」であり、「**日本語のタ形 ≠ 英語の過去形**」なのです。

トムは、昨日職場を**出る**時、アンナに**電話した**

「出る」＝「leaves」ではない

（×）Tom **called** Anna when he **leaves** his office yesterday.

トムは、昨日職場を**出た**時、アンナに**電話した**

「出た」＝「left」ではない

（×）Tom **called** Anna when he **left** his office yesterday.

補足

before や after といった接続詞の場合、接続詞自体にそもそも前後を表す働きがあります。敢えて相対時制を使わなくても、主節と副詞節のどちらが先に起こるのか、もしくは後で起こるのかが明確です。そのため、相対時制を使わなくても構いません（☞ p.443）。

STEP 1　⇒　まずは「日本語」の文で考えてみよう

 次の2つの文で、形容詞節は絶対時制？　それとも相対時制？

（○）私には長い間 病院に勤めた友人がいる

（○）私にはおそらく近いうちに病院に勤める(であろう)友人がいる

(注：　文中の下線は修飾を受ける名詞
であることを表している)

これまで、主節が「過去」か「現在」の場合に、「名詞節」と「副詞節」がどんな時制を取るのかを見てきました。今回は「形容詞節」の場合を見ていきます。

上の例文ではどちらも、主節が「現在」の内容を表しています。形容詞節の中では、過去の事にタ形、未来の事にル形 (☞ p.412) が使われているので、絶対時制ですよね。名詞節や副詞節の場合と同じように、**主節が「現在時制」の場合、絶対時制**を取ります。

STEP 2　⇒　「英語」の場合を見てみよう

この事は英語でも同じです。

（○）I **have** a friend who **worked** in a hospital for a long time.

（○）I **have** a friend who **will** probably **work** in a hospital soon.

＊主節の内容が「過去」を表す場合＊

次の3つの文では、意味にどんな違いがある？

（○）あの日、長い間 病院に勤めた友人に私は偶然会った

（○）あの日、病院に勤める友人に私は偶然会った

（○）あの日、近いうちに病院に勤める（ことになっていた）友人に
　　　私は偶然会った

上の例文では全て、主節は「過去」の出来事を表しています。例文の１番目では、「友人が勤めた」のと「私が会った」のが、同じ時という解釈はできませんよね。「勤めた」のは、「会った」時よりも「前」の事です。一方、２番目の例文では、「勤める」というル形が使われていますが、「友人が勤める」のと「私が会った」のは、同じ時です。また、３番目の例文では、「勤める」のが、「会った」時よりも後の事を表しています。つまり、上の例では、相対時制を取っています。

この事は英語でも同じで、また、相対時制の表し方も、これまでと同じです。つまり、基準時より「前」を表すには「had + p.p. 形」、基準時と「同時」であれば「過去形」、基準時より「後」であれば「would + 原形」（もしくは、それに準ずる表現 (☞ p.424)）を使います。

（☞ p.424）

（○）That day, I **came across** a friend who **had worked** in a hospital for a long time.

（○）That day, I **came across** a friend who **worked** in a hospital.

（○）That day, I **came across** a friend who **was going to work** in a hospital soon.

もちろん、「時」以外の副詞節の場合 (☞ p.427) と同じように、主節と従属節が、異なる「時間」の出来事であれば、主節が過去時制であっても、絶対時制を取ることになります (☞ p.438)。

（○）Anna **showed** me the dress that she **is going to buy** tomorrow.
アンナは明日買う予定のドレスを私に見せた

> **補足**
>
> 多くの場合、主節の表す「時間」が基準時になります。しかし、425 ページでも見たように、それは絶対ではありません。次の例文でも、「従属節」が基準時を設定しています。（つまり、形容詞節の「時間」が基準時で、主節の内容がそれ以前に起こったことを表しています。）
>
> （○）The man who **reported** the accident to the police had witnessed it himself.
> 事故を警察に連絡した男性は、その事故を自分（の目）で目撃していた

第5章
複雑な時制の文

「絶対時制」と「相対時制」の変換 (＝「時制の一致」)
"next week" or "the next week"?

STEP 1 ⇒ まずは「日本語」の文で考えてみよう

 次の２つの文には、どんな違いがある？

(駅のホームでのアナウンス)
（○）「まもなくドアが閉まります」
（○）「もうすぐドアが閉まります」

日本語で「まもなく」も「もうすぐ」も、どちらも「あと僅かの時間で」という意味ですよね。この２つは、意味は同じですが、しかし全く同じ働きを持つ言葉ではありません。それは次のような文脈が与えられた時に、明らかになります。

（○）発車のベルが鳴ると、まもなくドアが閉まります
（×）発車のベルが鳴ると、もうすぐドアが閉まります

「発車のベルが鳴ると」という部分が付け足されると、「もうすぐ」を使った文は、意味は通じますが、どことなく不自然で違和感のある文になります。これはどうしてでしょうか。

＊時制 と 副詞＊

「まもなく」も「もうすぐ」も意味は同じですが、「まもなく」は**相対時制**で使われる副詞なのに対して、「もうすぐ」は**絶対時制**で使われる副詞だという違いがあります。同様の事は、「前月 ⇔ 先月」、「翌週 ⇔ 来週」、「前年 ⇔ 去年」などにも言えます。

絶対時制は「現在」を基準時として、それよりも前の出来事か、後の出来事かを表します。絶対時制では、「もうすぐ」「来週」「去年」「先月」などの副詞を使います。一方、相対時制は、文脈によって特定されるある一時点を基準時として、それよりも前か後かを表します。そのため、過去でも未来でも基準にする事ができます。相対時制では、「まもなく」「翌週」「前年」「前月」などの副詞を使います。

それではここで、次の例文を見てみましょう。仮に、今日が月曜日だとすれば、荷物はいつ届くでしょうか。

　　（○）明日注文をすれば、あさってには商品が届く
　　（○）明日注文をすれば、翌日には商品が届く

どちらの文でも、荷物が届くのは水曜日ですよね。この「水曜日」の表し方を、1番目の文では、今日から見て2日後（＝あさって）としています。つまり「現在」を基準時にしているのですから、「あさって」は絶対時制で使う副詞です。

一方、2番目の文では、明日から見て次の日（＝翌日）という表し方をしています。つまり、「未来」を基準時にしているのですから、「翌日」は相対時制で使う副詞です。（ちなみに、この「翌日」という副詞は、「基準時の次」の日、ということを表すので、未来の事だけでなく、過去の事にも使えます。）

このように、同じ内容の文であっても、**基準時をどこに置くかによって、適切な副詞を選ぶ必要があります**。

第5章

複雑な時制の文

STEP 2 ⇒ 「英語」の場合を見てみよう

この事は、英語でも同じです。

＜絶対時制の副詞＞	＜相対時制の副詞＞
now　（今）	then　（その時）
today　（今日）	that day　（その日）
yesterday　（昨日）	the day before　（前日）
tomorrow　（明日）	the next day　（翌日）
next week　（来週）	the next week　（翌週）
last night　（夕べ）	the night before　（前夜）
last year　（去年）	the year before　（前年）
〜 ago　（今から〜前）	〜 before　（その時から〜前）

など

（注： ただし、文脈によって、両方の時制で使える副詞もあるので、辞書で確認する必要がある）

＊時制の一致＊

ここで、420 ページで見た例文をもう一度見てみましょう。

（○）I **think** that he **will change** jobs in no time.
　　　彼は近いうちに仕事を替えると私は思う　（→ 絶対時制の「替える」）

この文では、**主節が「現在」**の内容なので、名詞節では**絶対時制**を取っています。もし同じ内容でも、**主節の時制を「過去」**に変えると、基準時も「過去」に変わるため、名詞節は**相対時制**を取ることになります（☞ p.423）。

（○）I **thought** that he **would change** jobs in no time.
　　　彼は近いうちに仕事を替えると私は思った　（→ 相対時制の「替える」）

このように、基準時が変わることによって、「**絶対時制**」と「**相対時制**」を切り替えることを一般的に、時制の一致といいます。当然、絶対時制と相対時制が切り替われば、一緒に使われる「**副詞**」も切り替える必要があります。

次の例文を見てみましょう。同じ「次の日」を表すのにも、絶対時制と相対時制では、使われる副詞に違いがあります。日本語でも、「現在」を基準時とすれば、その次の日は「明日」ですが、「過去」を基準時とした場合、その次の日は「翌日」になりますよね。

（○）I **think** that Tom **will come** to the party tomorrow.
　　　私は明日トムがパーティーに来ると思う

（○）I **thought** that Tom **would come** to the party the next day.
　　　私は翌日トムがパーティーに来ると思った

同様に、「前の日」を表すのにも、時制の違いによって副詞が変わってきます。「現在」を基準時として、その前の日は「昨日」ですが、「過去」を基準時とすれば、その前の日は「前日」です。

（○）I **think** that Tom **came** to the party yesterday.
　　　私は昨日トムがパーティーに来たと思う

（○）I **thought** that Tom **had come** to the party the day before.
　　　私は前日トムがパーティーに来たと思った

when が表す「ゆるやかな同時性」

現実世界では前後関係があったとしても、それが動詞の「形」に反映されないことが多くあります。例えば、接続詞の when は、2つの出来事が完全に同時に起こる事を表す訳ではありません。実際には、少し前の出来事であったり、少し後の出来事であったりもします。

(○) Double-check the number **when** you call someone.
　　≒ Double-check the number **before** you call someone.
　　電話をする時は、番号をもう一度確認しなさい
　　　　　　　　　　　　　　　（「確認する」→「電話する」の順番）

(○) Call me **when** you are in town. = Call me **while** you are in town.
　　(僕の住む) 町にいる時は、電話してくれ　（「電話する」=「いる」: 同時）

(○) Let me know **when** you find the book I am looking for.
　　≒ Let me know **as soon as** you find the book I am looking for.
　　僕が探している本を見つけた時は、知らせてくれ
　　　　　　　　　　　　　　　（「見つける」→「知らせる」の順番）

このように、when は「ゆるやかな同時性」を表します。その為、場合によっては、どちらが先に起こるのかが明確でないこともあります。そこで、主節の内容が先に起こったことを明確にするために、**主節**が「had + p.p. 形」を取る場合もあります（☞ p.419）。

(○) Tom **had** already **called** Anna when he **left** his office yesterday.
　　昨日 職場を出た時、トムはアンナに既に電話していた（＝電話してあった）

これに対して、before や after などの接続詞では、その前後関係が明確なので、相対時制を使わなくても構いません（☞ p.443）。

(○) Tom **called** Anna before he **left** his office yesterday.
　　昨日 職場を出る前に、トムはアンナに電話した　（call → leave の順番）

(○) Tom **called** Anna after he **left** his office yesterday.
　　昨日 職場を出た後で、トムはアンナに電話した　（leave → call の順番）

相対時制を使わない場合

Anna said that it <u>will</u> rain tomorrow.

まずは「日本語」の文で考えてみよう

次の2つの文で、それぞれ「雨が降る」のは、過去の事？それとも未来の事？

（○）アンナは明日雨が降ると言った

（○）アンナは翌日雨が降ると言った

上の2つの文で「アンナが言った」のは、どちらも「過去」の出来事ですよね。ただし、1番目の例文では、雨が降るのは「明日」（つまり「今日」の次の日）と言っているので、雨はまだ降っていません。そのため、この例文の「（雨が）降る」は、「未来」の内容です。

それに対して2番目の例文では、雨が降るのは「言った次の日」です。この場合、アンナの雨の予想を、明日（＝未来）の話だと解釈することはできませんよね。つまり、この例文の「（雨が）降る」は、「過去」の内容です。予想が外れていなければ、既に雨が降ったことになります。

上の2つの文では、「主節」も「従属節」も、動詞の「形」は同じです。ただ違うのは、一緒に使われている「副詞」だけです。このように、副詞が違うと、文の意味に違いが出るのです。日本語の場合、ル形とタ形（☞ p.412）が絶対時制も相対時制も両方表すので、見た目だけでは判断が付きません。そのため、副詞が重要な働きをします。（英語ならば、「had + p.p. 形」や「would + 原形」など、見ただけで相対時制だとわかります。）

「英語」の場合を見てみよう

＊過去から見た未来とは＊

434ページで見たように、時制の一致とは、「絶対時制」と「相対時制」を切り替えることをいいます。これは、基準時が、「現在」から別の「時間」に変わったり、もしくは、その逆が起こったりした結果、起こる現象です。

絶対時制は「現在」を基準時として、「過去」や「未来」など、異なる「時間」にまたがる出来事を表します。それに対して相対時制は、同じ「時間」の中での前後関係を表します。

ここで、423ページでの説明を、もう一度見てみましょう。

> 相対時制では、全てが同じ「時間」に属します。仮に、基準時よりも「後」の事、つまり、基準時から見て未来の事であっても、「過去」の中に収まります。

この説明をもとに、次の日本語を英語にしてみましょう。

（○）次回のピアノコンテストでアンナが優勝**する**とトムは言っ**た**

この「次回」というのは、「（トムが）言った」時よりも「後」の出来事です。しかし、同じ「時間」、つまり同じ「過去」の中に収まるので、「would + 原形」を使って英語にします。

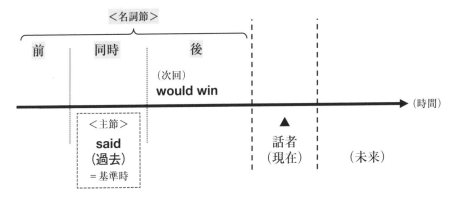

（○）Tom **said** that Anna **would win** the next piano competition.

この文において「次回のピアノコンテスト」とは、過去にいる「トム」から見れば、未来の出来事です。しかし、現在にいる「話者」から見れば、そのピアノコンテストは既に終わっている過去の事になります。

その一方で、この「次回」が具体的にいつの事を指しているのかは、この文脈からは明確ではありませんよね。もしかしたら、まだコンテストは行われていないかもしれません。もしかしたら、コンテストは「明日」かもしれません。つまり、**現在**にいる話者から見ても、**まだ未来の事**である可能性も考えられます。

その場合、「(アンナが) 優勝する」という出来事は、「過去」の中に収まらず、過去の枠を突き破って、未来の枠まで到達してしまいます。そうすると、もはや同じ「時間」の中の前後関係を表さなくなります。つまり、異なる「時間」にまたがるのですから、**絶対時制**を使う必要が出てきます。

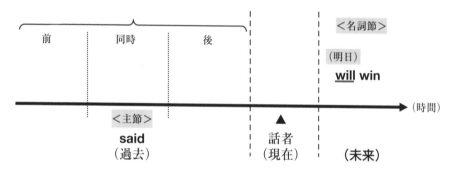

（○）Tom **said** that Anna **will win** the piano competition tomorrow.

つまり、「would + 原形」を使うのか、「will + 原形」を使うのかは、**話者の判断**によって変わってきます。もし話し手が、ピアノコンテストはまだ未来の話だと知っていれば、「will + 原形」を使います。逆に、ただ、トムの言った内容をそのまま他の人に伝える場合（つまり、実際に、もうコンテストが行われたかどうかに触れない場合）には、「would + 原形」を使います。

このように、「過去から見た未来」が、話者から見ても「未来」であれば、絶対時制を使います。つまり、時制の一致は起こりません。これは2つの出来事が、同じ「時間」に収まらないからです。それに対して、「過去から見た未来」が、話者から見れば「過去」であれば、相対時制を使います。

＊「時制の一致」が起こらない場合＊

ここで、今課の最初に見た例文のうち、2番目の文を英語にしてみましょう。この文では、相対時制が使われます。（つまり、時制の一致が起こります。）

    （○）Anna **said** that it **would rain** <u>the next day</u>.
        アンナは翌日雨が降ると言った　（＝過去における「次の日」）

単に内容を伝えるだけの時や、その内容が今でも正しいか確信が持てない時などには、相対時制を使います。上の例文の would rain は、基準時よりも「後」を表しますが、現在よりも「後」ではありません。そのため、次のような文脈を加えることができます。

    （○）Anna **said** that it **would rain** the next day, and it really **did**.
        アンナは翌日雨が降ると言ったが、（翌日）本当に降った

一方、例文の1番目を英語にした場合、時制の一致が起こりません。（つまり、名詞節は絶対時制のままで、相対時制に切り替わりません。また、副詞の違いにも注意が必要です。）　これは、名詞節の内容が現在でも正しいと話し手が判断していることを表しています。

    （○）Anna **said** that it **will rain** <u>tomorrow</u>.
        アンナは明日雨が降ると言った　（＝現在から見て「次の日」）

この例文では、仮に雨が降るとしても、まだ明日の話です。そのため、さっきと同じ「本当に降った」という文脈を加えると、当然、間違いになります。

    （×）Anna **said** that it **will rain** tomorrow, and it really **did**.
        アンナは明日雨が降ると言ったが、（明日）本当に降った

第5章

複雑な時制の文

また、2つの出来事の前後関係が明確で、曖昧さがない場合、絶対時制をそのまま使うことができます (☞ p.442)。これは、歴史上の事実や、過去の出来事であることが明確な場合などでも見られます。

(○) Yesterday we **learned** that Queen Elizabeth **was** born in 1533.
　　　私たちは昨日、エリザベス女王が 1533 年に生まれたことを学んだ

(○) She **said** that she **saw** me in the movie theater.
　　　彼女は、映画館で私のことを見たと言った
　→　従属節の過去形は、「同時」を表す相対時制ではなく絶対時制

更に、**前後関係が問題にならない場合**にも、絶対時制をそのまま使います。(時制の一致が起こりません。) これは、一般的な真理や、現在の状態・習慣を表している場合などです。

(○) The little boy **knew** that water **boils** at 100℃ .
　　　その幼い少年は、水が 100 度で沸騰することを知っていた

＊「時制」と「時の副詞」の不一致＊

次の例文を見てみましょう。

(○) Anna **told** me <u>this morning</u> that Tom **had visited** Paris <u>yesterday</u>.
　　　トムが<u>昨日</u>パリを訪れていたと、アンナは<u>今朝</u>私に言った

主節が過去時制を取っていて、名詞節が「had + p.p. 形」を取っているので、この名詞節は相対時制です。しかし、名詞節の中で使われている副詞は、yesterday (=「昨日」) です。どうして相対時制で使われる副詞 (☞ p.433) の the day before (=「前日」) ではないのでしょうか。

この文が想定される状況は、話者のいる現在が、例えば、「今日の午後」の場合です。

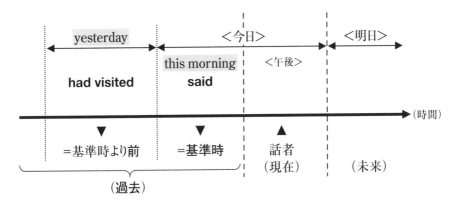

基準時となるのは、「(アンナが) 言った」時です。そして、それよりも「前」に起こった出来事が、「(トムが) 訪れた」ことです。しかし、基準時の「言った」時というのは、現在からすると過去の事ですが、未だに「今日」のうちの出来事です。

そのため、トムがパリを訪れたのは、「(アンナが) 言った1日前」ですが、と同時に、話者がいる「現在の1日前」でもあります。つまり、過去の「基準時」から見ても、「現在」から見ても、「今日」の1日前なのです。そのため、名詞節が相対時制を取っていても、yesterday という副詞が使われるのです。

また、**未来で実現されるはずの意図や約束が現在では無効になっていること**を表す場合に、「時制」と「時の副詞」が不一致を起こすことがあります。

(○) I **was going to visit** you tomorrow.
　　　明日あなたを訪れる予定でした

(○) I **wanted** to see you tomorrow.
　　　明日あなたにお会いしたかったのですが

上の例文ではどちらも、動詞の「形」は過去形ですが、「時」の副詞は未来を表しています。このズレによって、その内容が**現在では成立していないこと**を表します。こうする事で、過去の出来事（＝事実）を述べるのではなく、過去の意図を表すことができます。

第5章
複雑な時制の文

「時間」の設定

He got angry because I broke his watch.

STEP 1 ⇒ まずは「日本語」の文で考えてみよう

 次の文では「手紙を送る」のと「返事をくれる」のは、どっちが先に起こる？

（○）私が手紙を送**る**と、彼はすぐに返事をくれ**る**

上の例文で、「手紙を送る」のと「返事をくれる」のが同時という解釈は成り立ちませんよね。「手紙を送る」という出来事が先に起こり、その次に、「返事をくれる」という出来事が起こります。（これを「継起」といいます。）

STEP 2 ⇒ 「英語」の場合を見てみよう

この事は英語でも同じです。下の英訳では、when という接続詞が使われていますが、2つの出来事が「同時」に起こる訳ではありません。

（○）When I **send** him a letter, he **replies** to me immediately.

これまで、物事が起こる前後関係（＝相対時制）について、詳しく見てきました。しかし、現実世界で起こる出来事に前後関係があったとしても、それが全て動詞の「形」に反映される訳ではないのです。次の例文を見てみましょう。

（○）He **got** angry because I **broke** his watch.
　　　彼が怒ったのは、私が彼の腕時計を壊したからだ

上の文で動詞は、どちらも過去形です。そのため、got と broke が「過去」の出来事であることは明確です。しかし、動詞の「形」自体は、その前後関係まで示していません。とは言え、良識的な聞き手であれば、前後関係に混乱することはありませんよね。

＊時制の簡素化＊

過去・現在・未来という「時間」だけを設定して（＝動詞の「形」に反映させて）、前後関係までは示さないことは、多くあります。話し手は、意味に曖昧さや違いが現れない範囲で、**時制を簡素化する**のです。これは、before や after などの接続詞でも起こります（☞ p.435）。

 （○）<u>After</u> he **had made** his speech, he **looked** relaxed.
= （○）<u>After</u> he **made** his speech, he **looked** relaxed.
   スピーチをした後、彼はくつろいだ様子だった

しかし、意味に曖昧さや違いが出る場合には、時制を簡素化することはできません。（次の例では、時制を簡素化すると意味が変わってしまいます。）

 （○）<u>When</u> he **had made** his speech, he **looked** relaxed.
   スピーチをし終えると、彼はくつろいだ様子だった
≠ （○）<u>When</u> he **made** his speech, he **looked** relaxed.
   スピーチをした時（＝している間）、彼はくつろいだ様子だった

このように、現実世界で起こる時間関係（もしくは前後関係）が、必ずしも時制に反映されるわけではないのです。因果関係（because など）や継起関係など、別の論理によって、出来事の前後関係が定義される場合もあるのです。

＊話し手の意識 と 時制＊

今課で見ているように、時制と言うのは、現実世界で起こる出来事の時間的な順序を、厳密に反映する訳ではありません。多くの場合、**話し手の意識が**どこにあるかによって、どの時制を使うかが左右されます。

例えば、過去について話している最中であれば、話し手はその時の事を思い出して、頭の中でその状況を再び体験し直しています。そのため、仮に現在も正しい内容であっても、話し手の意識は過去にあるため、過去形が使われます。

（○）Tom **got** a raise because he **was** an exceptional lawyer.
　　　トムが昇給を得たのは、彼がとても優秀な弁護士だったからだ
　　　　→　was という過去形が使われているが、「優秀だったのは昔の
　　　　　　事で、今は優秀ではない」という意味にはならない

この事は、1つの文中に限ったことではなく、2つの独立した文においても、
当てはまります。

（○）I **visited** Oxford the other day. It **was** such a beautiful town.
　　　先日、私はオックスフォードを訪れました。とても美しい町でした
　　　　→　was という過去形は、その町が「訪れた時は美しかったが、
　　　　　　今は美しくない」という意味にはならない

また、小説の冒頭などでは、いきなり「had + p.p. 形」を使って物語を始め
る場合があります。これは他者の視点から描く方法で、登場人物と同化し、
共感しやすくなるという効果があります。

（○）He **had driven** a car all day.
　　　彼は（その日）一日中、車を走らせていた

上の例でも、過去の内容だからと、ただ単に drove という過去形を使って「彼
は一日中、車を走らせた」とするよりも、had driven としたほうが、一日中ずっ
と車を走らせ続け、その長く大変だった一日を経て、その場に登場人物がい
たということが伝わってきます。こうして読み手も、実際に長い一日を経験
した後かのように感じ、感情移入がしやすくなるのです。

その他にも、「had + p.p. 形」が実現されなかった希望や願望を表すことも
あります（☞ p.441）。

（○）I **had hoped** that you **could visit** us tomorrow.
　　　明日我々をお訪ねいただければと思っていたのですが

このように、話し手がどのように時間を認識しているかによって、どの時制
が使われるかが変わってくるのです。

＊時制の一致をしない場合＊

439 ページで、時制の一致が起こらない場合を見ました。これも、話し手が
どのように状況を認識しているかによって、「時間」の設定が変わる例です。

　＜一致をする場合＞
　　（○）When I talked to Anna yesterday, she **said** that Tom **was** in Paris.
　　　　昨日アンナと話をした時、トムがパリにいるとアンナは言った
　　　　　→　アンナと話をした時、トムはパリにいたが、今は別の場所に
　　　　　　　いる可能性もある

　＜一致をしない場合＞
　　（○）I am not going to call Tom today because Anna **said** that he **is** in
　　　　Paris.
　　　　　トムがパリにいるとアンナは言ったので、私は今日トムに電話しません
　　　　　→　話し手は今もトムがパリにいると認識している

このように、「時間」の設定（＝動詞の「形」）は、様々な要素によって決定
されるので、とても複雑です。

また、本来は現在でも正しい内容であっても、話し手の意識が過去にあるた
め、過去形で表される場合もあります。

　　（○）The man who just **passed** by you **was** my brother.
　　　　いま君とすれ違った人が僕の弟だ（ったんだよ）

上の例文では、主節に was という過去形が使われています。しかしこの場
合も、444 ページで見た例文と同じように、その男性が現在では弟でないと
いう意味にはなりません。あくまでも、話し手の意識が、弟が友人とすれ違っ
た時にあるので、過去形が使われているのです。

未来を表す「名詞節」の時制

The children will believe that Santa came to visit tonight.

STEP 1 ⇒　まずは「日本語」の文で考えてみよう

 次の２つの文で、子供たちが「信じる」のは、いつ？　今日？　それとも明日？

（○）子供たちは今夜サンタがやって来ると信じる（でしょう）
（○）子供たちは今夜サンタがやって来たと信じる（でしょう）

例文の１番目は、「これから来る」と信じるという意味ですよね。そのため、「来る」のも「信じる」のも、両方とも未来の出来事ですが、「信じる→来る」の順番で起こります。サンタが来るのは「今夜」なので、いつ、子どもたちが信じるようになるかと言えば、「明日」ではなく、「今日」ですよね。

そのため、新しい文脈を付け加えるとすれば、次のような例が考えられます。

（○）**今ソリの鈴の音を聞けば**、子供たちは今夜サンタがやって来ると信じる（でしょう）

一方２番目の例文は、「すでに来た」と信じるという意味です。この文でも、どちらも未来の出来事ですが、今度は、「来た→信じる」の順番で起こります。つまり、子供たちが信じるようになるのは、翌朝、目が覚めてからです。という事は、信じるのは「明日」です。

そのため、新しい文脈を付け加えるとすれば、次のような例が考えられます。

（○）**明日このプレゼントを見れば**、子供たちは今夜サンタがやって来たと信じる（でしょう）

この２番目の例文の「来た」は、当然、「過去」を表す絶対時制ではなく、「基準時より後」を表す**相対時制**のタ形ですよね。そして、その基準時は「未来」です。つまり、現在にいる「話者」から見た過去ではなく、明日信じるようになる「子供たち」から見た過去を表しているのです。

STEP 2 ⇒ 「英語」の場合を見てみよう

＊名詞節が「絶対時制」を取る場合＊

まず初めに、基準時が「未来」で、名詞節が**絶対時制**を取る場合を見てみましょう。絶対時制とは、違う「時間」にまたがる出来事を表す時制です。その場合、過去の内容には「過去形」、現在の内容には「現在形」、未来の内容には「未来の表現」を使います（☞ p.438）。

（○）If asked, Tom **will say** that Anna **won** the last piano competition.
聞かれれば、前回のピアノコンテストでアンナが優勝したとトムは言うでしょう

（○）If asked, Tom **will say** that Anna often **wins** piano competitions.
聞かれれば、ピアノコンテストでアンナがよく優勝するとトムは言うでしょう

（○）If asked, Tom **will say** that Anna **will win** the next piano competition.
聞かれれば、次回のピアノコンテストでアンナが優勝するとトムは言うでしょう

同様に、先の例文の1番目は、次のように英語にすることができます。

（○）The children **will believe** that Santa **will come** to visit <u>tonight</u>.

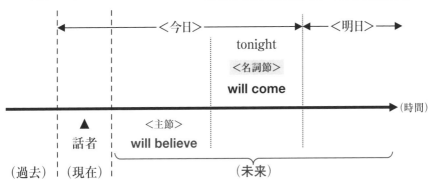

＊名詞節が「相対時制」を取る場合＊

基準時が「未来」の相対時制は、あたかも「現在」かのように作用します。つまり、基準時より「前」は過去形、「同時」は現在形、基準時より「後」は未来の表現です。そのため、**相対時制でありながら、絶対時制と同じ形に**なります。

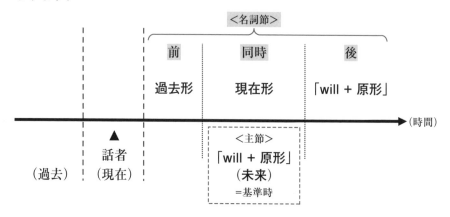

（注： 上の表では「will + 原形」だけを
載せているが他の「未来の表現」も含む）

そのため、先の例文の２番目を英語にすると、次のようになります。

（○）The children **will believe** that Santa **came** to visit <u>tonight</u>.

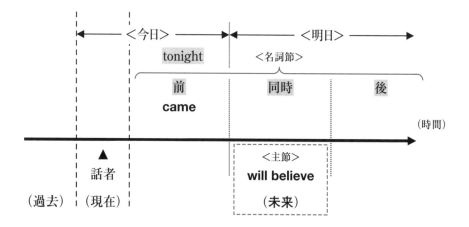

448

発展

「過去」を表す副詞 と「未来」を表す副詞

主節が「未来」の内容で、名詞節が過去形を取っている場合、それが「絶対時制の過去形」なのか、「相対時制の過去形」なのかを判断する必要が出てきます。

多くの場合は、一緒に使われる副詞から判断できます。**絶対時制**は、異なる「時間」にまたがっている事を表すので、動詞の過去形が「**過去**」を表す副詞と一緒に使われます。一方、**相対時制**は、同じ「時間」の中での前後関係を表すので、動詞の**過去形**が「**未来**」を表す副詞と一緒に使われます。

- (○) If asked, Tom will say that Anna won the piano competition last year.
  聞かれれば、アンナが去年ピアノコンテストで優勝したとトムは言うでしょう
  → この won は去年（＝過去）の出来事なので、絶対時制の過去形

- (○) The children will believe that Santa came to visit tonight.
  子供たちは今夜サンタがやって来たと信じる（でしょう）
  → この came は今夜（＝未来）の出来事なので、相対時制の過去形

次の文では、名詞節はどちらも「現在形」を取っていますが、異なる時間を表しています。

- (○) Tomorrow we will find out who lives in this house.
  この家に誰が住んでいるか明日わかるでしょう
  → 「住む」のと「わかる」のが明日、同時という状況は考えにくい。そのため、現在この家に住んでいる人が誰かが、明日わかるという解釈になる。つまり、この lives は絶対時制。

- (○) (We will be watching the game on TV tomorrow.) So, we will find out who wins the championship in real time.
  (明日はテレビで試合を見ているので)
  誰が優勝するかリアルタイムでわかるでしょう
  → 現在形の wins が現在を表すとなると、「習慣」や「反復」の意味になる（☞ p.141）。その場合、「明日はテレビで試合を見ているので…」という文脈と関係がなくなってしまう。そのため、明日の試合が終わると同時に、その結果がわかるという解釈が適切。つまり、この wins は相対時制。

未来を表す「副詞節」の時制

Tell me, if it rains tomorrow in London.

 次の2つの文で、「教える」のは、いつ？ 今？ それとも明日？

(○) 明日ロンドンで雨が降るか（どうか）を教えてください
(○) 明日ロンドンで雨が降ったら、教えてください

上の例文の1番目では、明日の天気について聞いています。当然、相手がその答えを知っていれば、「教える」のは「今（＝現在）」ですよね。一方、2番目の文では、明日雨が降った場合に、連絡をくださいという意味です。実際に雨が降るかどうかは、明日にならなければわかりません。当然、相手が「教える」のも「明日（＝未来）」です。

つまり、この2つの文では、同じ「教える」という行為でも、それが実現する「時間」には違いがあります。その理由は、節（＝□□□の部分）の種類が違うからです。1番目の節は名詞節で、文の目的語の位置に埋め込まれています。一方、2番目の文の「〜したら」は、「条件」を表す従属接続詞 (☞ p.300) で、副詞節を作ります。それでは、どうして名詞節と副詞節では、「教える」の表す時間が変わるのでしょうか。

＊「条件」を表す副詞節の場合＊

427ページで見たように、「条件」を表す副詞節は、主節と副詞節で、異なる「時間」を表すことができます。しかしそれは、**副詞節が「過去」か「現在」**の内容を表している場合です。次の例では、前半部分（＝副詞節）が「過去」の内容を表していて、後半部分（＝主節）は、過去・現在・未来を表しています。

もし彼が先週一生懸命に勉強したのなら、

(○) 昨日のテストに（おそらく）合格した
(○) 今この問題の答えを（おそらく）知っている
(○) 明日のテストに（おそらく）合格する

次の例では、前半部分が「現在の習慣」を表す副詞節です。この場合にも、主節は、過去・現在・未来のどの時間も表すことができます。

　　もし彼が**毎日**一生懸命に勉強しているなら、
　　　│（○）昨日のテストに（おそらく）合格した
　　　│（○）今この問題の答えを（おそらく）知っている
　　　│（○）明日のテストに（おそらく）合格する

これに対して、副詞節の内容が「**未来**」の場合には、どうなるでしょうか。

　　もし彼が**今夜**一生懸命に勉強するなら、
　　　│（×）昨日のテストに（おそらく）合格した
　　　│（×）今この問題の答えを（おそらく）知っている
　　　│（○）明日のテストに（おそらく）合格する

副詞節が「未来」の内容を表すということは、その「**条件**」が**満たされた**かどうかは、**未来にならなければわかりません**よね。ちょうど、この課の最初に見た「明日雨が降ったら」という副詞節も、明日にならなければ実際に雨が降ったかどうかわからないのと同じです。

つまり、その条件が満たされた時に導かれる結論（＝主節の内容）も、未来の事でしかあり得ないのです。

STEP 2　⇒　　「英語」の場合を見てみよう

この事は、英語でも同じです。ただし、1つ注意する点があります。「条件」を表す副詞節では、未来の内容でも will を使いません。これは、「条件」は**明確に設定**する必要があり、その事と「不確定な未来を表す will」（☞ p.410）が論理的に**相いれない**からです。あえて言えば、「もし勉強するかもしれなければ、テストに合格する」のような意味になってしまうからです。

　│（×）If he **will study** hard <u>tonight</u>, he will (probably) pass the test
　│　　　tomorrow.
　│（○）If he **studies** hard <u>tonight</u>, he will (probably) pass the test
　│　　　tomorrow.
　　　　もし彼が今夜一生懸命に勉強すれば、明日のテストに（おそらく）合格する

451

同様に、今課の最初に見た2番目の例文も、（will は使わずに）次のように英訳します。

（×）Tell me, if it **will rain** tomorrow in London.
（○）Tell me, if it **rains** tomorrow in London.
　　　明日ロンドンで雨が降ったら、教えてください
　　（→ 命令文（☞ p.387）なので、主語を持たない）

一方、if が**名詞節**を作る場合、これは「条件」ではなく、「～かどうか」という「選択」を表します。今課の最初に見た1番目の例文の「雨が降るかどうか」という名詞節も、「降るのか」「降らないのか」という選択を表していますよね。言い換えれば、「降るかもしれないし、降らないかもしれない」という事です。この**不確定さ**を表すのに will を使うのは適切です。そのため、will を使って次のように英訳します。

	＜述語動詞＞	＜間接目的語＞	＜直接目的語＞
（○）	**Tell**	me	if it **will rain** tomorrow （or not）.

（→ 命令文（☞ p.387）なので、主語を持たない）

発展　　　　　**非因果関係を表す if 節**

if 節というのは、ある条件が満たされた場合に、どんな帰結を得るかという**因果関係**を表すのが、その主な働きです。しかし if 節には、因果関係を表さない用法もあります。1つは、**提案**をする場合です。

（○）If you are hungry, there is a sandwich in the refrigerator.
　　　もしお腹が空いているなら、冷蔵庫にサンドイッチがあるよ

上の例文では、明らかに、もしお腹が空いていればサンドイッチが存在するが、お腹が空いていなければサンドイッチは存在しない、という意味にはなりません。つまり、if 節が原因となり、その結果として主節の内容が起こる訳ではありません。

また、日本語の場合、「たら」「れば」「なら」の3つ（☞ p.463）は、全く同じ働きをする訳ではありません。次の文を比べてみましょう。主節と従属節は、どちらが先に起こるでしょうか。（＝どちらが原因で、どちらが結果でしょうか。）

（○）彼女の問題が全て解決すれば、私は彼女にお金を貸します
　　　＝ 「解決する」→「お金を貸す」
（○）（それで）彼女の問題が全て解決するなら、私は彼女にお金を貸します
　　　＝ 「お金を貸す」→「解決する」

上の１番目の例文のように、因果関係を表す場合には、「従属節→主節」の順番になります。（従属節が原因を表し、主節がその結果を表します。）　しかし、２番目の文では、順番が逆になっています。（主節が原因を表し、従属節が結果を表しています。）　英語でも同様に、if 節が通常の因果関係を表さず、「主節→条件節」という逆の関係を表す場合があります。その時には、**if 節の中で will を使う**ことで、順番がひっくり返っていることを表します。

　　（○）I will give her a loan only if that **will solve** all her problems.

＊「時」を表す副詞節の場合＊

これまで見てきたように、「条件」を表す副詞節では、「未来」の内容を表す場合でも、will を使いません。同様に、「時」を表す副詞節の場合、未来の内容でも will を使いません。これも、「時間」の設定は明確にする必要があるからです。

　　トムは、明日職場を出る時に、アンナに電話する（でしょう）
　　　　（×）Tom **will call** Anna when he **will leave** his office tomorrow.
　　　　（○）Tom **will call** Anna when he **leaves** his office tomorrow.

また、if と同じように、when も**名詞節**で使われて、「いつ〜か」という意味を表す場合には、不確定な未来の内容に will を使うことができます。

（○）The weather news **will tell** us when it **will rain** next time.
　　　天気ニュースは、次回いつ雨が降るかを私たちに教えてくれる
　　　→　SVOO の構造で、when が作る名詞節が、直接目的語の位置に埋め込まれている

基準時と つながりを持つ「時間」

408 ページで見たように、過去形とは、現在とつながりを持たず、現在との間に時間的な溝がある時制です。同様に will も、現在とはつながりを持たず、間に時間的な溝がある時制です。

これに対して、「have + p.p. 形」や「be going + to 原形」「be + ing 形」「be about + to 原形」などは、現在とつながりを持つ時制です。(have や be が現在形の場合。) そのため、まとめて「現在時制」に分類できます (☞ p.409)。基準時が未来の場合、「時」や「条件」を表す副詞節で will を使うことはできませんが、それ以外の「未来の表現」は使うことができます。

> (×) He will need a new car if he will drive across the country next month.
> (○) He will need a new car if he is driving across the country next month.
>   もし来月彼が車で全国を横断するつもりなら、新しい車が必要だろう

また、「未来」を表す副詞節の中で、「have + p.p. 形」は取れても、過去形は取れません。(次の例ではどちらも、「完了」を強調するために「have + p.p. 形」が使われています。)

> (×) I will not take a break until I finished this assignment.
> (○) I will not take a break until I have finished this assignment.
>   この課題を完全に終えるまで、私は休憩しない

> (×) If he didn't finish his homework before 8 o'clock tonight, I will help him.
> (○) If he hasn't finished his homework before 8 o'clock tonight, I will help him.
>   もし彼が今夜8時前に宿題を終わらせていなければ、私は彼を手伝います

更に、主節が「過去」を表している場合、if 節や when 節の中で would は使えませんが、他の過去時制を取ることはできます。

> (×) Tom called Anna when he would leave the office yesterday.
> (○) Tom called Anna when he was about to leave the office yesterday.
>   昨日職場を出ようとした時に、トムはアンナに電話した

＊「時」と「条件」以外を表す副詞節の場合＊

「原因・理由」や「譲歩」を表す副詞節では、不確定な未来の内容を表しても、その論理関係は成立します。そのため、文脈から必要であれば will を使うことができます。（あくまでも、「未来 = will」ではなく、「不確定な未来 = will」という事です。）

(○) The birds **will** soon **migrate** south because it **will** probably **get** very cold this winter.

> この冬はおそらくとても寒くなるので、近いうちに鳥たちは南へ渡るでしょう

文脈などから、これらの副詞節が「未来」の内容であることが明確な場合、現在形を使うことができます。

(○) When he sees this mess tomorrow, he **will** probably **smile**, even though he **is** quite upset inside.

> 明日この散らかりようを見た時、たとえ内心では気分を害しても、彼はおそらく笑顔を見せるでしょう

しかし、「未来」を表すことが不明瞭になる場合には、「未来」であることをハッキリとさせる時制を使います。

(×) When he sees this mess tomorrow, he **will** probably **get** upset because the house keeper **is not working**.

> 明日この散らかりようを見た時、家政婦が休みなので、おそらく彼は気分を害するでしょう
> → 家政婦が今日休んでいて掃除をしていないため、明日彼が気分を害するのか、明日仕事を休むので、彼が掃除を頼もうとしてもできないので、気分を害するのか不明瞭

(○) When he sees this mess tomorrow, he **will** probably **get** upset because the house keeper **will not be working**.

> → 家政婦が休むのは明日

第5章
複雑な時制の文

93 未来を表す「形容詞節」の時制

We will give a prize to the team that <u>wins</u> the game tomorrow.

STEP 1 ⇒ まずは「日本語」の文で考えてみよう

 次の文で、「買いたい」のは、いつのこと？

（○）展示会では、買いたい<u>物</u>がたくさん見つかる（でしょう）

（注： 文中の下線は修飾を受ける名詞
であることを表している）

上の文では、2通りの解釈が可能です。

今買いたい物があり、　　　　展示会に行くとそれらが見つかる
今買いたい物はないけれども、展示会に行くと**新しく**見つかる

つまり、「今」買いたい物なのか（＝絶対時制）、「展示会に行った時点で」買いたい物なのか（＝相対時制）、このような曖昧さがあります。そのため、「未来」の内容である事を明確にするために、次のように言い直すことができます。

（○）この展示会では、買いたく**なる**<u>物</u>がたくさん見つかる（でしょう）

STEP 2 ⇒ 「英語」の場合を見てみよう

同じ事は英語でもあります。つまり、主節が「未来」の内容で、形容詞節内で「現在時制（☞ p.409）」が使われている時、形容詞節が「現在」を表すことも、「未来」を表すこともあります。これは、「未来」の内容であることが文脈から明らかな場合、will などを使って述語動詞が長くなるのを避けるために、現在時制で代用させているのです。

（○）Think on it tonight, and tell me tomorrow about <u>new options</u> that
we ***have*** in order to solve this problem.

*今夜よく考えて、この問題を解決するために我々が持てる新しい選択肢について
明日話してくれ（→　今持っている選択肢についてではない）*

(○) At the end of the semester, you **will have** an exam on <u>everything</u> that you *have* **studied** during this course.

> 学期の最後に、この講座で学んだ<u>全ての事</u>に関するテストがあります

しかし最初の例文のように、意味が曖昧になる場合や、現在時制を使うことで「未来」の内容という解釈ができなくなる場合には、will を使います。

(○) At the exhibition, you **will find** <u>many things</u> that you *will* **want** to buy.

> 展示会で、あなたはいろいろ<u>買いたい物</u>を見つけるでしょう
> → want を使うと「現在」のことか「未来」のことか不明確になる

(○) If you explain it to him properly, he **will understand** that the plan *will* **be moving** forward without any problems.

> ちゃんと説明すれば、*計画が問題なく進んでいくことを*彼は理解するでしょう
> → is moving だと「現在」という解釈しかできない

＊現実世界の時間関係を表さない動詞の形＊

> 次の2つの文で、タ形は「いつ」の内容を表している？
> (○) あ、そうだ。パーティーは明日だっ**た**
> (○) あの青い目を<u>し**た**女性</u>はトムの妹です

上の1番目の文では、パーティーは明日（＝未来）であって、過去の出来事ではありませんよね。しかしタ形が使われています。これは再認識のタ形と呼ばれるもので、話し手が何かを思い出した時などに使われます。そのため、タ形が「主節」で使われていても、「過去」を表している訳ではありません^(☞ p.413)。

また、2番目の文では、「昔、目が青かった」と言っているのではありませんよね。今でも青い目をしていて、「青い目をしている女性」と言い換えることができます。これは、名詞の特徴や性質などを表す用法です。この文でもタ形は、「過去」を表していません。

このように、動詞の「形」が、必ずしも現実世界の「時間」と対応しない場合があります。英語でも同じ事が言えます。その場合について、次に見ていきましょう。

＊形容詞節が「条件」の意味を含む場合＊

> 次の２つの文で、２番目の文が間違いなのは、なぜ？
> （○）私たちは、明日試合で勝ったチームに賞品を与えます
> （×）私たちは、明日試合で勝ったチームを予想します

上の２つの文では、形容詞節に両方ともタ形が使われています。しかし１番目の文は正しいのに対して、２番目の文は間違いです。これは、どうしてでしょうか。

日本語のタ形には、「過去」や「基準時より前」など、時間関係を表す用法があります。しかしそれ以外にも、前ページで見たように、時間関係を表さない用法もあります。その１つが、「条件」を表す場合です。上の１番目の文は、次のように書き換えることができます。

（○）明日の試合に勝ったら、私たちはそのチームに賞品を与えます

しかし、２番目の例文を同じように解釈することはできません。

（×）明日の試合に勝ったら、私たちはそのチームを予想します

このように、２番目の例文は「条件」の解釈ができないので、自動的にこのタ形は「基準時より前」を表す用法になってしまいます。その場合、予想する「前」に、どのチームが勝ったか既に判明していることになります。それでは予想したことにはなりませんよね。そのため、タ形を使った文には違和感があるのです。正しくは、「基準時より後」を表すル形を使います。

（○）私たちは、明日試合で勝つチームを予想します

同じ事が英語にも言えます。英語の場合には、「未来の表現」と「現在形」の違いとして現れます。

> (○) We will give a prize to <u>the team</u> that ***wins*** the game tomorrow.
> (×) We will give a prize to <u>the team</u> that **will win** the game tomorrow.

形容詞節が「**条件**」の意味を含むと、「未来」の内容であっても **will を使いません**。これは、「条件」を表す副詞節の場合（☞ p.451）と同じように、条件の設定は明確でなければならないからです。そのため、次のように書き換えることができます。

> (○) If the team ***wins*** the game tomorrow, we **will give** a prize to the team.

これに対して、2番目の例文を英語にすると次のようになります。

> (○) We will predict <u>the team</u> that ***will*** **win** the game tomorrow.
> (×) We will predict <u>the team</u> that **wins** the game tomorrow.

今度は、形容詞節に will が使われています。これは、この形容詞節に「条件」の意味が含まれておらず、また、「試合にどのチームが勝つか」というのは不確定な未来の事なので、will を使うのが適切なのです。日本語の場合と同様に、「条件」を表す副詞節を使って書き換えることはできません。

> (×) If the team **wins** the game tomorrow, we **will predict** the team.

補足

形容詞節が「現在形」を取っている場合、456ページで見たように、「未来の表現」の代用である可能性もあります。その為、形容詞節が「条件」の意味を含むかどうか曖昧になることがあります。次の例を見てみましょう。

(○) A file will be sent to <u>those</u> who **attend** the meeting next week.

　　来週の会議に参加する<u>人</u>には、ファイルが送られます　（未来の代用）

　　来週の会議に参加した<u>人</u>には、ファイルが送られます　（条件）

この場合には、「have + p.p. 形」を使って、完了を表すことで、「会議に参加した人」を明確にすることができます。

(○) A file will be sent to <u>those</u> who **have attended** the meeting next week.

＊形容詞節が「特徴」などを表す場合＊

例えば、「働く女性」や「動く歩道」と言った時の「働く」や「動く」は、実際にその行為を、今、している人や物を描写している訳ではありません（☞ p.285）。あくまでも名詞が持つ特徴や性質を表すのが、その働きです。英語であれば、形容詞用法の準動詞を使って表現します。

同じように、形容詞用法の節が、実際にその時に起こっている状況を描写するのではなく、名詞が持つ特徴や性質を表すことがあります。この場合にも、現実世界での時間関係は、動詞の「形」に反映されません。

(○) The famous cookies that Anna professionally **bakes will be sold out** instantly at tomorrow's event.

　　アンナがプロのように焼くと有名なクッキーは、明日のイベントですぐに売り切れるでしょう

「アンナがプロのように焼くクッキー」と言った場合には、いつ焼くのかという時間や前後関係に焦点があるのではなく、どんなクッキーなのかという特徴に焦点があります。「それほどにおいしい」という話し手の認識は、話し手がいる「現在」と結びついているのです。そのため、「明日のイベントの前に作る」という現実世界での時間関係は、話し手の言いたい事とは関係がなく、動詞の「形」に反映されないのです。

発展

話し手の認識 と 時間の設定

これまで見てきたように、動詞の「形」とは、現実世界の時間関係を絶対的かつ厳密に反映する訳ではありません。話し手がどのように状況を認識するかによって、「時間」の設定（つまり、動詞の「形」）が変わってきます。

例えば、過去において誰かが言った未来の内容を、そのまま別の人に伝える時には相対時制を使って表しますが、話し手が現在でもその内容が正しいと確信していれば絶対時制を取ります（☞ p.438）。

また441ページでは、過去の意図を表す場合について見ました。これは、過去に意図した未来の内容が、現在では成立していない事を表します。それによって動詞の「形」と、「時」の副詞にズレが生じます。

(○) I **wanted** to see you **tomorrow**.
　　　明日あなたにお会いしたかったのですが

もし、従属節の中に、更に別の従属節が使われた場合、その動詞の「形」にも影響を与えます。次の例を見てみましょう。

(○) Oh, you are still here. I'm glad that I **caught** you **before you left**.
　　　あ、まだここにいたんだ。君が出発する前に会えて良かったよ
　　　　　　　　　　　　　　（注：　上の「いた（んだ）」は、発見を表すタ形）

上の文の「君」は、今もその場にいるのですから、実際にはまだ出発していません。出発するのはこれからの事なのですから、動詞は leave でも良さそうですが、この文では left という過去形を取っています。これは、話し手の頭の中に「出発前に会う」という意識があり、実際に「会った」ことで、話し手の視点が過去に移り、実際にはまだ出発していないのに、イモヅル式に leave も left に時制をずらしているのです。

このように、話し手がどのように状況を認識するかによって、「時間」の設定（つまり、動詞の「形」）は変わるのです。その他、458ページで見た「条件」や、460ページで見た「特徴」や「性質」の用法のため、動詞の「形」が影響を受けることもあります。

(○) I said that I would give a reward to anybody who **found** my keys.
　　　私の鍵を見つけた人には褒美をあげると私は言った

この文で基準時となるのは、主節の said の時間です。その過去の一時点から見た未来なので、would give という形が使われています。しかし、関係節の中の動詞の形を見ると、found になっています。鍵を見つけるのも、基準時（= said）より「後」の事なので、would give で良い気がしますが、「条件」の用法なので found になっています。

94 　前提条件 と 反実仮想 （1）

If you <u>were</u> sleepy now, I <u>would</u> give you some dark chocolate.

STEP 1 ⇒ 　まずは「日本語」の文で考えてみよう

次の 2 つの文の「〜したら」では、意味にどんな違いがある？

（○）明日、雨が降っ**たら**、家にいる

（○）明日、太陽が昇っ**たら**、すぐに出かける

上の 1 番目の文は、「明日、雨が降った場合には、家にいる」と言い変えることができますよね。これは、雨が降るかどうかわからないことが前提になっています。そして、雨が降った場合にのみ、「家にいる」という内容が成立することを表しています。

それに対して 2 番目の文は、「明日、太陽が昇った後で、すぐに出かける」と言い変えることができます。この場合、「太陽が昇る」というのは時間の問題で、太陽が昇るかどうかがわからないということはあり得ませんよね。（ある出来事が起こった後で、続いて別の出来事が起こることを継起 (☞ p.442) といいます。）

このように、ある出来事が確実に起こると話し手が認識できることもあれば、実現するかどうかがわからない場合もあります。そこで、実現するかどうかわからない内容のことを前提条件といい、その前提条件が満たされた場合に起こる内容を帰結（＝結論）といいます。（前提条件は、これまで本書で単に「条件」と呼んできたものです。反実仮想 (☞ p.463) との対比でのみ、この用語を使います。）

STEP 2 ⇒ 　「英語」の場合を見てみよう

日本語では同じ「〜（し）たら」ですが、英語では、継起には when を使い、前提条件には if を使います。

＜継起＞

（○）**When** the sun rises tomorrow, I will go out immediately.

（×）**If** the sun rises tomorrow, I will go out immediately.

＜前提条件＞

(○) **If** it rains tomorrow, I will stay at home.
(×) **When** it rains tomorrow, I will stay at home.

＊反実仮想とは＊

日本語の「〜（し）たら」には、「事実に反する事を仮定して想像の世界の話をする」働き（＝反実仮想）もあります。この場合、「主節」の動詞には、「（〜する）のに」や「（〜した）だろう」という言葉が付くことが多くあります。

(○) あと 200 円あっ**たら**、この本が買える**のに**
  ＝ あと 200 円あっ**たら**、この本が買え**ただろう**
→ 実際には 200 円を持っていないので、本を買うことはできない

先に見た「前提条件」は、その条件が満たされるかどうかわかりません。いわば、副詞節の内容が実現する**可能性**は「**50％**」です。（実際に何％かという数値は重要ではなく、可能性が幾らかでもあるか、全くのゼロかの違いです。） それに対して、「反実仮想」は、あくまでも「事実に反する想像の話」なので、副詞節の内容が実現する**可能性**は「**0％**」です。

前提条件： 明日、雨が降っ**たら**、家にい**る**
  （→ 雨が降るかもしれないし、降らないかもしれない）

反実仮想： あと 200 円あっ**たら**、この本が買える**のに**
  （→ あと 200 円あるというのは想像で、実際にはない）

発展 日本語の「たら」「れば」「なら」

日本語でこの反実仮想を表す言葉には、「たら」の他にも、「れば」や「（の）なら」などがあります。
  (○) あと 200 円あれば、この本が買える**のに**
  (○) あと 200 円あったなら、この本が買える**のに**

「たら」「れば」「なら」の 3 つのうち、「たら」と「れば」は、動詞の語幹に接続します。そのため、前提条件と反実仮想で同じ形をしています。2 つの違いは、主節に「のに」などの言葉が使われるかどうかで判断します。

第5章

複雑な時制の文

$\left\{\begin{array}{ll}(○) いま彼がこの会場にいたら、会って話ができる & （前提条件） \\ (○) いま彼がこの会場にいたら、会って話ができる\colorbox{gray}{のに} & （反実仮想）\end{array}\right.$

$\left\{\begin{array}{ll}(○) いま彼がこの会場にいれば、会って話ができる & （前提条件） \\ (○) いま彼がこの会場にいれば、会って話ができる\colorbox{gray}{のに} & （反実仮想）\end{array}\right.$

これに対して、「（の）なら」は、ル形とタ形の両方に付くので、見た目に違いが現れます。

$\left\{\begin{array}{ll}(○) いま彼がこの会場に\colorbox{gray}{いるなら}、会って話ができる & （前提条件） \\ (○) いま彼がこの会場に\colorbox{gray}{いたなら}、会って話ができる\colorbox{gray}{のに} & （反実仮想）\end{array}\right.$

また、反実仮想を表す文では、**主節**に「のに」以外にも、「**テイタ形**」や「**タ形 ＋だろう**」などを使うことができます。

$\left\{\begin{array}{l}(○) いま彼がこの会場にいれば、会って話ができるのに \\ (○) いま彼がこの会場にいれば、会って話ができていた \\ (○) いま彼がこの会場にいれば、会って話ができただろう\end{array}\right.$

ただし、日本語の「たら」「れば」「なら」は、全く同じ働きではないので、相互交換が可能という訳ではありません。

＊英語の反実仮想＊

> 次の２つの文で、ル形とタ形の働きは何？
> （○）\colorbox{gray}{最近}はいつも眠気が**する**ので、よくダーク・チョコレートを食べる
> （○）\colorbox{gray}{昨日}は眠気が**した**ので、ダーク・チョコレートを食べ**た**

まず、上の例文では、「眠気がする」もしくは「眠気がした」のは、現在もしくは過去の「事実」ですよね。実現の可能性で言えば、どちらも 100% です。

次に、１番目の文では「最近」という現在の出来事に対して、ル形の動詞が使われています。一方、２番目の文では「昨日」という過去の出来事に対して、タ形の動詞が使われます。つまり、このル形とタ形は、現在や過去という「時間」を表す働きをしていますよね。

これまで、本書で「時制」を解説する時に使ってきた図表は、横軸が時間を表しています。そして、横軸の左側が「過去」、右側が「未来」を示しています。日本語のル形とタ形は、この図における横軸のシフトとして表されます。

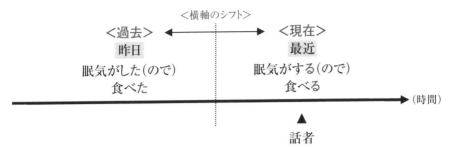

この事は英語でも同じで、時間関係を表す「過去形」と「現在形」は、横軸のシフトとして表されます。

（○）These days, I often **eat** dark chocolate because I **am**
sleepy all the time.
（○）Yesterday, I **ate** dark chocolate because I **was** sleepy.

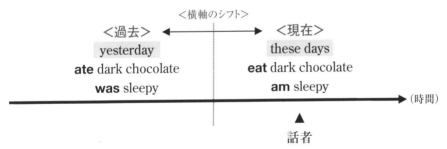

それではここで、次の例文を見てみましょう。日本語のル形とタ形はどんな働きをしているでしょうか。今度はどちらの文も、「いま」の出来事です。

（○）いま眠気がす**る**なら、君にダーク・チョコレートをあげ**る**
（○）いま眠気がし**た**なら、君にダーク・チョコレートをあげ**ただろう**

上の１番目の文では、実際に今、眠気がするのかどうか明確ではありませんよね。もし「眠気がすれば、チョコをあげる」し、もし「しなければ、あげない」という事を表しています。つまり、この文は、前提条件を表す文です。

第5章
複雑な時制の文

465

それに対して、2番目の文では、今、眠気がしないのは確実です。ただし、もし「眠気がしたと仮定したら、チョコレートをあげただろう」という想像を述べています。つまり、この文は、反実仮想を表す文です。

どちらの文も「現在」の話ですが、前提条件を表す文では、動詞にル形が使われていて、一方、反実仮想を表す文ではタ形が使われています。つまり、このタ形は、図表における**横軸のシフト**（＝時間軸における、過去へのシフト）ではないことがわかります。

そのため、反実仮想を図表中に導入するには、新しく「縦軸」を使って、実現の可能性を表すことにします。この時、上に行くほど実現する可能性が高い世界を表し、下は実現の可能性が0％で、全くの想像の世界を表します。

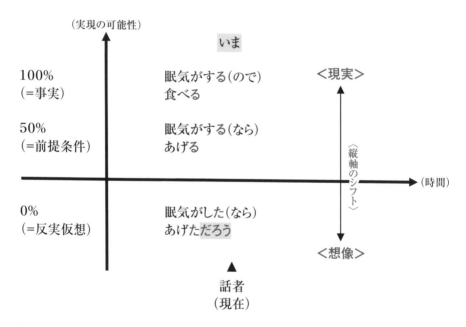

前ページで見たように、「過去」という時間関係を表すタ形は、「横軸」における「時間のシフト」として表されます。

一方、**反実仮想を表すタ形**は、実現の可能性がある「現実の世界」から、実現の可能性が0％の「想像の世界」へのシフトを意味します。つまり、「**縦軸**」

における「実現性のシフト」として表されます。この場合のタ形は、時間関
係を表し・・・ません。ル形とタ形のどちらも「現在」の内容を指します。

同じ事は英語でも言えます。この場合の「現在形」から「過去形」へのシフ
トは、「実現の可能性がある世界」から「事実とは違う仮想の世界」への**縦
軸のシフト**を表します。

- （○）If you **are** sleepy now, I **will give** you some dark
  chocolate. （ =「前提条件」の文）
- （○）If you **were** sleepy now, I **would give** you some dark
  chocolate. （ =「反実仮想」の文）

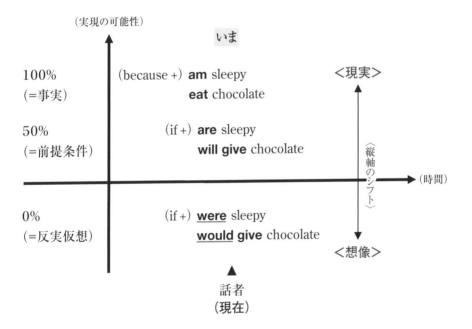

補足

法助動詞（☞ p.109）の過去形は、2つの違う「時間」と「意味」を表します。could の例です。
　　「過去」の可能や能力を表す could 　= was/were able to 　（*以前〜できた*）
　　「現在」の**反実仮想**を表す could 　= would be able to 　（*今〜できただろう*）

直説法 と 仮定法

He could have run faster.

STEP 1 ⇒ まずは「日本語」の文で考えてみよう

次の2つの文で、1番目の文が間違っている理由は？

(×) 君から手紙を貰ったら、彼は喜ぶ
(○) 君から手紙を貰ったら、彼は喜ぶだろう

上の1番目の文は、言いたい事はわかりますが、どことなく、外国人がカタコトの日本語を話しているような印象を受けますよね。これは、なぜでしょうか。

人の気持ちや考えている事は、他の人にはわかりません。それを断定的に表現すると、上の1番目の文のように、違和感のある文になります。この場合、**話し手の判断や態度などを表す助動詞を使う必要があります。**それが法助動詞の働きです (☞ p.109)。

STEP 2 ⇒ 「英語」の場合を見てみよう

この事は英語でも同じです。次の文を見てみましょう。

(○) If he **receives** a letter from you, he **will be** happy.

この文の will は、純粋に未来を表す「時間の助動詞」ではなく、話し手の推量を表す「法助動詞」です。（日本語の「だろう」に当たります。） 前提条件や反実仮想を表す文 (☞ p.463) では、話し手の確信や想像が関わってくるので、（特に主節では）法助動詞が使われます。

＊仮定法とは＊

次の4つの文では、意味にどんな違いがある？
(○) 彼はもっと速く走れる
(○) 彼はもっと速く走れた
(○) 彼はもっと速く走れる**のに**
(○) 彼はもっと速く走れた**のに**

１番目の文は、彼の現在の能力を表し、２番目は過去の能力を表しています。この２つは、それぞれの「時間」における事実（もしくは話し手が正しいと考えている内容）を表します。話し手の意見や認識を表しているので、英語では法助動詞を使います。このような表現方法を直説法といいます。

    (○) He **can run** faster.   （**現在**と**未来**を表す直説法）
    (○) He **could run** faster.   （**過去**を表す直説法）

これに対して、３番目と４番目の文では、それぞれ現在と過去において、**実現されなかった能力**を表します。これは、もっと速く「走れる」のに、実際には速く「走らない」ことや、もっと速く「走れた」のに、実際には速く「走らなかった」ことを意味します。

つまり、この「走れる（のに）」や「走れた（のに）」は、実際の出来事とは違う想像の話（＝反実仮想）で、話し手の判断や態度を含んでいます。この様な反事実や想像（もしくは話し手が正しくないと知っている内容）を表す方法を仮定法といいます。

英語の仮定法では縦軸のシフト（☞ p.467）が起こり、現在の内容でも、「**過去形の法助動詞＋原形**」が使われます。過去の内容を表すには、縦軸のシフトに加えて、更に横軸のシフトも起こり、「**過去形の法助動詞＋完了形**」が使われます。

    (○) He **could run** faster.   （**現在**と**未来**を表す仮定法）
    (○) He **could have run** faster.   （**過去**を表す仮定法）

この場合の will や would は、「時間の助動詞」とは別の用法なので、普通であれば使われない if 節の中でも使うことができます（☞ p.452）。次の例では、話し手の「丁寧さ」や「謙虚さ」を表しています。

    (○) If you **will excuse** me, I am going to make a call now.
       もしお許し願えれば、ちょっと電話をさせていただきます
    (○) If you **would like** to join us, please call us.
       もし入会をご希望であれば、お電話ください

96 前提条件 と 反実仮想（２）

If he hadn't missed the flight yesterday, he would be here now.

STEP 1 ⇒ まずは「日本語」の文で考えてみよう

 次の２つの文では、意味にどんな違いがある？

（○）今夜勉強すれば、彼はおそらく明日のテストに合格する
（○）今夜勉強すれば、彼は明日のテストに合格するのに

上の２つの文は、どちらも「未来」の内容を表しています。違いは、話し手が「彼が合格する可能性はある」と考えているか、「ない」と考えているかです。１番目の文では、可能性があることを表していますよね。

それに対して、２番目の文は、勉強すれば合格するのに、「勉強しないから**合格しない**」と話し手は考えています。未来の内容は、まだ実際に起こっていない出来事なので、「事実に反する」とは言えませんが、話し手の確信に反して、「勉強すれば合格するのに」という想像の話をしています。

STEP 2 ⇒ 「英語」の場合を見てみよう

この２つの例文を英語にする場合、１番目の文では直説法、２番目の文では仮定法が使われます ^(☞ p.468)。（つまり、動詞の形が「縦軸のシフト」^(☞ p.467)を起こします。）

（○）If he **studies** tonight, he **will** probably **pass** the test tomorrow.
（＝未来の「前提条件」の文）

（○）If he **studied** tonight, he **would pass** the test tomorrow.
（＝未来の「反実仮想」の文）

＊「過去」の内容の場合＊

> 次の２つの文では、意味にどんな違いがある？
> （○）先週末勉強し**た**のなら、彼はおそらく昨日のテストに合格し**た**（と思う）
> （○）先週末勉強し**ていた**なら、彼は昨日のテストに合格し**ていただろう**（と思う）

２つの文は、どちらも「過去」の内容ですが、動詞が「タ形」か「テイタ形（☞ p.188)」か、という違いがあります。

１番目の文では、話し手は「彼が実際に先週末に勉強したかどうか」を知りません。その上で、もし勉強していれば合格したはずだという判断を述べています。これは、合格した可能性があることを示していますよね。つまり、この文は、過去における「前提条件」を表しています。英語で表せば、次のようになります。

（◯）If he **studied** last weekend, he probably **passed** the test yesterday.

それに対して２番目の文では、話し手は「彼が勉強しなかった」ことを知っています。その結果として、彼が合格しなかったことも知っています。その上で、「仮に勉強していたなら」という想像の話をしています。つまり、この文は、過去における「反実仮想」を表しています。

この場合にも、縦軸のシフト（☞ p.467）が起こります。過去の反実仮想を表すには、副詞節に**過去完了形**（＝「had + p.p. 形」）を使い、主節に「**過去形の法助動詞＋完了形**」（＝「would have + p.p. 形」など）を使います。

（◯）If he **had studied** last weekend, he **would have passed** the test yesterday.

前ページでも見たように、「過去形」は必ずしも「過去」という時間を表す訳ではないので、「時」の副詞に注意が必要です。次の２つの従属節では、どちらも studied という過去形が使われています。しかし１番目では tonight（＝未来）が使われ、２番目では last weekend（＝過去）が使われています。

（◯）If he **studied** <u>tonight</u>, he ***would pass*** the test <u>tomorrow</u>.
（＝未来の「反実仮想」の文）

（◯）If he **studied** <u>last weekend</u>, he probably ***passed*** the test <u>yesterday</u>.（＝過去の「前提条件」の文）

ここで、動詞の「形」を図表にまとめると、次のようになります。（ただし下の図表では、反実仮想に would だけを載せていますが、文脈によっては could や might などの法助動詞も可能です。）

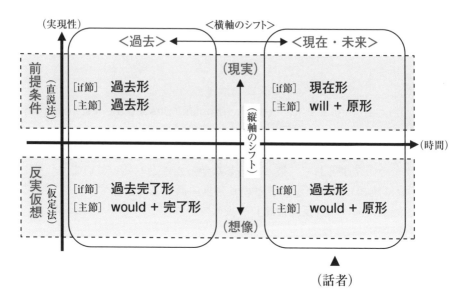

上の図表からもわかるように、「過去」の反実仮想を表す動詞の形は、過去完了形を使います。そのため、これを一般的に「仮定法過去完了」といいます。また、「現在と未来」の反実仮想を表す動詞の形は、過去形を使います。そのため、これを一般的に「仮定法過去」といいます。

＊主節と従属節で、違う「時間」を表す場合＊

「条件」の場合と同様、反実仮想も主節と従属節で、違う「時間」を表すことができます。

1）　if 節は「過去」、主節は「現在」の反実仮想
　　（○）If he **hadn't missed** the flight yesterday, he **would be** here now.
　　　　もし彼が昨日飛行機に乗り遅れていなければ、いまここにいるのに

472

2） if 節は「過去」、主節は「未来」の反実仮想

(○) If I **had won** the lottery <u>last week</u>, I **could travel** all over the world <u>this summer</u>.

もし先週宝くじに当たっていたら、この夏世界旅行ができたのに

3） if 節は「現在」、主節は「過去」の反実仮想

(○) If he really **was** an unkind man, he **wouldn't have helped** us <u>yesterday</u>.

もし彼が本当に不親切な人なら、昨日私たちを助けたりしなかっただろう

4） if 節は「未来」、主節は「過去」の反実仮想

(○) If she **was having** a baby <u>tomorrow</u>, she **would have** already **bought** a baby bed.

もし彼女が明日赤ん坊を産むのなら、ベビーベッドを既に買っていただろう

＊ wish と 仮定法 ＊

ある出来事が、事実に反する場合や、実現する可能性がない（もしくは極めて低い）場合に、仮定法を使います。そのため、動詞の wish と hope では、that 節 (☞ p.220) が取る時制に違いがあります。

wish の場合、ある内容が実現する可能性がない（もしくは極めて低い）と話し手が思った上で、それを望むことを表すので、仮定法を取ります。一方、hope は、実現する可能性があると信じて望むことを表すので、直説法を取ります。

(○) I wish that I **could buy** a new car.

新しい車が買えたらいいのに

(○) I hope that I **can buy** a new car.

新しい車が買えるんじゃないかな

上の wish の例文からもわかるように、wish 自体は直説法（＝願っているのは事実）ですが、that 節は仮定法（＝願っている内容は想像）です。そのため、

wish と that 節の動詞の「形」に、見た目のズレが生じるので、注意が必要です。これまで見てきたように、この動詞の形の違いは、「時間」のシフトを表すものではありません。

次の例では、could find が「過去」を表す訳ではなく、また could have found が「大過去 (☞ p.419)」を表す訳でもありません。

> (○) I **wish** that he **could find** a new job soon.
>   *彼がすぐに新しい仕事を見つけられたならいいのに （と、いま思う）*
> (○) I **wish** that he **could have found** a new job that day.
>   *彼があの日新しい仕事を見つけられていたならいいのに （と、いま思う）*

また、wish が過去形を取った時には、that 節は相対時制 (☞ p.423) を取ります。そのため、次の例では could find も could have found も、両方とも過去の出来事です。（ただし、基準時よりも「前」か「後」か、という違いがあります。）

> (○) I **wished** that he **could find** a new job soon.
>   *彼がすぐに新しい仕事を見つけられたならいいのに （と、その時思った）*
> (○) I **wished** that he **could have found** a new job that day.
>   *彼があの日新しい仕事を見つけられていたならいいのに （と、その時思った）*

単純に「未来」の内容（＝願い）を表す場合には、wish ではなく hope を使うので、wish の that 節に would が使われることは普通ありません。

> (×) I wish that I **would be** in Paris next week.
> (○) I hope that I **will be** in Paris next week.
>   *来週はパリにいることを願っています*

ただし would には、否定で使われると「強い拒絶」を表す用法があります。この意味では、that 節に would を使うことができます。しかし多くの場合、苛立ちや批判的な依頼の意味を含むので、注意が必要です。

474

（○）I wish that you **didn't smoke**.
　　　君がタバコを吸わなければいいのに

（○）I wish that you **wouldn't smoke**.
　　　タバコなんか吸ってくれるな

＊仮定法現在＊

仮定法現在は、「現在」という用語を使いますが、実際には「原形」のことを指します。これは、suggest / demand / insist など、「提案」や「要求」を表す動詞や、desirable / necessary / important など、間接的に「願望」や「要求」を伝える形容詞の that 節の中で使われます。（ただし口語では、直説法が使われることも多くあります。）

（○）The landlord **demanded** that she **pay** the rent.
　　　大家は彼女が家賃を払うことを強く迫った
　　　→　demand は仮定法現在（＝原形）を取るので、主節の時制が
　　　　　何であれ、that 節の中では pays / paid / would pay などの
　　　　　形にはならない

（○）It is **important** that you **be** here.
　　　君がここにいることは重要だ
　　　→　「君にここにいてもらわないと困る」という要求や願望を間
　　　　　接的に伝えている

提案・要求・願望などの意味合いが薄い場合には、直説法を取ることもあり、意味に違いが出る場合もあります。

（○）I suggest (that) she **go** alone tomorrow.
　　　明日は彼女に一人で行ってもらってはいかがでしょう　（提案の意味を含む）

（○）Her voice suggested that she **was** angry.
　　　彼女の声からすると怒っているようだった　（提案の意味を含まない）
　　　→　この suggest は、「それとなく示す」「暗示する」の意味

索 引

サ行

ナ行

ハ行

参考文献

小西友七・南出康世 編（2001）『ジーニアス英和大辞典』大修館書店

近藤いね子・高野フミ 編（2002）『プログレッシブ和英中辞典 第3版』小学館

投野由紀夫 編（2004）『ケンブリッジ英英和辞典』小学館・ケンブリッジ

レナード デクラーク（2011）『現代英文法総論』開拓社

マイケル スワン（2015）『オックスフォード 実例 現代英語用法辞典』研究社

安藤貞雄（2016）『現代英文法講義』開拓社

影山太郎 編（2009）『日英対照 形容詞・副詞の意味と構文』大修館書店

影山太郎 編（2010）『日英対照 動詞の意味と構文』大修館書店

影山太郎 編（2011）『日英対照 名詞の意味と構文』大修館書店

柏野健次（2013）『テンスとアスペクトの語法』開拓社

綿貫陽・宮川幸久・須貝猛敏・高松尚弘・マーク ピーターセン（2000）『ロイヤル英文法 改訂新版』旺文社

久野暲・高見健一（2015）『謎解きの英文法 時の表現』くろしお出版

久野暲・高見健一（2014）『謎解きの英文法 文の意味』くろしお出版

石田秀雄（2012）『わかりやすい英語冠詞講義』大修館書店

デイビッド セイン・古正佳緒里（2016）『ネイティブが教える英語の時制の使い分け』研究社

小倉弘（2017）『例解 和文英訳教本 文法矯正編』プレイス

溝越彰（2016）『時間と言語を考える －「時制」とはなにか－』開拓社

北川善久・上山あゆみ（2004）『生成文法の考え方』研究社

西垣内泰介・石居康男（2003）『英語から日本語を見る』研究社

長谷川信子（1999）『生成日本語学入門』大修館書店

岸本秀樹（2015）『文法現象から捉える日本語』開拓社

江田すみれ（2013）『「ている」「ていた」「ていない」のアスペクト － 異なるジャンルのテクストにおける使用状況とその用法 －』くろしお出版

庵功雄・高梨信乃・中西久実子・山田敏弘(2015)『初級を教える人のための日本語文法ハンドブック』スリーエーネットワーク

庵功雄・高梨信乃・中西久実子・山田敏弘（2015）『中上級を教える人のための日本語文法ハンドブック』スリーエーネットワーク

市川保子（2016）『初級日本語文法と教え方のポイント』スリーエーネットワーク

市川保子（2015）『中級日本語文法と教え方のポイント』スリーエーネットワーク

国際交流基金 日本語国際センター（2000）『教師用日本語教育ハンドブック③ 文法Ⅰ』凡人社

国際交流基金 日本語国際センター（2001）『教師用日本語教育ハンドブック④ 文法Ⅱ』凡人社

富田英夫（2015）『日本語文法の要点』くろしお出版

藤原雅憲（2004）『日本語教師・分野別マスターシリーズ よくわかる文法』アルク

益岡隆志・田窪行則（2002）『格助詞』くろしお出版

Senko K. Maynard（2003）「Japanese Grammar and Communication Strategies」The Japan Times

Lourdes Porta Fuentes, Junichi Matsuura（2016）「Gramatica de Uso de la Lengua Japonesa」Herder

[著者]

川村健治（かわむら・けんじ）

言語研究家。日本語を母国語とし、外国語として英語・スペイン語・トルコ語・ロシア語・フィンランド語を話す。

マンスフィールド大学 政治学部　卒業
モスクワ大学大学院 経済学部　卒業
東京大学文学部 言語文化学科　聴講生
アークアカデミー 日本語教師養成講座　受講
元 横浜市立大学　英語非常勤講師
元 トフルゼミナール　英語非常勤講師

メール：nihongo.de.eibunpou@gmail.com

〈英文校閲〉
Corinne Vaatainen
Justin Lehmann
Paul Kyriazi

日本語で理解する英文法

2020 年　8 月 29 日　初版発行
2022 年　5 月　2 日　第 5 刷発行

著　　　者　川村健治
発　行　者　石野栄一
発　行　所　明日香出版社
　　　　　　〒112-0005　東京都文京区水道 2-11-5
　　　　　　電話　03-5395-7650（代表）
　　　　　　https://www.asuka-g.co.jp

印　　　刷　株式会社フクイン
製　　　本　根本製本株式会社

高校３年分の英文法が
10日間で身につく＜コツと法則＞

高校３年間で習う英文法の大事なところを「100の法則」にまとめました。『中学３年分の英文法』を読んだ方が次のステップとして読める内容です。（見開き２ページ構成で、左ページが文法説明、右ページが確認ドリル）。『中学英文法』と『高校英文法』の２冊で、中高６年間で習う英文法の基礎が身につきます。

本体価格 1400 円＋税　B6 並製　〈232 ページ〉
09/12/12 発行　978-4-7569-1351-7　　　　　　長沢 寿夫

中学３年分の英文法が
10日間で身につく＜コツと法則＞

中学で習う英文法のポイントを「100 の法則」にまとめました。各項目の一つ一つをわかりやすく解説し、きちんと理解できているかどうか、そのつど練習問題を解いてみて、確認しながら読み進めていくことができます。この１冊で中学英語の文法の基礎が身につきます。

本体価格 1300 円＋税　B6 並製　〈224 ページ〉
09/08/14 発行　978-4-7569-1320-3　　　　　　長沢 寿夫

高校３年分の英単語が
10日間で身につく＜コツと法則＞

高校レベルの重要単語（約 1160 語）を品詞別・ジャンル別、スペル・発音・意味が似ている単語など、グループごとに整理して100 項目にまとめた本。CD 付き、2 色刷。

本体価格 1400 円＋税　B6 変型　〈248 ページ〉
11/12/13 発行　978-4-7569-1513-9　　　　　　長沢 寿夫

中学３年分の英単語が
10日間で身につく＜コツと法則＞

中学３年間で学ぶ重要単語を品詞別・ジャンル別にまとめて学習。見開き２ページ構成で、左ページで各 10 個の単語を学び、右ページの例文で単語の意味と使い方を確認します。例文は日常使われる身近な英文中心です。各単語にルビと発音記号をつけています。CD 付き、2 色刷。

本体価格 1400 円＋税　B6 変型　〈248 ページ〉
10/09/17 発行　978-4-7569-1407-1　　　　　　長沢 寿夫